Karolina Decker · Rica Klitzke · Leitha Matz

Finanzen sind weiblich

KAROLINA DECKER
RICA KLITZKE
LEITHA MATZ

Finanzen sind weiblich

Wie du erfolgreich investierst und finanziell unabhängig wirst

GABAL

Externe Links wurden bis zum Zeitpunkt der Drucklegung des Buches geprüft. Auf etwaige Änderungen zu einem späteren Zeitpunkt hat der Verlag keinen Einfluss. Eine Haftung des Verlags ist daher ausgeschlossen.

Bibliografische Information der Deutschen Nationalbibliothek

Die Deutsche Nationalbibliothek verzeichnet diese Publikation in der Deutschen Nationalbibliografie; detaillierte bibliografische Daten sind im Internet über http://dnb.d-nb.de abrufbar.

ISBN 978-3-96739-113-8

Lektorat: Anja Hilgarth, Herzogenaurach
Umschlaggestaltung: Tina Mayer-Lockhoff
Grafiken: Manuela Simón Padrós
Autorenfotos: Jonas Sjarov
Satz und Layout: Das Herstellungsbüro, Hamburg | www.buch-herstellungsbuero.de
Druck und Bindung: Salzland Druck, Staßfurt

Wir drucken in Deutschland.

www.gabal-verlag.de
www.gabal-magazin.de
www.facebook.com/Gabalbuecher
www.twitter.com/gabalbuecher
www.instagram.com/gabalbuecher

PEFC
PEFC/04-31-2251

PEFC zertifiziert
Dieses Produkt stammt aus nachhaltig bewirtschafteten Wäldern und kontrollierten Quellen.
www.pefc.de

Inhalt

Disclaimer:
Die beispielhaften Anlagestrategien und Musterportfolios in diesem Buch sind nicht als Anlageberatung zu verstehen und sind weder eine Empfehlung noch ein Angebot für den Kauf oder Verkauf von Wertpapieren. Bitte beachte, dass eine Finanzanlage immer mit gewissen Risiken verbunden ist. Der Wert einer Anlage kann Schwankungen unterliegen und ist nicht garantiert. Wir empfehlen, dass du dich vor einer Finanzanlage professionell beraten lässt, jegliche Haftung der Verfasserinnen beziehungsweise des Verlags und seiner Beauftragten für Personen-, Sach- und Vermögensschäden ist hiermit ausgeschlossen.

Wer wir sind und woran wir glauben

> »Träume dir dein Leben schön und dann mache aus diesen Träumen eine Realität.«
>
> Marie Curie

Hallo, liebe Leserin! Wir freuen uns sehr, dass du dich bei der großen Auswahl an Büchern über Geldanlagen und Finanzen ausgerechnet für »Finanzen sind weiblich« entschieden hast.

Es war ein ordentliches Stück Arbeit, dieses Buch genau für deine Bedürfnisse maßzuschneidern. Aber es war Arbeit, die wir sehr, sehr gerne in Angriff genommen haben. Denn unser Ziel ist es, dir mit diesem Buch eine Anleitung an die Hand zu geben, mit deren Hilfe du dein Leben von Grund auf ändern kannst. Mehr Unabhängigkeit, mehr Selbstsicherheit, mehr finanzielle Freiheit.

In diesem Buch erwarten dich neben hilfreichen Praxistipps aus unserer persönlichen Erfahrung im Finanzcoaching für Frauen grundlegendes Wissen rund um die Börse, die wichtigsten Anlageprodukte sowie nachvollziehbare Einblicke in das Finanzleben einiger unserer Kundinnen (selbstverständlich in anonymisierter Form), anhand derer wir dir anschaulich unterschiedliche finanzielle Situationen aufzeigen.

Dieses Buch ist für dich, wenn du dich wie Lena aus Düsseldorf beim Thema »Geld« bisher auf andere verlassen hast und deine Finanzen jetzt endlich selbst in die Hand nehmen willst – oder aufgrund veränderter Lebensumstände vielleicht sogar musst.

Dieses Buch ist für dich, wenn du wie Doreen aus Stuttgart alleinerziehend in einem Teilzeitjob bist und einerseits aufs Budget achten musst, andererseits deine Tochter absichern willst.

Dieses Buch ist für dich, wenn du wie Anna aus München eine steile Karriere mit sechsstelligem Jahreseinkommen für dich geschaffen hast.

Dieses Buch ist für dich, wenn du wie Sina aus Hannover noch mitten im Studium steckst und deine finanzielle Zukunft lieber heute als morgen auf stabile Säulen stellst.

Dieses Buch ist aber auch für dich, wenn du wie Monika selbstständige Unternehmerin bist, wie Natalie eine Erbschaft zur Vermögensbildung einsetzen willst oder wie Stefanie deinen Kindern ein Vorbild in Sachen finanzielle Absicherung und Freiheit sein möchtest.

Die Personen hinter Lebensgeschichten wie der deinen wirst du im Laufe dieses Buches noch genauer kennenlernen und dich in der einen oder anderen sicher auch selbst wiederfinden.

Dieses Buch ist für dich,

- wenn du eine positive Version deiner Zukunft erschaffen willst;
- wenn dir das Vertrauen fehlt, dass du jemals finanziell frei und unabhängig sein kannst;
- wenn du mit deiner momentanen Finanzsituation unzufrieden bist;
- wenn du dir wünschst, keine Geldsorgen mehr haben zu müssen;
- wenn du davon träumst, auch im Alter einen gewissen Lebensstandard bewahren zu können;
- wenn du mehr über Investments und Vermögensaufbau lernen möchtest;
- wenn du Unterstützung bei der Umsetzung deiner Träume und Ziele brauchst.

Wenn du dich in einem oder mehreren Punkten angesprochen fühlst, dann haben wir dieses Buch *genau für dich* geschrieben.

Wir, das sind Karolina, Leitha und Rica.

Wir, das sind drei Frauen, die mitten im Leben stehen. Und wir alle drei haben uns, genau wie du, nie wirklich mit dem Gedanken an Geld beschäftigt. Zumindest so lange nicht, bis wir nicht mehr anders konnten, bis wir es länger nicht länger ignorieren konnten. Bei Karolina war es der Moment, in dem sie merkte, dass ihre männlichen Kollegen für den gleichen Job doppelt so viel verdienten. Bei Leitha gab die sogenannte »gläserne Decke« den Anstoß, sich mehr mit finanzieller Gleichberechtigung und Finanzbildung auseinanderzusetzen (mehr dazu weiter unten). Bei Rica war es der Wunsch nach finanzieller Unabhängigkeit und die eine oder andere negative – und kostspielige – Erfahrung mit Finanzberatern, die sich dann als doch nicht ganz so unabhängig herausstellten, wie sie vorgegeben hatten.

Wir nennen diese Schlüsselerlebnisse unsere individuellen »Aha-Momente« – einprägsame und prägende Momente also, die uns zum ersten Mal unseren Umgang mit Geld, unsere Verantwortung für unsere Finanzen und unsere Wünsche nach Unabhängigkeit vor Augen geführt haben. Momente, die uns dazu veranlasst haben, unser finanzielles Well-Being zu priorisieren. Momente, die uns ermutigt haben, unsere Erfahrungen, unsere Expertise und unser Wissen mit anderen zu teilen.

Diese Momente haben uns unsere Mission offenbart. Sie haben den Grundstein gelegt für die Gründung von finmarie, dem Mind The Gap e.V. und unserem Schulgold-Projekt. Und nicht zuletzt für dieses Buch.

Und weil unsere Aha-Momente so essenziell waren und sind für unsere Entwicklung und unsere Ziele, möchten wir sie an dieser Stelle mit dir teilen. Denn auch wir sind nicht als Finanzexpertinnen geboren worden. Was für dich bedeutet: Auch du kannst es schaffen, deine finanzielle Freiheit zu erreichen. Selbst, wenn du noch ganz am Anfang stehst. Und unsere Geschichten, die unserer Kundinnen – kurz gesagt: dieses Buch – sollen dir genau dabei helfen. Die wichtigsten Begriffe des Finanzwesens haben wir dir als Glossar hinten im Buch noch einmal zusammengestellt – im Text sind sie mit dem Symbol ▶ markiert.

Karolina

Karolina lebt mit ihrem Mann und ihren drei Kindern in Berlin. Nach vielen erfolgreichen Jahren in der Finanzbranche, in der sie von der Traderin über Risk Managerin bis hin zur Immobilienvertrieblerin unterschiedlichste Positionen bekleidet hat, hat sie 2017 gemeinsam mit Leitha Matz und Natalie Holmes den Verein »Mind The Gap e.V.[1]« und 2018 die Finanzplattform »finmarie« gegründet – Projekte, die Frauen bei bundesweiten Meet-ups und in Seminaren Sicherheit, Freiheit und Wissen im Umgang mit Finanzen vermitteln.

Weil sie als Mutter von drei Kindern aus erster Hand weiß, wie wichtig es ist, dass der Nachwuchs lernt, kluge und selbstbewusste finanzielle Entscheidungen zu treffen, hat sie 2019 gemeinsam mit Babett Mahnert (Gründerin und CEO von »Goldfrau«) die Initiative »Schulgold«[2] ins Leben gerufen. Das Projekt setzt bei Kindern und Jugendlichen an und vermittelt ihnen, was ihnen keine Schule und oft auch das Elternhaus nicht mitgibt: Finanzwissen.

Wie du siehst: Karolina sprüht nur so vor Ideen und ist ein sehr umtriebiger Mensch, der ständig auf der Suche nach Möglichkeiten ist, ihre Erfahrungen aus dem Job und ihr Wissen dafür einzusetzen, die Welt auf ihre eigene Art und Weise ein kleines bisschen besser zu machen.

Karolinas Aha-Moment

Karolina begann ihre berufliche Laufbahn bei einer führenden Bank in Warschau. Dort war sie zehn Jahre lang in verschiedenen Positionen tätig, was ihr erlaubte, sich eine tiefe Expertise in unterschiedlichsten Finanzbereichen anzueignen. Schon zu Beginn ihrer Karriere musste sie sich als Traderin in einer männlich dominierten Branche behaupten. Im Vertrieb von Immobilienfinanzierungen arbeitete sie sich auf Managementebene hoch.

Genau zu dieser Zeit hatte sie ihr Schlüsselerlebnis, als sie nämlich per Zufall herausfand, dass ihre männlichen Kollegen in der gleichen Position doppelt so viel verdienten wie sie selbst. Als sie ihren Vorgesetzten auf diese Ungerechtigkeit ansprach, entgegnete dieser ihr lapidar, dass sie ja nie nach mehr Gehalt gefragt hätte.

Dieses Erlebnis schuf bei Karolina ein Bewusstsein dafür, dass der Gender Pay Gap kein abstraktes Konstrukt oder gar eine Erfindung ist, sondern reale Tatsache. Und sie begann sich selbst zu hinterfragen: Kannte sie überhaupt selbst den Wert ihrer Arbeit? Wieso hatte sie sich so lange mit halbem Gehalt abspeisen lassen? Sie kam zu der lebensverändernden Erkenntnis: Frauen fehlt oft sowohl das Gefühl für den Wert ihrer Leistung als auch das Selbstvertrauen, in Gehaltsverhandlungen nach dem Gehalt zu fragen, das ihnen tatsächlich zusteht. Und da Gespräche über Geld und Gehälter ohnehin ein großes Tabu sind, fehlt vielen Frauen auch die Vergleichsmöglichkeit.

Sie machte es zu ihrer Mission, Frauen aus diesem Dilemma herauszuhelfen. Sie arbeitet mit ihnen daran, ihr finanzielles Selbstvertrauen zu stärken, selbstsicherer ihr Gehalt zu verhandeln und unabhängig in ihre eigene finanzielle Zukunft zu investieren.

Leitha

Leitha hat es nach über 20 Jahren als Angestellte in der IT-Branche aus den USA nach Deutschland verschlagen. Dort ist sie mittlerweile in Berlin heimisch und als Gründerin und Investorin in der innovativen Start-up-Community tätig. Daneben setzt sie sich als Mentorin für verschiedene Start-up-Programme ein. Dadurch lernte sie auch Karolina kennen. Und da die beiden ihre Leidenschaft für die Förderung von Frauen verbindet, war es für Leitha keine Frage, Karolina sowohl bei der Gründung des Mind the Gap e.V. als auch bei finmarie zu unterstützen. Heute verantwortet sie die komplette technische Infrastruktur. Und als Frau in der IT weiß Leitha aus erster Hand, was es bedeutet, sich in einer Männerdomäne durchzusetzen – aber auch, wie es sich anfühlt, an Grenzen zu stoßen. Und genau dieses Gefühl war Anlass für Leitha, ihre Fähigkeiten nicht mehr millionenschweren internationalen Unternehmen zur Verfügung zu stellen, sondern sie für etwas einzusetzen, das ihr wirklich am Herzen liegt: Frauen zu empowern.

Leithas Aha-Moment

Kennst du die Sorte Mädchen, die lieber mit Modelleisenbahnen oder Bausteinen spielt als mit Puppen und sich eher für Konsolen und Computerspiele interessiert als für Pferde? Leitha war so ein Mädchen. Technik und Technologie haben sie schon als Kind fasziniert. Damals noch als reiner Zeitvertreib, um Spiele zu spielen. Später veröffentlichte sie ein eigenes Online-Magazin und tauchte immer tiefer ein in die Computermaterie. Die Faszination für Technologisches führte Leitha über ein Studium im Bereich Medien und Design zu ihrer Professionalisierung als Web-Entwicklerin. Das war in den Nullerjahren, einer Zeit, als das Internet noch »Neuland« und an Investments via App oder Online-Banking noch nicht einmal zu denken war. Eine Zeit, in der Frauen in der Techbranche noch seltene Kreaturen waren. Und so dauerte es nicht lange, bis Leitha ihren persönlichen Aha-Moment erlebte, der ihrem Leben eine neue Richtung verlieh.

Sie konnte jahrelange Berufserfahrung in der Webentwicklung und im technischen Projektmanagement vorweisen, war engagiert und motiviert, und dennoch: Als Leitha in ihrem vorletzten Job vor ihrem Umzug nach Deutschland nach ihren Aufstiegschancen in die Führungsebene fragte, bekam sie neben einem herzhaften Lachen die knappe Antwort ihres Vorgesetzten: Die gäbe es für sie als Frau bei diesem Unternehmen nicht. Auf schmerzhafte Weise stieß Leitha an die »gläserne Decke«, an jene unsichtbare Barriere, die Frauen nach wie vor oft von Positionen in der oberen Führungsebene trennt. Natürlich verließ sie den Arbeitgeber. Und nahm diese Erfahrung zum Anlass, mit ihrer Leidenschaft und ihren Fähigkeiten dafür zu sorgen, dass anderen Frauen und Mädchen die harte Konfrontation mit der gläsernen Decke – in egal welchem Fachbereich – erspart bleibt.

Rica

Bevor Rica zu unserem Team stieß, hatte sie einen klassischen Aufstiegsmarathon in der Konzernwelt zurückgelegt und für einige der weltweit bekanntesten Marken gearbeitet. Ihr Weg führte sie unter anderem über Hamburg, London, Paris und Bangkok, bevor sie schließlich in Berlin und bei finmarie ankam. Als sie sich uns anschloss, hatte sie jahrelange Führungserfahrung im Gepäck. Und die Erkenntnis, dass man als Frau ab einer bestimmten Sprosse auf der Karriereleiter leider noch immer von ziemlich viel Testosteron und herzlich wenig Östrogen umgeben ist.

Zudem stellte sie fest, wie unterschiedlich ihre Mitarbeitenden mit Themen wie Gehaltsverhandlung und Beförderungen umgingen. Für männliche Mitarbeiter schien es selbstverständlich zu sein, regelmäßig proaktiv die Hand zu heben, wenn es um mehr Gehalt oder den nächsten Karriereschritt ging. Während Mitarbeiterinnen deutlich zurückhaltender und selbstkritischer waren und zum Teil eher ermutigt werden mussten. Getreu dem Motto »Lift as you climb« wuchs in Rica zunehmend der Wunsch, andere an ihrem Wissen teilhaben zu lassen und vor allem berufstätige Frauen aktiv zu fördern und zu unterstützen.

Ricas Aha-Moment

Rica wuchs in dem Bewusstsein auf, dass finanzielle Unabhängigkeit vor allem für Frauen wichtig ist und sie sich um ihre Finanzen kümmern müssen. Lange fehlte es ihr jedoch an dem notwendigen Fachwissen, um das Thema wirklich aktiv anzugehen. Mit ihrem ersten Arbeitsvertrag in der Tasche erging es Rica dann so wie vielen anderen: Sie wandte sich an einen vermeintlich »unabhängigen« Finanzberater, ließ sich von viel Fachjargon und Kleingedrucktem verunsichern und schloss Verträge ab, die sich Jahre später als sehr kostspielige Fehlentscheidungen entpuppten – mit horrenden Gebühren und unterm Strich kaum nennenswerter Rendite.

Trotz anfänglicher Berührungsängste beschloss sie danach, ihre Finanzen selbst in die Hand zu nehmen. In intensiver monatelanger Recherche eignete sie sich das nötige Wissen an, um auf eigene Faust zu investieren. Mit Erfolg. Schon wenige Jahre später hatte sie so die Freiheit, die klassische Konzernkarriere hinter sich zu lassen und sich vor allem Herzensangelegenheiten zuzuwenden. Heute setzt sie sich mit finmarie dafür ein, den offenen Dialog über Finanzen zu fördern, ihre Erkenntnisse insbesondere mit anderen Frauen zu teilen und sie auf ihrem Weg in die finanzielle Unabhängigkeit zu unterstützen.

Der Dreiklang des Erfolges

Zuallererst wollen wir mit einem Mythos aufräumen: Das oft zitierte ominöse »Erfolgsgeheimnis« gibt es nicht. Erfolg gibt es für jede und jeden, für dich, für uns. Erfolg hat ein ganz individuelles Konzept. Und hinter jeder Form von Erfolg steckt eine klare Vision. Davon, wo du hinwillst, beginnend damit, wie du heute aufgestellt bist. Mit den richtigen

Tools, die dir dabei helfen, dein Ziel zu erreichen: mit Klarheit, Kontrolle und Selbstvertrauen.

Ganz egal, wie du Erfolg für dich definierst, Klarheit, Kontrolle und Selbstvertrauen sind die drei wichtigsten Eckpfeiler, um ihn zu erreichen. Sie erlauben dir, dich auf das zu konzentrieren, was wichtig ist, smartere Entscheidungen zu treffen und einen Leitplan für deine Zukunft zu entwerfen. Klarheit, Selbstvertrauen und Kontrolle helfen dir, auch mit externen Faktoren, mit Unvorhergesehenem und Überraschendem, fertigzuwerden, indem du ihnen proaktiv begegnest und nicht immer nur darauf reagierst.

Gerade die Welt der Finanzen wirkt zunächst voll von Ungewissheiten. Klarheit, Kontrolle und Selbstvertrauen sorgen dafür, dass du dich dennoch souverän und gelassen deiner finanziellen Freiheit widmen kannst. Das haben wir selbst erlebt, daran glauben wir felsenfest.

Klarheit – legt den Pfad zum Erfolg aus

Stell dir mal einen Moment lang vor, du hättest eine glasklare Vorstellung von deinen Zielen, deiner Vision, deiner Reise zu deinen Erfolgen. Stell dir vor, wie es wäre, wenn du genau wüsstest, wann du wie viel Vermögen haben wirst und wie du dieses erreichen wirst. Ein gutes Gefühl, richtig?

Klarheit, eine klare Vision, ist der erste Baustein, der dich befähigt, nennenswerte finanzielle Gewinne zu generieren, und der dir gleichzeitig dabei hilft, Hindernisse zu umschiffen, die deinen Erfolg behindern könnten. Und Klarheit gewinnst du durch Informationen. Ohne die richtigen Informationen bist du im Blindflug unterwegs. Im Grunde ist es ähnlich wie beim Rallyefahren: Du kannst die weltbeste Autofahrerin sein. Aber ohne jemanden, der dir die Eigenheiten der vor dir liegenden Streckenabschnitte richtig und rechtzeitig ins Headset übermittelt, landest du eher im Graben als auf dem Siegertreppchen.

Beim Thema Finanzen und Investments ist das nicht viel anders. Informationen, die dir helfen, deine Vermögenswerte zu analysieren und Prognosen einzuschätzen, verhelfen dir zu genau dieser Klarheit. Wenn du weißt, wo du heute stehst, und die Auswirkungen deiner Finanzentscheidungen kennst, bist du bereits auf dem besten Weg aufs Siegertreppchen.

Wenn du erst einmal eine Vorstellung davon hast, warum es zu bestimmten Effekten und Ereignissen am Finanzmarkt kommt, wirst du auch besser mit ihnen umgehen können. Und das hat einen großen Einfluss auf deine Investments, dein professionelles und sogar dein Privatleben.

Kontrolle – lässt dich deine Ziele im Blick behalten

Es gibt nichts Schlimmeres als das Gefühl der Überforderung. Wir alle kennen dieses Gefühl – manche aus dem Beruf, andere aus ihrem Privatleben. Oder beidem. Dann scheint uns alles zu entgleiten.

Das gilt auch für Geldangelegenheiten. Aber wenn du einen Finanzplan hast, wenn du weißt, was du tust und wohin dein Weg dich führt, dann kommt das Gefühl der Kontrolle schnell zurück. Zu wissen, dass wir diesen Leitplan haben, der uns das Ruder wieder in die Hand gibt, ist eine große Erleichterung.

Klarheit ist die Basis für Kontrolle – wenn du die Variablen kennst, kannst du sie einsetzen und immer wieder prüfen, du kannst nachverfolgen, wie sie sich auf deine Finanzen auswirken und ob du noch in deinem Finanzplan bist. Herausforderungen wie sporadische Wertverluste oder ein Plateau werden dich nicht aus der Ruhe bringen. Du hast deine Finanzen im Griff.

Wir werden dir dabei helfen, dich mit der Realität, mit Fakten statt Vermutungen auseinanderzusetzen und deine Finanzen in die Hand zu nehmen. Es ist längst überfällig, dass besonders wir Frauen es uns zugestehen, dass unser Geld sich vermehren darf. Dass wir unser Geld genießen und teilen dürfen!

Selbstvertrauen – führt zu klugen Entscheidungen

Viele Untersuchungen haben es längst wissenschaftlich belegt: Zwischen Selbstvertrauen und Leistung besteht ein positiver kausaler Zusammenhang: Selbstvertrauen führt zu besserer Leistung.

Das heißt natürlich nicht, dass es ausreicht zu glauben, dass du großartig bist, und schon fliegt dir alles nur so zu. Aber es bedeutet, dass du dir selbst zutrauen darfst, dir das nötige Wissen und die notwendigen Kenntnisse anzueignen, die dir zum Erfolg verhelfen. Es bedeutet, dass du Vertrauen in deine Entscheidungen haben kannst. Denn relevante Daten stützen nun deine Entscheidung, und das stärkt dein Selbstvertrauen. Und wenn du dir selbst vertraust, ist ein Vermögensaufbau mit Investments kein Stress- oder Angstfaktor mehr. Das wiederum lässt dich deine Ziele viel leichter und entspannter erreichen.

Kannst du dich noch an einen Punkt in deinem Leben erinnern, an dem du komplett überzeugt von dem warst, was du tust? Oder als du siegessicher etwas in Angriff genommen hast? Das hat sich doch richtig gut angefühlt, oder?

Wenn du erst einmal Klarheit und Kontrolle über deine Finanzen gewonnen hast, führt das ganz automatisch zu mehr Selbstvertrauen. Du wirst dich sicherer fühlen, mehr Selbstbewusstsein ausstrahlen und dich auch selbstsicherer verhalten. Das führt wiederum zu selbstbewussteren Entscheidungen und damit zu potenziell erfolgreicheren Resultaten. Eine Win-win-win-Situation.

Alles dreht sich also um den Leitplan – einen Plan parat zu haben, kann dir wahnsinnig viel Stress ersparen. Und weniger Stress wirkt sich wiederum positiv auf deine Lebensqualität aus. Wir sind überzeugt davon, dass eine proaktive Einstellung zu Geld dich stärken wird. Dass du daraus mehr Klarheit und Selbstvertrauen ziehen wirst. Und dass du das Gefühl der Kontrolle über dein Leben generell wiedererlangen wirst. Damit du aber proaktiv sein kannst, ist es wichtig, dass du so viel wie möglich über Geld lernst.

Im Zusammenhang mit Finanzen sind Frauen auch heute immer noch im Hintertreffen und auf verschiedenen ökonomischen Ebenen benachteiligt. Wie viele von uns verlassen sich bei »komplizierten« Angelegenheiten wie Versicherungen, Finanzen und Verträgen noch immer lieber auf andere? Dabei sind die meisten dieser Aufgaben gar nicht so kompliziert. Unliebsam vielleicht, ja. Aber nicht kompliziert.

Und um Frauen einerseits aus dieser Denkfalle zu befreien und andererseits unseren Beitrag zur Bekämpfung der Gender-Ungerechtigkeit zu leisten, haben wir uns als Finanzunternehmen mit Fokus auf Frauen auf die Fahne geschrieben, insbesondere Frauen und Mädchen jeden Alters und jeder Einkommensklasse darin zu stärken und dabei zu unterstützen und sie zu befähigen, finanziell unabhängig zu werden.

Und hier kommt dieses Buch ins Spiel! Es ist dabei nur Teil eines großen Ganzen. Ein perfekter Einstieg für dich in die Welt der finanziellen Freiheit. Aber damit du später nicht die letzte Seite umblätterst und das Gefühl hast, nun allein auf weiter Flur zu stehen, möchten wir dir unsere Vision und Mission, unseren Hintergrund und unser Support-Netzwerk vorstellen. Alles Teil der Ressourcen, die wir dir jenseits dieser Buchseiten anbieten können.

Unser »Mind the Gap Money-fest«

Mit dem Hinweis »Mind the Gap« werden unter anderem in Londoner U-Bahn-Stationen die Fahrgäste auf die Lücke zwischen Bahnsteig und U-Bahn-Einstieg hingewiesen. Wir fanden es nur folgerichtig, diesen Hinweis zu nutzen, um auf die Lücke in der wirtschaftlichen Teilhabe zwischen den Geschlechtern hinzuweisen. Und was noch viel wichtiger ist: sie zu schließen. Und zwar alle. Die Gehaltslücke, die Wohlstandslücke, Investmentlücke, Pensionslücke, aber auch die Lücke im Leadership und im Unternehmertum. Unser Manifest ist also ein »Moneyfest«.

Unsere Forderungen

- Frauen sollen in ihren Jobs für die gleiche Leistung und Aufgabenbeschreibung das gleiche Gehalt bekommen wie Männer.
- Der vorherrschende Gender-Bias soll bei Personalentscheidungen, in Investmentfonds und bei der Vergabe von Förderprogrammen keine Rolle mehr spielen dürfen.
- Unternehmen mit einem Vorstand von mehr als vier Personen sollen faire Teilhabe von Frauen auf Führungsebene reglementieren müssen.
- Der in den USA längst dokumentierte ethnische Pay Gap soll auch in Europa recherchiert, anerkannt und dokumentiert werden.
- Das Gleichstellungsgesetz soll auch auf die Privatwirtschaft ausgeweitet werden.
- Die Elternzeit soll für jeden Elternteil auf 50 Prozent ausgeweitet werden.
- Das Ehegattensplitting sollte abgeschafft, dafür Steuererleichterungen für Menschen in besonders prekären Situationen eingeführt werden.
- Es soll mehr Stipendien, Fördermittel, Entrepreneurship-Trainings, Coachings und Büroflächen explizit für Gründerinnen geben.
- Die obligatorische Vergabe von einem bestimmten Anteil Investments an von Frauen oder gemischten Gründerteams geführten Unternehmen.
- Die Förderung und Vernetzung weiblicher Investoren soll gestärkt werden, um nachhaltig fairere Entscheidungsstrukturen zu etablieren.
- Das Kultusministerium soll Finanzbildung obligatorisch auf die Lehrpläne bundesweit setzen.
- Es muss eine unabhängige Beratungsstelle für Paare geben, die

über die Konsequenzen von Entscheidungen rund um Elternzeit, Karriere- und Vermögensentwicklung aufklärt.
- Vor allem kleine und mittelständische Unternehmen sollten bei der Einführung entsprechender Maßnahmen unterstützt werden.

Um diese Vision wahr werden zu lassen, haben wir uns entschlossen, Frauen in allen Lebenslagen zu Investments und Altersvorsorge zu coachen. Unsere beruflichen Backgrounds und persönlichen Erfahrungen versetzen uns in die dankbare Situation, allen Frauen – auch dir – eine neutrale und zu deiner finanziellen Situation passende Unterstützung anzubieten.

Dabei steht bei unserer Mission gar nicht mal unbedingt die Investmentberatung im Vordergrund. Viel wichtiger ist es uns, dass wir dir Finanzwissen vermitteln, das dich befähigt, in Geldbelangen selbstverantwortliche und selbstbewusste Entscheidungen zu treffen. Was uns antreibt? Dass Deutschland in Europa das Schlusslicht in Sachen Finanzbildung bildet.[3] Und so ein Mangel an finanziellem Wissen wirkt sich verheerend aus, auf die einzelnen Personen, aber auch auf die Gemeinschaft, innerhalb derer sie sich bewegen. Auf Familien, Schulen, Unternehmen und Gemeinden. Nicht nur, dass sich das fehlende Finanzwissen negativ auf die Kaufkraft auswirkt. Es schränkt auch die Fähigkeit jedes Einzelnen ein, die eigenen Grund- und Lebensbedürfnisse dauerhaft zu sichern. Immer wieder zeigen Studien von Wirtschaftsprüfungsgesellschaften wie Ernst & Young, KPMG oder PwC, dass

- 44 Prozent der Frauen zwischen 35 und 55 sich nicht mit dem Thema der privaten Altersvorsorge beschäftigen;
- mehr als 40 Prozent der Frauen sich nicht kompetent fühlen beim Investieren;
- Geld seit 2007 jedes Jahr durchgängig als Nummer-eins-Grund für persönlichen Stress bei den Frauen sorgt.[4]

Viel mehr als reine Befähigung zu finanzieller Unabhängigkeit zu vermitteln möchten wir dich also auch davor bewahren, dass deine Sorgen ums Geld dich so belasten, dass du gesundheitliche Beeinträchtigungen erfahren musst. Und weil Vorsorge nicht nur die beste Sorge ist, sondern auch deutlich besser als Nachsorge, wollen wir auch der nächsten Generation die Sorge ums Geld so früh nehmen wie möglich. Dazu haben wir mit »Schulgold«[5] auch ein kindgerechtes Angebot entwickelt. Hierüber möchten wir schon den Jüngsten ein Bewusstsein für Finanzen vermitteln.

Bevor es losgeht mit dem Finanzwissen, haben wir im ersten Kapitel Hintergrundwissen zu »Frauen und Finanzen« für dich zusammengestellt und räumen mit unzeitgemäßen Glaubenssätzen auf. Im zweiten Kapitel arbeiten wir mit dir an deinem »Money Mindset« – und dann bist du bereit für das Wissen zu Börse, Anlagestrategien und Finanzprodukten in den Kapiteln 3 und 4 und für deine eigene Anlagestrategie und dein eigenes Portfolio in Kapitel 5. In Kapitel 6 geht es um deine Altersvorsorge und Finanzen rund um deine Familie.

Ein Finanzbuch nur für Frauen?

Wir möchten mit diesem Buch niemanden ausschließen, da die Inhalte natürlich für alle Leser und Leserinnen gleichermaßen relevant sind. Wir richten uns mit unserer Arbeit jedoch insbesondere an Frauen und nicht-binäre Personen, weil es hier beim Thema Finanzen immer noch den größten Handlungsbedarf gibt.

Auch im Jahr 2022 verdienen Frauen und nicht-binäre Personen im Durchschnitt weniger als Männer, investieren weniger häufig und laufen so eher Gefahr, in die finanzielle Abhängigkeit oder Altersarmut abzurutschen.

Weil wir glauben, dass wahre Gleichberechtigung vor allem auch ökonomische Gleichberechtigung braucht, setzen wir uns mit unserer Arbeit und diesem Buch daher vor allem für diese Zielgruppen ein.

1. Frauen und Finanzen – Zahlen & Fakten

»Nichts auf der Welt ist so mächtig
wie eine Idee, deren Zeit gekommen ist.«
VICTOR HUGO

Der Diskurs über die Gleichstellung der Frau hat in den letzten Jahrzehnten an Fahrt aufgenommen. Das ist gut und richtig und wichtig. Aber noch ist der Weg zur gelebten Gleichberechtigung lang.

Immer wieder wird als Grund dafür angegeben, dass Frauen von ihrem Wesen her, ihrem Verhalten und ihrer Einstellung grundlegend anders als Männer seien. Eine hervorragende Möglichkeit, Frauen den Schwarzen Peter für die noch immer nicht erreichte Gleichberechtigung zuzuschieben: Frauen können eben schlecht verhandeln, ihnen fehlt es an Selbstbewusstsein, sie sind zu risikoscheu, fürsorglich und kooperativ oder nicht willens, die gleiche Arbeit und Zeit in ihre Karriere zu investieren wie Männer.

»Typisch weibliche« Eigenschaften werden uns wahlweise als Stärke oder Schwäche ausgelegt – so wie es am besten ins aktuelle Narrativ passt. Unterschiede in der Chancengleichheit zwischen Männern und Frauen, das belegt die Wissenschaft seit Jahrzehnten schon, lassen sich jedoch nicht in erster Linie an vermeintlich genetisch festgelegten Gender-Merkmalen festmachen. Vielmehr sind sie in Organisationsstrukturen, Unternehmenspraktiken und Interaktionsmustern verwurzelt, die Männer und Frauen verstärkt in unterschiedliche Positionen rücken.

Geschlechterunterschiede als Gründe anzuführen lässt diesen Zustand natürlich und unabänderlich wirken. In der Folge konzentrieren sich gut gemeinte, aber oft ineffektive Initiativen vor allem darauf, Frauen irgendwie »reparieren« oder anpassen zu wollen. Dabei sollte das Ziel sein, die Umstände zu ändern, die unterschiedliche Verhaltensweisen überhaupt erst möglich machen. Und ein ganz entscheidender Umstand ist die nach wie vor ungleiche Bezahlung.

Der Gender Pay Gap

Hast du schon vom ▶ »**Equal Pay Day**« gehört? Das ist ein Aktionstag, der auf den Gehaltsunterschied zwischen Frauen und Männern aufmerksam macht. Er fällt jedes Jahr auf ein anderes Datum. Denn er markiert immer den Tag im Jahr, bis zu dem Frauen im Verhältnis zu Männern praktisch entgeltfrei arbeiten. Nach diesem Tag erhalten dann Männer und Frauen faktisch das gleiche Gehalt.

Ins Leben gerufen wurde dieser Tag 1966 in den USA, in Europa begehen inzwischen 23 Länder den Equal Pay Day. Das Statistische Bundesamt hat für Deutschland ermittelt, dass Frauen aktuell 18 Prozent weniger verdienen als Männer – der letzte Equal Pay Day in Deutschland war am 7. März 2022: Das bedeutet, dass Frauen 2022 66 Tage umsonst gearbeitet haben. Ausgerechnet wird das anhand des Bruttostundenlohns.[6] Auch 2023 wird der Equal Pay Day auf den 7. März fallen.

EU-weit erhalten Frauen im Schnitt einen Stundenlohn, der 14,1 Prozent unter dem der Männer liegt. Je höher die Position im Beruf ist, desto größer wird der sogenannte ▶ **Gender Pay Gap** (oder auch die »Lohnlücke«). Der weltweite Durchschnitt des Gender Pay Gaps beträgt (unbereinigt) 21 Prozent. Das macht rund 77 Kalendertage, die Frauen – würden sie das gleiche Gehalt wie Männer erhalten – jedes Jahr umsonst arbeiten.

Zwar hat sich die Einkommenssituation der Frauen in den letzten Jahrzehnten deutlich verbessert, dennoch haben Frauen noch immer einen nicht unerheblichen ökonomischen Nachteil, der sie ein Leben lang begleitet. Der Gender Pay Gap führt nämlich in der Folge zum ▶ **Gender Pension Gap** – der Geschlechterrentenlücke. Das bedeutet, dass Frauen von der ohnehin geringer werdenden staatlichen Rente aufgrund ihrer Gehaltssituation ebenfalls weniger erhalten als Männer.

Deutschland lag dabei 2021 mit einem Gender Pension Gap von 46 Prozent europaweit auf dem letzten Platz.[7] Verschärft wird die Gesamtsituation noch dadurch, dass Frauen häufiger als Männer in Teilzeit arbeiten und dass Zeiten, in denen Frauen zum Beispiel der Familie und den Kindern zuliebe eine berufliche Auszeit nehmen, nicht finanziell ausgeglichen werden und somit nicht in die Rente einberechnet werden.

Das World Economic Forum hat ausgerechnet, dass es bis zum Jahr 2289 dauern wird, bis Männer und Frauen finanziell gleichgestellt sind, wenn sich nicht zügig etwas ändert. Das ist ungefähr so, als wären wir heute im Jahr 1754 und müssten bis 2022 auf finanzielle Gender-Gerechtigkeit warten.

finmarie

Um diesen Prozess mit modernen Möglichkeiten und innovativen Ansätzen ein bisschen zu beschleunigen, haben wir unsere eigene Lösung kreiert: finmarie. Wir versorgen dich nicht nur mit wertvollen Ressourcen, überzeugenden Fakten und Zahlen, sondern statten dich auch mit den notwendigen Fähigkeiten und dem Finanzwissen aus.

Dazu heißen wir dich in einer starken Gemeinschaft aus Frauen willkommen. Unser Ziel ist es, dass daraus eine Community entsteht, die sich über ganz Europa verbindet und in der sich Frauen gegenseitig unterstützen und bestärken. Für diese Frauen, für Frauen wie dich setzen wir >>

uns ein, dass wir den gleichen Zugang zu Finanzen und die gleichen Möglichkeiten im Job haben werden wie Männer – und zwar lange vor 2289.

Weibliche Entscheidungsträger und Kaufkraft

Die finanzielle Bildung von Frauen und ihre Bereitschaft, sich mit Gelddingen zu beschäftigen, stehen in keinerlei Verhältnis zu dem tatsächlich von ihnen verwalteten Vermögen. Denn Frauen sind heutzutage reicher als je zuvor. 43 Prozent des weltweiten Vermögens befindet sich mittlerweile in Frauenhand.[8] Somit stellt die weibliche Kaufkraft einen größeren Wachstumsmarkt dar als die Wirtschaft Chinas und Indiens zusammen!

Experten gehen sogar davon aus, dass das Vermögenswachstum von Frauen in den nächsten Jahren schneller voranschreiten wird als das durchschnittliche Wachstum des weltweiten Gesamtvermögens.[9] Schon jetzt verbuchen Frauen ein jährliches Plus von 5 Billionen Dollar pro Jahr. Damit ist noch längst keine Ungleichheit überwunden. Nichtsdestotrotz zeigt diese Entwicklung, dass die Gesamtheit der weltweiten weiblichen Bevölkerung ein nicht zu unterschätzender Wirtschaftsfaktor ist, ein mächtiger ökonomischer Hebel.

Auch die Entwicklung weiblich besetzter Führungspositionen verzeichnet in einigen Ländern zumindest positive Trends. So waren 2021 etwa mehr Frauen als je zuvor in Führungspositionen; die Anzahl weiblich geführter Unternehmen steigt stetig. Laut EU waren im Oktober 2020 rund ein Drittel der Vorstandssitze in den größten Unternehmen der Mitgliedsstaaten an weibliche Vorstandsmitglieder vergeben.

In der Politik werden Frauen ebenfalls zunehmend sichtbarer. In der Weltpolitik stellte die Kandidatur Hillary Clintons ein nennenswertes

Beispiel dar, genauso wie die durch ihren souveränen Umgang mit dem Christchurch-Attentat und ihr beispielhaftes Pandemie-Management weltweit in den Fokus geratene Premierministerin Neuseelands Jacinda Ardern. Und auch auf europäischer Ebene zieht die Politik langsam nach.[10] Mit Ursula von der Leyen übernahm 2019 nach beinah zwei Jahrzehnten wieder eine Frau die politische Führung der Europäischen Union. Der allgemeine Frauenanteil in der europäischen Politik ist seit der Wahl 2019 auf einem Allzeithoch: Auf 14 Männer kommen immerhin 13 Frauen. Das nähert sich dem Bevölkerungsdurchschnitt zumindest an.

Diesen Wandel und das damit einhergehende (Vermögens-)Potenzial von Frauen kann selbst die Industrie nicht länger ignorieren. Und tatsächlich wenden sich in den letzten Jahren zunehmend viele Finanz- und Investmentdienstleister gezielt an Frauen. Unsere längere Lebenserwartung und unser zunehmendes Vermögen machen uns endlich auch für die Finanzbranche interessant. Schon heute gelten vor allem Anlageinstrumente, die Gutes tun, als weiblich dominiert. Frauen investieren deutlich häufiger in sozial verantwortliche und nachhaltige Fonds und Unternehmen als Männer.[11] Für Frauen scheint es wichtig zu sein, nicht nur selbst von ihren Investments zu profitieren, sondern damit auch den Wandel hin zu einer besseren Zukunft zu fördern.

Verstaubte Glaubenssätze und alte Zöpfe

Trotz all der zuvor genannten positiven Entwicklungen scheint es beim Thema Finanzen nach wie vor Barrieren zu geben, die viele Frauen noch immer davon abhalten, sich aktiv damit auseinanderzusetzen. Dazu gehören alte Vorurteile und Glaubenssätze, die zum Teil unbewusst von Generation zu Generation weitergereicht werden und noch immer viel zu tief in uns verankert sind.

Finanzen sind kompliziert?

Nein, Finanzen sind nicht kompliziert, sie sind komplex. »›Kompliziert‹ und ›komplex‹ ist doch das Gleiche«, denkst du jetzt? Und du hast recht. Im Alltag verwenden wir die beiden Begriffe oft synonym. Tatsächlich aber unterscheiden sie sich in ihrer Bedeutung. Und das ist die gute Nachricht für dich: Die Welt der Finanzen wird dir nicht mehr wie ein undurchdringlicher Dschungel vorkommen, wenn du dir bewusst machst, dass Finanzen nicht kompliziert sind, sondern komplex. Denn Komplexes kann man immer aus sich selbst herauslösen. Mit dem richtigen Mindset. Und mit der richtigen Unterstützung.

> *Anna*
>
> *So wie Anna, die uns erzählte, dass ihr Arbeitgeber eine betriebliche Altersvorsorge anbietet. Allerdings erschien ihr das Thema zunächst – nachdem sie die entsprechenden Unterlagen bekommen hatte – völlig unüberschaubar und sie war sich lange unsicher darüber, ob das eine gute Idee war oder nicht. Sie sagte: »Manchmal habe ich das Gefühl, dass einige Anbieter ihre Verträge absichtlich so formulieren, dass man sie nicht versteht. All diese komplizierte Terminologie ohne jeglichen Praxisbezug, das ganze Kleingedruckte ... Kein Wunder, dass man erst mal völlig überfordert ist! Aber wenn man einmal wirklich strukturiert Thema für Thema durchgeht, sich traut, Fragen zu stellen, erscheint es plötzlich gar nicht mehr so unüberwindbar.«*

Für Finanzen braucht man viel Mathe?

Häufig glauben wir, dass wir, um uns um unsere Finanzen zu kümmern, gut in Mathe sein müssen. Und: Nicht gut zu sein mit Zahlen, schlecht zu sein in Mathe – das sind Glaubenssätze, die Mädchen und junge Frauen verinnerlicht haben. Und nicht nur sie. Laut einer Studie des Deutschen Instituts für Wirtschaftsforschung[12] schreiben auch Jungs sich bessere mathematische Fähigkeiten zu als Mädchen – obwohl das durch Notendurchschnitte und Pisastudien regelmäßig widerlegt wird.

Denn mathematische Fähigkeiten kennen kein Geschlecht! Selbstredend hat jede Schülerin und jeder Schüler oder Studierende unterschiedliche Vorlieben und Talente. Der oder die eine kann eben besser mit Zahlen, der oder die andere besser mit Sprachen und Kunst oder durchschaut wirtschaftliche und politische Zusammenhänge einfacher. Diese persönlichen Talente lassen sich aber nicht in erster Linie am Geschlecht festmachen.[13] Leider hält sich dieses Vorurteil hartnäckig. Sowohl bei den Mädchen, die über Generationen mit diesem Glaubenssatz konditioniert worden sind, als auch gesamtgesellschaftlich.

Was allerdings ebenso wichtig ist: Die Schulnoten und Mathe-Abschlussnoten der Vergangenheit sagen ohnehin nichts darüber aus, wie gut jemand seine persönliche Finanzplanung im Griff hat – du musst nicht mal gut in Mathe gewesen sein, um gut mit Geld umgehen zu können! Umgekehrt haben wir oft erlebt, dass Kundinnen zwar gut in Mathe waren und vielleicht sogar eine entsprechende Ausbildung oder ein Studium abgeschlossen haben. Bei den persönlichen Finanzen sind sie jedoch trotzdem lange nicht aktiv geworden. Du siehst also, das eine hat mit dem anderen wenig zu tun. In der Praxis handelt es sich nämlich um einen Prozess, der auf tatsächlich einfachen Prinzipien und Angewohnheiten basiert: Verdiene Geld. Gib weniger aus, als du einnimmst. Lege, was übrig bleibt, klug an.

> ***Lena***
> *Unsere Kundin Lena hat eine betriebswirtschaftliche Ausbildung abgeschlossen und mehr als zehn Jahre in einer Bank gearbeitet. Dennoch hatte auch sie lange nicht das Gefühl, ihre privaten Finanzen im Griff zu haben. Sie sagte: »Ich verstehe natürlich die theoretischen Grundlagen und kenne Produkte wie ETFs, Aktien usw., Hypotheken ... Ich denke immer wieder über Investitionen für meine persönliche Absicherung nach, bin bisher aber nicht ins Handeln gekommen. Ich möchte einfach nichts Falsches tun ...«*

Das lern ich nie?

Während die Schule zweifelsohne wichtig ist und es im Erwachsenenalter unbestritten schwieriger wird, Dinge zu lernen, so hat man mit zunehmendem Alter jedoch auch ein umfangreicheres Verständnis für viele Dinge und Zusammenhänge. Mit der richtigen Menge Motivation und Disziplin kannst du dir über die Zeit ein solides Wissen über Finanzen und Geld aneignen: Nur weil du in einer Sache bisher nicht »gut« warst, bedeutet das nicht, dass du nie gut darin sein wirst. Man lernt bekanntlich nie aus. Und was man in der Schule oder im Elternhaus nicht gelernt hat, kann man sich mit Eigeninitiative problemlos selbst beibringen.

Was in der Schule das Zeugnis, ist im Erwachsenenleben der Kontoauszug: ein Beweis. Dafür nämlich, wie gut du mit Geld umgehen kannst. Noten werden irgendwann keine mehr vergeben. Der Nachweis über die persönlichen Vermögenswerte aber bleibt das restliche Leben über bestehen.

Du weißt nicht, wie Hypotheken funktionieren? Du kennst dich mit Instrumenten zur Altersabsicherung nicht aus? Wie der Aktienmarkt funktioniert, ist für dich ein Buch mit sieben Siegeln? Dann geht es dir genau wie Inga und Anna.

> ***Inga und Anna***
> *Inga ist 38 Jahre alt und beruflich sehr erfolgreich, aber eben zeitlich auch stark eingebunden. Sie kam damals auf uns zu und sagte ganz klar: »Ich weiß, dass es wichtig ist, mich mit meinen Finanzen auseinanderzusetzen. Aber mir fehlt schlichtweg die Zeit.«*
>
> *Bei Anna sieht es ähnlich aus. Sie arbeitet für ein sehr gutes Einkommen bei einem internationalen Unternehmen in München. Ihr Problem? »Ich hab mir bis dato recht wenig Gedanken um meine Altersvorsorge gemacht.«*

Wenn deine Zeit es nicht zulässt, dass du zu Seminaren und Workshops reist, um deine Finanzskills zu verbessern, dann stehen dir mit Blogs, Podcasts, Webinaren oder Apps viele moderne Tools zur Verfügung, die du oft kostenlos und unterwegs in ganz individuellen Häppchen konsumieren und in deinen Alltag integrieren kannst.

Um deine Finanzen weitsichtig zu durchschauen und zu planen, musst du also lediglich wissen, wo du den richtigen Input und die passenden Ansprechpartner findest, um deine Finanzbildung und in Folge deine Finanzen selbst in die Hand zu nehmen.

Frauen haben kein Händchen für Finanzen?

Für den Fall, dass du noch immer nicht ganz überzeugt bist, dass auch du mehr als in der Lage bist, deine Finanzen erfolgreich in die eigenen Hände zu nehmen, geben dir die folgenden Fakten zum Anlageverhalten von Männern und Frauen noch einen letzten Beweis: Verschiedene Studien belegen, dass Frauen – sobald sie die erste Hürde überwunden haben und ins Handeln gekommen sind – *im Durchschnitt* sogar häufig die erfolgreicheren Anleger sind.

Und weißt du, was der Clou ist? Du musst nicht einmal viel dafür tun, um zu einer begabten Anlegerin zu werden. Viele der Untersuchungen begründen den Erfolg weiblicher Anleger nämlich damit, dass Frauen nicht so oft mit Anteilen ihrer Investments handeln und ihre Portfolios nicht ständig neu ausrichten. Stattdessen tendieren Frauen eher dazu, ihre Anlagen, einmal eingerichtet, in Ruhe zu lassen – diese Geduld und das Vertrauen, ihr Geld einfach mal für sich arbeiten zu lassen, zahlt sich aus. Insgesamt erweist sich diese Strategie als erfolgreicher, als bei Investments ständig hin und her zuwechseln. Eine Studie aus 2021 hat herausgefunden, dass Frauen im Schnitt 0,4 Prozent höhere Renditen erzielen als Männer.[14]

Und das ist nur einer der Faktoren, die uns Frauen zu erfolgreichen Langfristanlegern machen. Frauen widmen sich auch sorgfältiger und ausführlicher der Recherche ihrer Investmententscheidungen. Das geht Hand in Hand mit ihrem erhöhten Risikobewusstsein; was nicht bedeutet, Frauen seien risikoscheu. Sie legen im Schnitt allerdings einfach mehr Wert auf ein ausgewogenes Chancen-Risiko-Verhältnis. Zusätzlich entscheiden sich Frauen in aller Regel für ein Portfolio, das besser zu ihrer Lebens- und Einkommenssituation passt. Unter anderem bestehen Depots von Männern im Schnitt zu 18 Prozent aus Fonds. Sie setzen mit 60 Prozent Aktienanteil stärker auf Einzelwerte. In Depots von Frauen dagegen machen Fonds im Schnitt 25 Prozent aus, Aktien nur rund 54 Prozent. So gelangen Frauen zu einer geeigneten Diversifizierung, mit der sie ihr Geld auch bei Schwankungen am Markt besser absichern.

▷ Ein ▶ **Depot** benötigst du, wenn du mit Wertpapieren egal welcher Art handeln willst. Damit kannst du dann Wertpapiere kaufen, verkaufen und verwalten. Meist ist dem Depot ein Konto angeschlossen.

Dieses Bewusstsein wiederum zahlt auf eine andere Investment Best Practice ein, die uns Frauen scheinbar instinktiv innewohnt: Wir investieren langfristig. Dank dieser Taktik profitieren wir von positiven Anlage-Effekten wie dem Cost-Average-Effekt (Kostendurchschnittseffekt) und dem Zinseszins. Außerdem entscheiden wir Frauen uns häufiger für passive Geldanlagen. Diese kosten weniger Gebühren und Verwaltungskosten. Das Zusammenspiel all dieser Eigenschaften sorgt dafür, dass Frauen besonders bei Langzeit-Investments häufig so erfolgreich sind.

> ***Leitha***
> *So handhabt es auch unserer Mitgründerin Leitha. Langfristiger Anlagehorizont, ›Buy and hold‹-Strategie, sie passt ihr Portfolio normalerweise nur einmal im Jahr an. Sie sagt: »Mein Leben ist vollgepackt. Ich habe das Gefühl, dass ich keine Zeit habe, mein Portfolio ständig anzupassen, also habe ich mit passiven Fonds nach dem ›Cost-Average-Effekt‹ angefangen. Seit ich Ende 20 bin,*

habe ich mir vorgenommen, von jedem Monatsgehalt automatisch ein wenig Geld zu investieren. Diese Strategie hat sich für mich in den letzten 20 Jahren als sehr erfolgreich erwiesen. Wenn man es nicht sieht, kann man es nicht ausgeben!«

Wie du den Mythen über Frauen und Finanzen begegnest

Es gibt sicher noch eine ganze Menge weiterer falscher Vorstellungen über das Talent von Frauen im Umgang mit Geld. Hier noch mal zusammengefasst die gängigsten:

- Der Mythos, dass Frauen schlechter in Mathe seien als Männer. Dieser wird durch Notendurchschnitte und Pisastudien regelmäßig widerlegt.
- Der Mythos, dass Frauen die schlechteren oder erfolgloseren Anlegerinnen seien. Tatsächlich sind Investments von Frauen häufig sogar langfristig nachhaltiger und erfolgreicher.
- Der Mythos, Frauen seien zu risikoscheu, um zu investieren. Frauen sind risikobewusst, nicht risikoscheu. Das bewahrt sie aber vor typischen Anlagefehlern.
- Der Mythos, wonach Frauen kein Interesse an Investments hätten. Das liegt nicht am mangelnden Interesse von Frauen, sondern auch daran, dass Frauen als Zielgruppe der Finanzindustrie lange komplett vernachlässigt wurden.

Diese Mythen bzw. Vorurteile kannst du nur widerlegen, indem du ihnen begegnest und sie zu deinem Vorteil nutzt:

Lass dir erklären, was du nicht verstehst. Und zwar so lange, bis du es verstehst. Schieb falsche Höflichkeit oder Scheu zur Seite. Es ist dein Geld und somit dein Recht, wirklich alles, was damit zu tun hat, zu verstehen. Wenn dein Berater dir da nicht die ausreichende Geduld, Transparenz oder »Übersetzungsleistung« entgegenbringt, wende dich an eine andere Stelle. Denk dran: Als Frau lebst du höchstwahrscheinlich länger als dein Partner (sofern dein Partner ein Mann ist). Im Schnitt überleben Frauen Männer um sechs bis acht Jahre. Und das hat zwei Konsequenzen für dich: Du benötigst länger Geld und du willst sicher nicht erst im fortgeschrittenen Alter anfangen, deine Finanzen zu regeln.

Leg dein Geld in langfristigen Investments an. Je länger dein Investment läuft, desto mehr profitierst du von diversen Wachstumseffekten und desto erfolgreicher wird deine Geldanlage sich für dich entwickeln.

Spar dir einen Notfallgroschen an. Der sollte mindestens drei, besser noch sechs Monatsgehälter umfassen. Und er soll dich in, wie es der Name sagt, Notfällen finanziell absichern.

Was du aus diesem Kapitel mitnehmen solltest:

Finanzielles Empowerment für Frauen ist real. Und mit dem wachsenden Vermögen in Frauenhänden, den zunehmenden, oft kostenlos verfügbaren Mitteln, sich finanziell weiterzubilden, und immer mehr auf die Möglichkeiten und Lebenssituationen von Frauen angepassten Investmentprodukte stehen uns alle Möglichkeiten offen, Finanzentscheidungen selbstbestimmt und unabhängig zu treffen.

Eine der wichtigsten Grundvoraussetzungen für finanzielle Selbstbestimmung ist deine Einstellung zum Geld. Daran arbeiten wir im nächsten Kapitel.

2. Dein Money Mindset

»Geld erwerben erfordert Klugheit;
Geld bewahren erfordert eine gewisse Weisheit,
und Geld schön auszugeben ist eine Kunst.«

Berthold Auerbach

In seinem Buch »Die 1%-Methode« zeigt James Clear auf, wie wir schon mit kleinen Veränderungen große Ergebnisse erzielen können. Er schreibt: »Alle großen Dinge entstehen aus kleinen Anfängen. Jede einzelne, winzig kleine Entscheidung bildet den Samen, aus dem neue Angewohnheiten erwachsen. Aber mit jeder Wiederholung wird die Entscheidung bekräftigt und die Angewohnheit sprießt und wird stärker. Wurzeln entwickeln sich und Zweige treiben aus. Eine schlechte Angewohnheit abzulegen ist, als müssten wir in uns selbst eine gewaltige Eiche entwurzeln. Und eine gute Angewohnheit zu etablieren ist wie jeden Tag aufs Neue eine zarte Blume an- und aufzuziehen.«[15] Also, mach kleine Anfänge.

Beginnen wir mit dem Mindset.

Das richtige Verhältnis zu Geld

Wie würdest du dein Verhältnis zu Geld ganz allgemein bezeichnen? Als neutral? Als gesund, enttäuschend, schlecht oder, sagen wir, distanziert? Diese Frage haben wir auch Inga und Monika gestellt.

Inga und Monika

Inga hast du ja bereits kennengelernt. Sie widmet sich in Hamburg ihrer Karriere. Ihr Verhältnis zu Geld zeichnete sich in der Vergangenheit vor allem durch Enttäuschung aus: »Ich arbeite seit sechs Jahren in Vollzeit und auf meinem Sparkonto befinden sich gerade einmal 20.000 Euro. Ich frage mich manchmal, wo ›mein Geld hinkommt‹, und bin etwas enttäuscht von mir selbst, dass ich das Thema nicht früher angegangen bin.«

Eine Aussage, der sich Monika in großen Teilen anschließt: »Neben dem Abschluss von drei Rentenfonds war meine größte persönliche finanzielle Enttäuschung, dass ich nicht schon vorher investiert habe.« Monika ist selbstständige PR-Managerin und 47 Jahre alt. Zwar hat Monika mit 4800 Euro ein solides Monatsgehalt und mit 40.000 Euro auch einen üppigen Notgroschen angespart. Allerdings belastet sie neben den drei für sie enttäuschenden Rentenversicherungen auch eine sechsstellige Verbindlichkeit in Form eines Immobilienkredits, den sie gemeinsam mit ihrem Ehemann abbezahlt.

Und wie kaum ein anderes Finanzprodukt können Kredite dein Verhältnis zu Geld ganz grundlegend prägen oder verändern. Besonders dann, wenn die Gedanken an die Tilgung den Alltag bestimmen. Und das wiederum hat eine enorme Auswirkung auf deine Entscheidungen. Die kleinen: Sollte ich das Abendessen im Restaurant lieber sein lassen? Und die großen: Sollte ich wirklich investieren, wenn ich noch Schulden abbezahle?

Eines musst du wissen, erzieherische Prägung, gesellschaftliche Wahrnehmung und persönliche Selbstwahrnehmung hin oder her: Wenn es um unser Verhältnis zu Geld geht, haben wir es selbst in der Hand. Du kannst entweder so tun, als sei Geld nicht wichtig, und den Gedanken daran beiseiteschieben. Oder du kannst genau das Gegenteil tun: Ganz genau hinschauen, um zu lernen, wie du dein persönliches Verhältnis zu Geld wahlweise verbessern oder zu deinem Vorteil nutzen kannst.

Für viele ist Geld ein unangenehmes Thema. Das manifestiert sich etwa in Sinnsprüchen wie »Geld ist die Wurzel allen Übels«, »Geld verdirbt den Charakter« oder Redewendungen wie »unverschämt reich«. Das sorgt mitunter dafür, dass Geldthemen oft als etwas Stressverursachendes und Angsteinflößendes empfunden werden.

Allerdings hast du die freie Wahl: Du kannst Geld als etwas Negatives oder als »Makel« ansehen – und es scheint dann nur Schwarz und Weiß zu geben in einer Welt, in der, wer Geld hat, für sein Vermögen verurteilt wird, und wer keines hat, für seine Armut. Oder du siehst Geld als Quelle und Mittel zur Erlangung von Freiheit, Selbstbestimmung und Wahlmöglichkeiten.

Klar ist, dass so ein Perspektivwechsel zwar für den Moment leicht erscheinen kann. Bis sich ein neues Mindset wirklich manifestiert, benötigt es allerdings Zeit und Willenskraft. Eine Meinung oder Einstellung, die man sein Leben lang als Fakt gepflegt und als wahr oder richtig empfunden hat, wird man nicht in Minutenschnelle ablegen oder ändern. Auch nicht, weil man es in einem Buch gelesen hat, in dem einem zu einer neuen Einstellung geraten wird.

Darum unterstützen wir dich in diesem Kapitel aktiv dabei, dein Money Mindset zunächst selbst zu hinterfragen und dann nachhaltig positiv aufzuladen.

»Money Mindset« ist die Art und Weise, wie jemand über Geld denkt. Was verbindest du mit Geld? Welche Gedanken, welche Gefühle ruft das Thema Geld bei dir hervor? Welche Meinung hast du über Geld? Welche Rolle spielt Geld in deinem Leben?

Welchen Stellenwert misst du ihm bei? Heißt du Geld in deinem Leben willkommen oder lehnst du es – bewusst oder unbewusst – ab? Denn genau das ist der springende Punkt.

Zunächst muss das Grundlegende stimmen: Es geht nicht darum, wie viel oder wenig du besitzt. Vielmehr geht es darum, wie du mit dem, was du hast, umgehst!

Das Leben wird immer Veränderungen, Überraschungen und Unwägbarkeiten für dich bereithalten. Ob das die Geburt von Kindern ist, eine Scheidung, der Tod des Partners oder der Partnerin, Entlassungen oder Umzüge. Aber jeder dieser Veränderungen kann man entgegentreten und ihnen aus einer strategischen Position heraus zumindest monetär einigermaßen gelassen begegnen, wenn man ein gesundes Verhältnis zu Geld pflegt: Alles wird irgendwie gut werden.

Unsere Workshops starten wir üblicherweise damit, dass wir die Teilnehmerinnen ihre Beziehung zu Geld in einem Satz zusammenfassen lassen. An dieser Stelle möchten wir die Sätze, die wir am häufigsten hören, mit dir teilen. Vielleicht findest du dich in einem oder mehreren davon ja wieder?

- »Dank Geld kann ich mir die Dinge kaufen, die ich möchte.«
- »Ich schaffe es einfach nicht, etwas anzusparen.«
- »Wenn ich während einer Wirtschaftskrise nach einer Gehaltserhöhung frage, riskiere ich meine Entlassung.«
- »Geld ist die Wurzel allen Übels.«
- »Irgendwann werd ich reich heiraten …«
- »Ich bin eher der kreative Mensch, Geldangelegenheiten überlasse ich anderen.«
- »Mein Partner kümmert sich gern um unsere Geldanlagen, ich kann das alles nicht. Ich versteh davon nichts.«
- »Kapitalismus ist ungerecht. Ich möchte damit nichts zu tun haben.«

Viele Frauen sind der festen Überzeugung, dass sie von Natur aus schlechter in Mathe seien oder weniger logisch denken könnten als Männer. Sie glauben, dass man unglaublich viele unglaublich komplizierte Formeln kennen muss, um Geld zu händeln. Dabei ist es gar nicht so sonderlich anspruchsvoll, Geld zu managen, das weißt du ja aus Kapitel 1. Du brauchst dafür keine besondere Ausbildung, keinen höheren Abschluss, keine herausragenden Mathenoten – was du brauchst, ist der Wille, deine Vorbehalte gegenüber Geld und deinen eigenen Fähigkeiten zu überwinden.

Unser Leben ist eine Aneinanderreihung von Entscheidungen, die wir treffen. Diese Entscheidungen treffen wir auf Basis unserer Überzeugungen; ob bewusst oder unbewusst. Damit bestimmen unsere Glaubenssätze, unser Mindset, welchen Verlauf unser Leben nimmt. Und das reicht bis ins kleinste Detail. Bis in unsere Portemonnaies. Denn unsere Überzeugungen bestimmen auch über unseren Umgang mit Geld. Es ist also maßgeblich, deine Einstellung gegenüber Geld, dein Denken über Geld, deine Beziehung zu Geld sorgfältig zu prüfen, zu hinterfragen und gegebenenfalls neu aufzustellen. Und wie du das schaffst, darum geht es jetzt:

- Wir nehmen deine »Geldblockaden« aufs Korn und
- wir arbeiten an deinem Selbstvertrauen in Sachen »Geld«.

Geldblockaden auflösen

Als »Geldblockaden« bezeichnen wir alle Arten von Schranken oder Hürden in deinem Glaubenssystem, die deine Gedanken und Gefühle gegenüber Geld bestimmen. »Blockaden« sind es deshalb, weil sie ein bisschen wie ein Staudamm in einem Gewässer funktionieren. Sie halten sozusagen den Fluss deiner Gedanken und Gefühle davon ab, ihr eigentliches Ziel zu erreichen. Dieses Ziel ist der reale Vermögensaufbau.

Besonders, wenn dein Verhältnis zu Geld eher negativ geprägt ist, ist der wichtigste Schritt hin zu einem neuen, einem gesunden Money Mindset, dass du diese Geldblockaden auflöst.

Warum hast du diese Blockaden? Woher kommen sie? Nun, es handelt sich um nichts anderes als um erlernte Denkmuster. Eine Art Programmierung. Solche »Glaubenssätze« werden im frühesten Kindesalter in unser Gedankenkonstrukt förmlich eingebrannt. Sie werden so zu einem Teil deines Selbst. Zwar ist es möglich, deine Denkmuster auch später im Leben noch zu ändern, aber es braucht eben mehr Zeit und Mühe. Unser Glaubenssystem wird geprägt von unserem Umfeld. Und in der Regel werden wir schon früh mit dem Konzept von Geld konfrontiert – entweder weil es im Überfluss vorhanden ist oder weil zu wenig davon da ist. Das Problem ist, dass es gerade unser Umfeld ist, das uns sehr beschränkte Denkweisen und Überzeugungen beibringt. Und das kann sich ganz entscheidend darauf auswirken, welchen Verlauf unser Leben nimmt.

> ***Doreen***
> *Doreens Eltern hatten immer das Gefühl, das Geld reicht nie wirklich aus, um ein komfortables oder wenigstens sorgloses Leben zu führen. Durch ihr Verhalten ihren Kindern gegenüber in Form dessen, wie sie über Geld sprachen und welche Maßnahmen sie ergriffen, haben sie diese Einstellung unweigerlich auf Doreen übertragen. Und so hat sie, ohne es zu merken oder beeinflussen zu können, diese Geldblockaden übernommen und verinnerlicht.*

Die Sorge, dass das aktuell vorhandene Geld nicht reichen oder dass es ausgehen könnte, ist übrigens weit verbreitet. Dabei sind deine Geldblockaden nicht deine Schuld! Genau, wie sie nicht die Schuld deiner Eltern sind. An Konzepten wie »Schuld« festzuhalten oder dich darüber zu ärgern, was man dir – unbewusst – beigebracht hat, bringt dich nicht weiter. Ganz im Gegenteil: Der erste Schritt, um über deine Blockade hinwegzukommen, ist, jede Form des bewussten und unbewussten Widerstands loszulassen.

Doch bevor wir uns dem tatsächlichen Auflösen deiner Geldblockaden widmen können, sollten wir uns einmal ansehen, welche negativen Glaubenssätze dich blockieren.

Negative Glaubenssätze aufspüren

Geldblockaden wirken sich auf einem unterbewussten Level auf dich und dein Verhalten aus. Es hat also weniger mit Esoterik oder Spiritualität zu tun, wenn wir von Mindset und Blockaden reden, sondern vielmehr damit, dass wir uns durch unsere Gedanken oft selbst manipulieren – sowohl im Guten wie auch im Schlechten: Gedanken werden Worte. Worte werden Taten. Und die Gesamtheit dieser Taten bezeichnen wir dann gemeinhin als Charakter oder Wesenszug oder Einstellung. Und das alles findet viel mehr auf einer psychologisch-neurologischen Ebene statt als auf einer spirituellen oder gar esoterischen. Keine Sorge also, wir driften hier nicht ab.

Schauen wir uns einmal die gängigsten negativen Glaubenssätze in Bezug auf Geld und Finanzen an. Und während du dir die folgende Liste durchliest, versuch doch mal über dein eigenes Leben nachzudenken und ob die eine oder andere Aussage bei dir etwas auslöst oder dir bekannt vorkommt:

»Hitliste« der Glaubenssätze zu Geld und Finanzen

- »Aus diesen Schulden komm ich nie heraus.«
- »Ich brauche Geld, um glücklich zu sein.«
- »Nur wenn ich Geld habe, bin ich sozial anerkannt.«
- »Mein Leben ist ruiniert, weil ich nie genug Geld habe.«

→ **Diese Glaubenssätze sind oft Auslöser von Verzweiflung und Frustration.**

- »Je mehr Geld man hat, desto mehr Probleme hat man auch.«
- »Zu viel Geld verdirbt den Charakter.«
- »Wenn ich mehr Geld verdiene, bin ich egoistisch.«
- »Geld macht nicht glücklich.«

→ **Mit diesen Glaubenssätzen rechtfertigen wir oft unseren Mangel an Geld.**

>>

- »Menschen mit Geld sind arrogant. So jemand bin ich nicht.«
- »Geld ist die Wurzel allen Übels.«
- »Reiche sollten ihr Geld an Bedürftige spenden.«
- »Alles ist immer so teuer.«

→ **Diese Glaubenssätze werden als Rechtfertigung vor uns selbst und anderen genutzt, warum wir kein Geld haben.**

- »Ich kann einfach nicht gut mit Zahlen umgehen.«
- »Dafür habe ich einfach nicht genug Zeit.«
- »Darum kann ich mich später irgendwann immer noch kümmern.«
- »Aber mein Partner kümmert sich doch viel besser darum.«

→ **Super Entschuldigungen, um sich nicht um Geldangelegenheiten kümmern zu müssen.**

Viele unserer Geldblockaden kommen daher, dass wir Geld auf ein Podest stellen. Andere entstammen einer Abneigung gegenüber Geld – und gegenüber denen, die welches haben. Was wir also brauchen, ist ein gesunder Mittelweg. Es geht um Respekt vor Geld. Und ja, wenn man unterbewusste Geldblockaden hat, ist das leichter gesagt als getan.

Aber: Was wäre, wenn ...
... jede Krise auch eine Chance sein kann?
... Angst der Grundstein für Mut ist?
... durch Panik Ruhe eintreten kann?

Du siehst, ein Perspektivwechsel kann an der Oberfläche schon dafür sorgen, dass man in Form einer Momentaufnahme anders über vermeintliche Schwächen, Makel und Negativismen denkt.

Was also kannst du konkret tun, um deine Geldblockaden aufzulösen? Hier präsentieren wir dir 7 Möglichkeiten, um deine Blockaden zu knacken:

Die 7 Blockadelöser

Blockadelöser 1: Lass dich inspirieren

Denk genau darüber nach, welche Dinge du tagtäglich konsumierst: Essen, Trinken, Filme, Videos, Bücher, Musik und Ratschläge von Freunden. Alles, was wir mit unseren Sinnen erfahren, konsumieren wir, und es wird Teil unseres Selbst.

Umgib dich also mit Dingen und Menschen, die dich auf finanzieller Ebene inspirieren – das wird sich unterbewusst auf deine Glaubenssätze auswirken. Such dir bewusst Inspiration für dein neues Money Mindset – bei Coaches, in Workshops, Büchern, Podcasts, aber auch bei Freunden und in der Familie.

Blockadelöser 2: Verschaffe dir Klarheit

Verschaffe dir einen Überblick über deine finanzielle Situation. Am einfachsten geht das, indem du (zumindest für ein paar Monate) ein Haushaltsbuch führst. Ja, das ist ein bisschen Arbeit. Aber es hat einfach viele Vorteile, wenn es darum geht, deine Geldblockaden aufzulösen – und es hat durchaus praktischen Nutzen im Alltag, indem es dir dabei hilft, das Sparpotenzial deiner Einnahmen und vor allem Ausgaben zu erkennen.

Du könntest damit starten, deinen Kontoauszug auszudrucken und alle Ausgaben in Kategorien wie »Sonstiges«, »Restaurantbesuche«, »Lebensmittel«, »Rechnungen« und so weiter einzuteilen. Fixe Ausgaben kannst du direkt am Monatsende für den nächsten Monat schon notieren und von deinem Gesamtbudget abziehen. So kannst du besser planen und weißt schon im Vorfeld, wie viel Geld dir im Folgemonat zur Verfügung steht. Perfekt, um Geld zur Seite zu legen oder auf unvorhergesehene Ausgaben vorbereitet zu sein.

Blockadelöser 3: Nimm deine Geldeingänge bewusst zur Kenntnis

Führe Buch und notiere dir jeden, wirklich jeden Euro, den du verdienst oder erhältst, zusammen mit dem Datum, *wie* das Geld seinen Weg zu dir gefunden hat und vielleicht sogar mit dem Gefühl, das du hattest, als du es erhalten hast. Das wird dir nicht nur helfen, deine Geldblockaden aufzulösen, sondern auch, einen guten Überblick über deine Finanzen zu bekommen.

Dieser Trick funktioniert deshalb, weil du deinen Fokus darauf richtest, was du *bekommst* oder *hast*, statt auf das, was du *nicht bekommst* oder *nicht hast*. Oft lassen wir uns so sehr vereinnahmen von unseren Wünschen und Dingen, die wir gerne hätten, dass wir die Dinge, die wir bereits besitzen, aus dem Blick verlieren. Das ist nicht nur eine gute Dankbarkeits- und Achtsamkeitsübung, sondern hilft eben auch, Geld in positiveres Licht zu rücken.

Blockadelöser 4: Sei großzügig, wo immer du kannst

Zu sehr am eigenen Geld festzuhalten ist oft ein Zeichen von Angst. Und Angst davor zu haben, nicht genügend Geld zu besitzen, ist eine riesige Geldblockade. Also versuch öfter mal ein bisschen großzügiger zu sein: Gib deiner Kollegin den Kaffee aus. Spende an Bedürftige. Oder gib ein großzügiges Trinkgeld, statt nur auf die nächste Nullstelle aufzurunden. So eine willkürliche Geste der Großzügigkeit kann jemand anderem finanziell helfen, und bei dir selbst löst es das Mangel-Mindset nach und nach auf.

Blockadelöser 5: Glaub nicht alles, was du denkst

Bist du sicher, dass das, was du über Geld denkst, stimmt? Oder könnte es sein, dass deine Wahrheit durch dein Mindset eine subjektive Färbung bekommen hat?

Ein Beispiel: Ist Geld wirklich schlecht? Oder ist Geld nicht vielmehr nur die Evolution eines antiken Tauschgeschäfts? Ist es wirklich das Geld, das böse ist? Oder ist es nicht vielmehr der Mensch, der es für böse Taten missbraucht? Ruft wirklich das Geld schlechte Charaktereigenschaften im Menschen hervor? Oder ist es nicht vielmehr so, dass dieser Mensch auch ohne Reichtum unhöflich, arrogant, überheblich, unfair usw. wäre, nur dass es sich vielleicht anders manifestieren würde?

Ist Geld nicht vielmehr eine Manifestation der Eigenschaften, die du ihm zurechnest?

Blockadelöser 6: Achte auf deine Sprache

Werde dir deiner Worte, der Sprache, die du verwendest, wenn du über deine finanzielle Situation sprichst, wirklich bewusst! Sätze wie »Das kann ich mir leider nicht leisten« richten vielleicht nicht viel Schaden an, wenn man sie ein-, zweimal ausspricht. Aber im Laufe der Zeit gräbt sich der Satzkern »kann ich mir nicht leisten – kann ich mir nicht leisten – kann ich mir nicht leisten« wie ein Mantra in dein Unterbewusstsein ein. Oder anders gesagt: Wenn du es nur oft genug sagst, glaubst du es irgendwann selbst.

Genau genommen sind Geldblockaden nichts anderes als falsche Vorstellungen von Geld, die dich davon abhalten, mehr Geld zu manifestieren. Und Sprache ist einer der Schlüssel hierzu.

Natürlich kannst und sollst du auch nicht zu allem Ja sagen, aus Angst, jemals etwas Negatives in Bezug auf Geld auszusprechen. Was du aber tun kannst, ist, dir bewusst zu werden, in welchen Zusammenhängen du negativ über Geld sprichst, und dir positivere Alternativen dafür zurechtzulegen. Beispiel gefällig?

> *Anstatt zu sagen »Ich bin momentan pleite und kann es mir nicht leisten, heute Abend essen zu gehen«, versuch es umzuformulieren in etwas wie: »Die Vorstellung, heute Abend auszugehen, fühlt sich gerade nicht gut an; ich geh ein anderes Mal essen.« Oder: »Ich lege das Geld dieses Mal lieber für mein zukünftiges Ich zur Seite – das ist mir gerade wichtiger.«*

Deine Worte haben viel Macht. Also achte gut auf sie!

Blockadelöser 7: Formuliere neue Glaubenssätze

Die Krux mit neuen Glaubenssätzen ist, dass man sie zunächst erst einmal selbst nicht glaubt. Aber genauso, wie man sich seine bestehenden

Glaubenssätze eingeredet hat, kann man sich auch von neuen Glaubenssätzen überzeugen. Das bietet dir auch gleichzeitig die Möglichkeit, den Tipp zur achtsamen Sprache umzusetzen.

Ob dein neuer Glaubenssatz nur eine einfache Affirmation ist, ein Skript oder ein Gebet, ist ganz allein deine Sache.

Hier ein paar Beispiele für positive Glaubenssätze:

- »Ich schaffe es, mich selbst um meine Finanzen zu kümmern.«
- »Ich habe immer genügend Geld zur Verfügung.«
- »Geld bedeutet Freiheit.«
- »Geld kann mein Leben zum Besseren verändern.«
- »Ich lasse meine Widerstände gegen Geld los.«

In zwei Schritten zu deinem neuen Money Mindset

Geldblockaden auflösen klingt schwer. Aber eigentlich ist es eher das Durchhalten, das es schwierig scheinen lässt. Denn natürlich braucht es Zeit und Konstanz, bis sich dein neues Mindset wirklich in den Tiefen deiner bisher gegenteilig konditionierten Neuronenverbindungen verankert hat. Aber um der Manifestation neuer Glaubenssätze näher zu kommen, sind nur zwei einfache Schritte notwendig. Alles, was du brauchst, ist ein wenig Mut zu Ehrlichkeit und ein bisschen Zeit.

Schritt Nr. 1: Nimm deine Glaubenssätze unter die Lupe

Deine innere Einstellung ist sehr wichtig. Das gilt für alle Lebensbereiche. Und dazu gehört ganz klar auch deine finanzielle Situation. Nimm dir ein bisschen Zeit, schnapp dir vielleicht einen Stift und Papier und notiere dir – vollkommen wertfrei – zunächst einmal, wie deine Einstellung zu Geld ganz allgemein ist.

Schreib dir zunächst Fragen rund um dein Money Mindset auf. Solche Fragen könnten sein:

- »Wie denke ich über Geld?«
- »Wie ist meine Familie mit dem Thema Geld umgegangen?«

- »Wer hat mich wie und warum im Umgang mit Geld geprägt?«
- »Wie fühle ich mich, wenn ich viel Bargeld bei mir habe?«
- »Wie fühle ich mich, wenn ich anderen Geschenke mache?«

Notiere dir – gern in Stichworten – nun die Antworten dazu. Dann gibt es zwei Möglichkeiten: Du wurdest positiv oder negativ zum Thema Geld geprägt. Ob durch Menschen in deinem Umfeld oder durch deinen sozioökonomischen Background, spielt dabei eine untergeordnete Rolle. Viel wichtiger ist: Wenn du anhand deiner Antworten merkst: Hey, irgendwie verbinde ich »Geld« immer mit etwas eher Negativem, dann ist Beziehungsarbeit angesagt!

Und das ist Schritt Nummer zwei auf deiner Mission, deine Geldblockaden aufzulösen.

Schritt Nr. 2: Denke groß

Um deine Einstellung zu Geld zu ändern, gibt es verschiedene Ansätze. Nicht jede Lösung funktioniert für alle gleich gut. Was allgemein aber gut klappt, ist: Verbring so viel Zeit wie möglich mit »Geld«. Das heißt, beschäftige dich mehr und häufiger mit dem Thema. Und zwar von der rationalen ebenso wie von der emotionalen Seite aus.

Lies mal hin und wieder einen Artikel aus einem Finanz- oder Wirtschaftsteil einer Zeitung. Führe ein Haushaltsbuch. Verfolge die Ein- und Ausgänge auf deinen Konten genau. Überlege, wie das ideale Investmentprodukt für dich aussieht.

Und ganz wichtig: Träume! Und zwar groß! Richtig groß! Welche Wünsche würdest du dir erfüllen, wenn du die finanziellen Mittel dazu hättest? Schränke dich bei diesem Gedankenspiel nicht ein. Sei grenzenlos und verrückt. Die Ratio bringst du schon früh genug wieder ins Spiel. Hier soll es lediglich darum gehen, eine positive Verknüpfung zum Thema Geld herzustellen.

Konzentriere dich zunächst also auf das Warum, nicht auf das Wie:

- »Warum möchte ich mehr Geld haben?«
- »Welche Wünsche möchte ich mir erfüllen?«
- »Was möchte ich mit dem Geld bewirken?«

Beantworte dir auch diese Fragen zunächst einmal schriftlich, ohne dich um das Wie zu kümmern.

Einen Großteil der Informationen, die unser Gehirn aufnimmt, verarbeitet es unterbewusst. Und genau diese Eigenschaft machst du dir mit diesem zweiten Schritt zur Auflösung deiner Geldblockade(n) zunutze: Indem du das »Wie« bewusst links liegen lässt, triggerst du die unbewussten Kapazitäten deines Gehirns, das sich, einmal mit den bewussten Informationen zu deinen Wünschen und Zielen konfrontiert, sofort unterbewusst an die Arbeit macht und beginnt, nach Lösungen zu suchen. Sobald dein Gehirn also durch deinen Input bewusster Informationen und Entscheidungen weiß, wohin die Reise gehen soll, beginnt es ganz automatisch, nach Wegen Ausschau zu halten, die dich ans Ziel bringen. Auch das ist wichtiger Bestandteil dessen, dein neues Money Mindset zu formieren.

Dein ökonomisches Selbstvertrauen stärken

Als Frauen möchten wir, dass wir gehört werden. Wir möchten hohes Selbstbewusstsein und Selbstvertrauen haben, und gegen ein gut gefülltes Portemonnaie haben wir auch nichts. Doch gerade am Selbstvertrauen hapert es häufig, und das wirkt sich dann auch auf unsere Finanzen aus. Es steht außer Frage, dass wir unbedingt mehr Selbstvertrauen in uns selbst aufbauen sollten.

Die Art und Weise, wie wir uns selbst wahrnehmen, kann sich unmittelbar auch auf unser Vermögen auswirken. Wenn du an dich glaubst, deinen Wert kennst und dir darüber klar wirst, was du alles erreichen kannst, fängst du (unterbewusst) an, dich so zu verhalten, dass du deine Ziele verfolgst. Wenn du selbstbewusste Entscheidungen triffst, die du erreichen wirst, wird das auch deine finanziellen Erfolge verbessern. Alles beginnt bei dir selbst. Mit dem richtigen Mindset und dem Glauben und Vertrauen in dich selbst.

Selbstvertrauen hat viele Facetten. Kenne deinen Wert: Nur wenn du das Beste von dir denkst, hast du eine Chance, dein Selbstvertrauen zu steigern. Du bist einzigartig und wertvoll, eine Kämpfernatur. Du verdienst es, dich gut zu fühlen, und du kannst alles erreichen, was du dir vornimmst!

Du kannst dir zum Beispiel jeden Morgen ein Tagebuch schnappen und darin notieren, wofür du im Leben dankbar bist, ebenso tägliche Affirmationen, also kurze, positive, selbstbejahende Sätze. Das wird dich nicht nur darauf aufmerksam machen, wie reich du auf die unterschiedlichsten Weisen bereits bist. Es wird auch dein Selbstvertrauen und deine Produktivität positiv beeinflussen. Studien belegen, dass spontanes und häufiges Wiederholen neuer, positiver Affirmationen persönliche Einstellungen und infolgedessen das eigene Verhalten verändern können.

Sina

Unsere Kundin Sina teilte kürzlich diese Erfahrung mit uns: »Es ist immer anders, wenn Männer am Gespräch teilnehmen. Sie sind sich bei allem so sicher und sprechen schnell und selbstbewusst. Vor Kurzem war ich in einem Meeting nur mit Frauen, und als ein Mann ins Gespräch kam, war alles anders. Nachdem ich das bemerkt hatte, sprach ich mit einem Mann in meiner Bank, und ich verstand etwas. Ich war in der Lage, den Vergleich zu ziehen. Und ich verstehe jetzt, warum Karolina all das verlassen und finmarie gegründet hat, weil ihr Ansatz so anders ist.«

Und wo ist jetzt die Verbindung?

Selbstvertrauen = Vermögen! Wenn du an deinem Selbstvertrauen arbeitest und anfängst, an dich zu glauben, kann dich das dazu motivieren, kontinuierlich besser zu werden und dich selbst zu fordern und fördern. Wenn du an dem Punkt angekommen bist, kannst du dazu übergehen, dein Einkommen zu verbessern, indem du mit der gleichen Motivation das Ziel verfolgst, das du vor Augen hast. Ein Mantra oder eine Affirmation kann dir dabei helfen; hier haben wir ein paar für dich gesammelt:

- »Ich glaube an mich selbst.«
- »Ich kann und werde Großes erreichen.«
- »Ich bin talentiert.«
- »Ich bin ein Geldmagnet.«
- »Ich habe reichlich Geld auf meinem Konto.«
- »Ich bekomme immer, was ich will.«
- »Ich habe alles, was ich brauche, um meine Situation zu verbessern.«

Halten wir fest: Im Idealfall hast du zwischenzeitlich deine Glaubenssätze rund um Geld und Finanzen hinterfragt und beleuchtet, vielleicht sogar neue, positive notiert. Vielleicht hat dich dein eigenes Mindset hier und da sogar überrascht und es war dir gar nicht bewusst, womit du dir selbst immer wieder im Weg stehst. Und wenn du nun aus deinen eigenen Affirmationen neue Kraft, neuen Mut und neue Motivation schöpfst, dann bist du bereit für den nächsten Schritt und kannst wahrhaftig Verantwortung für deine eigenen Finanzen übernehmen, anstatt sie jemand anderem zu überlassen – deinem Vater, Partner oder einem Berater.

Wenn du dir unsicher bist, wie du das praktisch angehen kannst, um grobe Fehler zu vermeiden beziehungsweise um selbstsicherer zu werden, dann trau dich, Fragen zu stellen. Viele Fragen! Und an möglichst viele Vertrauenspersonen: Experten, Freunde, Familienmitglieder, Kollegen.

Das sind natürlich nur die ersten Schritte, die du unternehmen kannst, um dein Selbstvertrauen im Umgang mit Geld zu stärken. Im weiteren Verlauf hin zu deiner neuen Geldpersönlichkeit werden weitere hinzukommen. Bist du bereit dazu?

Dann haben wir hier 6 Tipps für dich, um dein ökonomisches Selbstvertrauen zu stärken.

6 Tipps für mehr ökonomisches Selbstvertrauen

Wenn du diese Tipps als Routinen in deinen Alltag integrierst, wirst du nicht nur im Umgang mit deinen Finanzen selbstsicherer. Du wirst langfristig auch den Aufwand schmälern, um deine finanzielle Situation zu überblicken und zu managen.

1. Ermittle deine Vermögensverhältnisse

Das kannst du in drei simplen Schritten tun, die du bei Änderungen deiner Situation immer wieder aktualisieren solltest. Beispielsweise, wenn du einen Kredit abbezahlt hast und diese bisherige Ausgabe nun nicht mehr hast. Oder wenn du eine Gehaltserhöhung bekommst und mehr Einnahmen hast.

An diesem Punkt scheitern leider immer noch zu viele Frauen. Vermutlich aus Angst davor, was sie herausfinden werden. Es ist bei vielen oft nicht einmal die Scheu vor dem Aufwand, sondern vielmehr die Angst vor der Realität oder die Furcht vor Enttäuschung. Aber genau hier kommt das Mindset ins Spiel. Angst kann der Grundstein für Mut sein: Was, wenn deine finanzielle Situation gar nicht so hoffnungslos oder schlimm ist, wie du befürchtest? Eine Krise kann eine Chance sein: Selbst wenn deine finanzielle Situation Krisencharakter hat, kann es von hier aus, mit den richtigen Entscheidungen, nur bergauf gehen. Durch Panik kann Ruhe eintreten: Was, wenn deine Sorge um deine Finanzen dank besserer Entscheidungen zu mehr Gelassenheit führt?

Schritt 1: Kenne deine Haben-Seite
Schreib deine monatlichen Einnahmen auf. Dazu zählen alle Geldeingänge, also neben dem Gehalt auch Einnahmen aus Unterhaltszahlungen, Vermietungen und sonstige Unterstützungen wie Kindergeld. Wenn du selbstständig bist, orientiere dich am durchschnittlichen Gewinn, der dir monatlich nach Abzug der Steuern bleibt. Schwanken deine Einnahmen stark, nimm deine letzte Einkommensteuererklärung als Berechnungsgrundlage.

Schritt 2: Kenne dein Soll
Liste in diesem Schritt deine regelmäßigen Ausgaben auf. Dazu zählen etwa Miete, Versicherungsbeiträge, Tilgungsraten, Nebenkosten, Mitgliedsbeiträge und Abonnements für Zeitungen oder den ÖPNV. Damit du nichts übersiehst, nimm am besten deine Kontoauszüge der letzten 12 Monate zur Hand. So kannst du genau nachvollziehen, wann und wofür du dein Geld ausgibst.

Schritt 3: Kenne dein Budget
Der Rest ist schnell erledigt. Du rechnest alle Einnahmen zusammen, addierst alle Ausgänge und ziehst dann die Summe der Ausgaben von der Summe der Einnahmen ab. In Nullkommanichts hast du so dein verfügbares Monatsbudget für variable Ausgaben errechnet. Diesen Betrag kannst du nun aktiv managen. Schreib dazu alle zusätzlichen Ausgaben (Mittagessen mit Kollegen, Kaffee mit der besten Freundin, Spontankäufe, Shoppingtouren, Reisen, Tankfüllungen etc.) auf – am besten täglich. So vergisst du nichts und kannst gleichzeitig eine Routine etablieren.

2. Definiere deine finanziellen Ziele

Ziehe hierfür deine Wünsche, die du weiter vorne schon herausgearbeitet hast, zurate. Diese kannst du dann in drei Kategorien einteilen: kurzfristige, mittelfristige und langfristige Ziele.

Zur besseren Orientierung, was du unter kurzfristigen, mittel- und langfristigen Zielen verstehen kannst, hier ein paar Beispiele, die dir hoffentlich helfen, deine individuellen Ziele zu kategorisieren.

Beispiele für kurzfristige Ziele – Ziele, die du in den nächsten ein bis zwei Jahren realisieren möchtest:
- eine neue Arbeitsstelle finden,
- Kreditkartenrechnungen bezahlen,
- einen Notgroschen ansparen.

Beispiele für mittelfristige Ziele – Ziele, die du in den kommenden drei bis fünf Jahren erreichen möchtest:
- eine Karrierepause einlegen,
- ein neues / eigenes Business starten,
- ein neues Auto kaufen.

Beispiele für langfristige Ziele – Ziele, die du erst in über fünf Jahren verwirklichen können wirst:
- ein Haus oder eine Wohnung kaufen,
- deine Kinder beim Studium unterstützen,
- in Frührente gehen oder deine Rente aufbessern.

3. Lerne von denen, die es geschafft haben

Positives Denken ist die Grundlage, aber alles positive Denken hilft nichts, wenn man den Gedanken keine Taten folgen lässt. Die Kraft der Gedanken allerdings liegt darin, dass sie Worte werden, aus deren Manifestation Taten erwachsen. Das heißt: Mindset ist nicht alles, aber alles ist nichts ohne Mindset. Und ein Blick auf Menschen, die bereits geschafft haben, was du dir vorgenommen hast, kann für die nötige Inspiration sorgen. Denn nicht alle Millionäre verdanken ihr Vermögen in der Hauptsache Erbschaften. Deutlich mehr als die Hälfte hat es sich laut F.A.Z. durch »unternehmerische oder selbstständige Tätigkeit« erarbeitet.[16] So auch die Erkenntnisse einer Studie der Spectrem Group von 2020.[17] Laut dieser Untersuchung wurden diese fünf Faktoren als die häufigsten Gründe für erlangten Reichtum angegeben:

1. harte Arbeit,
2. Aus- und Weiterbildung,
3. smarte Investments,
4. ein Leben unter den eigenen Verhältnissen,
5. das Wissen um Risiken.

4. Priorisiere das Sparen

Gib deinem Sparvorhaben und deinem Sparverhalten Vorrang vor deinen Ausgaben. Als Maßnahme kannst du für alle Extra-Ausgaben den gleichen Betrag beiseitelegen. Das kannst du mit dem Betrag, den du für deinen Kaffee mit deiner Kollegin ausgegeben hast, ebenso tun wie mit größeren Ausgaben.

Sagen wir, du gibst am Nachmittag für Kaffee und Kuchen zehn Euro aus. Dann überweist du am gleichen Tag auch zehn Euro auf dein Sparkonto. Kleinvieh macht schließlich auch Mist. Und wenn du beim Shoppen 200 Euro für Kleidung ausgibst, wandern im Anschluss ebenfalls 200 Euro in deine Geldanlage. Auf diese Weise kannst du auch immer gleich sehen, ob du dir das Designerkleid leisten kannst.

5. Verleih deinem Vermögen einen Aufwärtstrend

Stell auf jeden Fall sicher, dass die Summe deines Nettovermögens nach und nach in eine positive Richtung tendiert. Um deine Vermögensverhältnisse zu optimieren und wachsen zu lassen, ist es unausweichlich, dass du ein Verständnis dafür entwickelst, wie sich dein Verdienst einerseits und deine Geldanlagen andererseits auf deine langfristige finanzielle Sicherheit auswirken.

6. Erwarte stets das Unerwartete

Denk dran: Das Leben steckt voller unvorhersehbarer Ereignisse und Überraschungen. Schwankungen bei deinen Finanzen bedeuten nicht automatisch, dass du »schlecht im Umgang mit Geld« bist. Solchen Unvorhersehbarkeiten kannst du aber nur mit klarem Verstand, Kreativität und Resilienz wirklich effektiv begegnen. Scham oder Selbstzweifel oder gar Mutlosigkeit sind denkbar schlechte Ratgeber. Und vergiss nie die goldene Regel des Fliegens: »Bitte legen Sie zuerst Ihre eigene Sauerstoffmaske an, bevor Sie anderen helfen.« Denn du kannst andere nur unterstützen, wenn es dir selbst gut geht – das gilt auf ökonomischer Ebene genauso wie auf emotionaler.

Beeinflusse, was du beeinflussen kannst

Welches sind die Faktoren, die deine finanzielle Situation maßgeblich beeinflussen? Die immer teurer werdenden Mieten? Der ökonomische Background deiner Herkunftsfamilie? Die Punkte, an die du zuerst denkst, wirken sich sicher auf das Verhältnis deiner Geldein- und -ausgänge aus. Aber sind es auch die wichtigsten?

Wir glauben, die wichtigsten Aspekte, die für mehr Haben und weniger Soll auf deinem Konto sorgen, sind immer Dinge, die du selbst beeinflussen kannst. Gegen steigende Mieten kannst du wenig tun – selbst wenn du in die Politik gehen würdest. Ob deine Familie zum Geldadel gehört oder nicht oder ob und wie viel sie dir vererbt, auch das liegt nicht in deiner Hand. Deine Einstellung zu Geld zu ändern aber, das liegt in deinem eigenen Ermessen. Und auch deine Ausgabegewohnheiten kannst du selbst ändern.

Wenn aber die steigenden Lebenshaltungskosten dein Gehalt auffressen und deine Schulden das Sparen obsolet machen, dann hast du die zwei wichtigsten Stellschrauben für mehr Haben und weniger Soll schon gefunden – und kannst sie justieren.

Dreh an der Stellschraube »Gehalt«

Widmen wir uns dem ersten Thema: mehr Geld auf deinem Konto durch höhere Einnahmen, also zum Beispiel höheres Gehalt. Wir Frauen haben noch immer mit dem Gender Pay Gap zu kämpfen, und angesichts der systemischen Probleme und Vorurteile könnte es dir unmöglich scheinen, ein höheres Gehalt zu bekommen. Es gibt aber ein paar Dinge, die du dir vor Augen halten – und tun – solltest: Mehr Frauen als je zuvor gehen mittlerweile studieren. 2018 erstmals sogar mehr Frauen als Männer.[18] Das wird auch die Joblandschaft verändern, weil sich erwartungsgemäß mehr qualifizierte Frauen bewerben werden als Männer. Also kannst du gut und gerne den Versuch starten, eine besser bezahlte Position zu finden, die zu deiner Qualifikation und deinen Skills passt. Besonders dann, wenn dein jetziger Arbeitgeber dir keine Gehaltsanpassung in Aussicht stellt, du aber weißt, dass du mehr verdienen könntest.

Bilde dich weiter. Auf persönlicher Ebene kannst du einige Dinge tun, um dich als Frau gegen den Gender Pay Gap zur Wehr zu setzen. Weiter- und Fortbildungen sind eine Möglichkeit. Ein höherer Abschluss zum Beispiel kann dich voranbringen. Wenn du bereits einen Universitätsabschluss hast oder andere Optionen eruieren möchtest, könntest du Seminare oder Abendkurse an einer Fernuni besuchen, mit deren Abschluss du deinen Lebenslauf aufwerten kannst. Das kann nicht nur bei der Stellenwahl und einem eventuellen Jobwechsel hilfreich sein, sondern erleichtert dir auch die Argumentation für eine Gehaltserhöhung.

6 Tipps für Gehaltsverhandlungen

Viele Frauen schrecken vor einer Gehaltsverhandlung zurück. Wenn es dann aber doch dazu kommt, sind sie entsprechend schlecht darauf vorbereitet. Aber warum ist es für viele Frauen überhaupt so schwierig, um eine Gehaltserhöhung zu bitten?

Nun, zunächst einmal ist es falsch, anzunehmen, dass Männer und Frauen von der gleichen Position aus in eine Gehaltsverhandlung hineingehen. Nach wie vor sind alle gesellschaftlichen Gruppen und Milieus von soziokulturellen Stereotypen geprägt. Das bedeutet auch, dass etwa das »typisch männliche« Konkurrenzdenken bei Männern als normal wahrgenommen und akzeptiert wird. Währenddessen wird von Frauen immer noch erwartet, verständnisvoll, geduldig und nicht so fordernd zu sein. In der Folge werden Frauen häufiger und mehr als

Männer gesellschaftlich sanktioniert, wenn sie nach mehr Gehalt fragen. Daraus ergibt sich ein soziales Dilemma. Frauen sind gezwungen, abzuwägen, ob die potenziellen ökonomischen Zugewinne, die mit einer Gehaltsverhandlung einhergehen können, den potenziellen Verlust sozialer Anerkennung, die Negativverurteilung und das Risiko, als »schwierig« und »fordernd« zu gelten, wert sind.

Weil aber dein Gehalt eine der wichtigsten, wenn nicht gar die wichtigste Stellschraube ist, die deine Einkommens- und damit deine Vermögenssituation unmittelbar verbessert, möchten wir dir hier ein paar Tipps an die Hand geben, mit denen du selbstbewusster und selbstsicherer und damit gelassener in die nächste Gehaltsverhandlung – im aktuellen oder im neuen potenziellen Job – gehen kannst.

Tipp Nr. 1 – Kenne deinen Wert und den deiner Arbeit

Betreibe etwas Recherche, bevor du ins Gespräch gehst. Informiere dich in deinem persönlichen Netzwerk bei – vor allem auch männlichen – Kollegen in einer vergleichbaren Jobposition über ihr Gehalt. Auf Jobportalen kannst du außerdem das Durchschnittsgehalt in deiner Region für deine Stelle herausfinden. Und lege noch vor Beginn der Verhandlung fest, wie viel Geld du verdienen möchtest. Bedenke dabei unbedingt deine Berufserfahrung, Ausbildung und Spezialisierungen, die du vielleicht hast. Lege ein absolutes Mindest-Must-have für dich fest und begib dich dann in eine Verhandlungsposition, die dir Spielraum nach unten gibt, ohne dass du deine Mindestgehaltsvorstellung unterschreiten musst.

Tipp Nr. 2 – Werde kreativ und bleibe aufgeschlossen

Speziell wenn du an deinem Job hängst, kann es hilfreich sein, Kompromissbereitschaft an den Tag zu legen. Wenn das Grundgehalt nicht verhandelbar ist, lässt sich vielleicht bei den vermögenswirksamen Leistungen was machen. Frag andernfalls auch nach Boni, einem Geschäftsauto, anderen Zuschüssen oder wenigstens einer festen, am besten schriftlichen Zusage einer zukünftigen Gehaltsanpassung.

Tipp Nr. 3 – Mach dir deine Verhandlungsposition bewusst

Informiere dich ausführlich darüber, ob in deiner Branche und deiner Position Männer besser bezahlt werden als Frauen. Wenn bei deinem Arbeitgeber eine Schweige-Policy herrscht, wende dich an den Betriebsrat. Der darf dir natürlich auch keine genauen Zahlen verraten. Er kann dir aber mitteilen, ob es Diskrepanzen zwischen deinem und den Gehältern männlicher Kollegen in der gleichen Position mit einem vergleichbaren Background gibt. Ist dein Job von einem internen oder generellen Gender Pay Gap betroffen, stehen die Chancen gut, dass du mehr Gehalt bekommen kannst.

Tipp Nr. 4 – Bereite dich vor, das schafft Selbstvertrauen

Viele Frauen scheuen sich generell, nach einer Gehaltserhöhung zu fragen, oder halten sich – oft bedingt durch Selbstzweifel – selbst davon ab. Wenn du zu dieser Gruppe Frauen gehörst, dann bleibt dir nichts anderes übrig, als entweder mit dem geringeren Gehalt weiterzuleben oder dich deinen Ängsten zu stellen. Betreibe Recherche. Übe, wie du mit allen möglichen Gehaltsfragen und Gegenargumenten umgehen kannst. Stell die Situation in einem Rollenspiel nach und übe mit einem Coach oder einem Freund, wie du reagieren und argumentieren kannst. Das gibt dir objektives Feedback, Sicherheit und passende Antworten schon im Vorfeld der Verhandlungssituation.

Tipp Nr. 5 – Fokussiere dich auf die Arbeitgeberbedürfnisse

Eine Gehaltsverhandlung ist wie eine Verkaufssituation, in der du dich selbst verkaufen musst. Ähnlich wie im Vorstellungsgespräch. Betone die Gründe, warum der Arbeitgeber dich und deine Fähigkeiten will und braucht und wie du seine Probleme bisher lösen konntest und wo du ihn auch künftig unterstützen kannst. Anders gesagt: Gib ihm Gründe, die mehr Gehalt rechtfertigen.

Tipp Nr. 6 – Es ist okay zu fragen!

Gerade wenn du unsicher bist, mach dir bewusst, dass es absolut okay ist, nach einem höheren Gehalt zu fragen. Vielleicht fühlst du dich bei dem Gedanken unwohl, aber das bedeutet nicht, dass es objektiv nicht vollkommen akzeptabel ist, zu fragen. Lass dich also von deinem subjektiven Gefühl nicht fehlleiten. Es ist besser, die Frage deinem Arbeitgeber zu stellen, als dich hinterher ständig zu fragen, ob du ein besseres Gehalt hättest verhandeln können.

Ein Gehalt (neu) zu verhandeln ist nie eine einfache Situation. Aber je besser du informiert bist und je besser du deine Argumentation vorbereitet hast, desto erfolgreicher wirst du bei der Verhandlung sein: Nur wer mutig genug ist zu fragen, hat überhaupt die Chance auf bessere Bezahlung. Und wird deine Anfrage abgelehnt, kannst du dich jederzeit woanders umsehen, umorientieren oder ein Jobangebot auch höflich ausschlagen.

Dreh an der Stellschraube »Schulden«

Die zweite große Stellschraube beim Vermögensaufbau sind die Außenstände. Ob Bildungskredit, Finanzierung oder Privatkredit – Schulden können ein ganz ordentlicher Bremsklotz für den Vermögensaufbau sein. Einerseits lässt man sich natürlich mental ausbremsen, wenn die Höhe der Schulden zur Belastung wird. Andererseits raten viele Anlageexperten immer auch dazu, zuerst Schulden (vor allem Konsumschulden) vollständig zu tilgen, bevor man ein Investment tätigt. Begründet wird das in der Regel damit, dass die Zinsen für die Schulden höher sein könnten als die Rendite bei den Investments, sodass man am Ende mit dem Sparvorhaben ein Minusgeschäft macht.

Das stimmt allerdings nicht immer. Die Geschichte unserer Kundin Linda beweist das.

> ***Linda***
> *Linda hat für ihr Studium einen Studienkredit aufgenommen. Sie war nicht BAföG-berechtigt, und mit einem Nebenjob kam sie nicht über die Runden. Sie verließ also die Uni mit einem Schuldenberg von 30.000 Euro. Den Kredit aufzunehmen hatte sich allerdings für sie gelohnt. Dank des Studienkredits konnte sie sich*

auf ihr Studium konzentrieren und schaffte einen Top-Abschluss. Dieser wiederum bescherte ihr einen überdurchschnittlich gut dotierten und sicheren ersten Job. Nach Abzug aller Kosten – Miete, Versicherungsbeiträge, Lebensmittel, Sparraten für größere Anschaffungen – hatte Linda circa 3500 Euro im Monat zur freien Verfügung. Summa summarum hätte sie ihre Schulden innerhalb eines Jahres schnell und einfach abbezahlen können. Allerdings war Linda zu dem Zeitpunkt Ende 20 und verdiente nach fünf Jahren Studium endlich erstmals eigenes Geld. Und nun sollte sie noch ein Jahr warten, bis sie sich etwas gönnen könnte?

Die Vorstellung fand sie irgendwie sehr demotivierend. Hinzu kam noch, dass vonseiten der kreditgebenden Bank kein Druck gemacht wurde. Der Studienkredit der KfW war mit 3,2 Prozent verträglich verzinst und mit 25 Jahren Tilgungszeit sehr wohlwollend gestaltet. Außerdem wirken sich Bildungskredite auch nicht auf die Bonität aus, weil sie nicht in die Schufa einfließen. Wozu also sollte Linda sich mit der Rückzahlung stressen und ein Jahr lang nahezu all ihren monatlichen Überschuss an die KfW geben? Außerdem erforderte ihr gut bezahlter erster Job hohen persönlichen Einsatz. Sie wollte von der investierten Zeit und den geopferten Nerven wenigstens die finanzielle Honorierung genießen. Mit all diesen Sorgen, Gedanken, Hoffnungen und dem Wunsch nach einem sichtbaren Vermögenszuwachs trat Linda an uns heran.

Gemeinsam mit ihr haben wir eruiert, was ihr aktuell wichtig ist. Sie wollte auf jeden Fall aus den Schulden raus, aber sie wollte sich auch ein Polster aufbauen und sich mit ihrem hart erarbeiteten Geld auch ihre Wünsche erfüllen. Also haben wir gegengerechnet und eine Strategie entworfen, die Linda die Möglichkeit bot, mit ihren 3500 monatlich frei verfügbaren Euro sowohl ein kleines Alltagspolster anzusparen als auch ein Vermögen aufzubauen und dennoch zeitnah, aber stressfrei ihre Schulden abzubauen. Konkret sah das so aus: Linda investierte 2000 Euro monatlich in ETFs – deren Renditen liegen im Schnitt allesamt eher über 3,2 Prozent, sodass sie die Kreditzinsen in jedem Fall ausgeglichen hatte. Den Kredit bediente Linda mit 1000 Euro monatlich und die restlichen

500 Euro überwies sie jeden Monat als schnell verfügbaren Notgroschen auf ein Tagesgeldkonto. Durch die Tagesgeldverzinsung und die durchschnittlich höhere Rendite beim Investment konnte Linda die Verluste, die ihr durch die Kreditzinsen entstanden, mehr als ausgleichen. Gleichzeitig konnte sie ihren Studienkredit in einem überschaubaren Zeitraum abbezahlen und ganz nebenbei von den Gewinnen aus Tagesgeldkonto und ETF-Investment noch Plus machen.

Du siehst, nicht immer müssen Schulden deinen Spar- und Investmentvorhaben im Weg stehen. Im Gegenteil: Eine kluge Investmentstrategie kann dir sogar helfen, deine Schulden entspannter abzubezahlen und langfristig so sogar ein Plus zu erwirtschaften. Darum solltest du die Konditionen deiner Kredite und Investments gleichermaßen gut kennen, um genau diese Auswirkung einschätzen zu können. Alternativ kannst du auch über eine Umschuldung nachdenken, bei der du bessere Kreditkonditionen bekommst, die deine Rendite auf der anderen Seite nicht schlucken. Eine weitere Möglichkeit besteht darin, die Tilgungsraten höher anzusetzen als deine Sparraten.

Es ist also nicht allgemein gültig, dass man zuallererst seine Schulden abbezahlen muss, damit sich Sparen lohnt. Investments sind eine Möglichkeit, Geld für die Zukunft auf die Seite zu legen. Idealerweise in ein Investment, das mit der Zeit an Wert gewinnt. Schulden auf der anderen Seite sind bereits ausgegebenes Geld, für das ein Kreditgeber zusätzlich zum geliehenen Betrag Zinsen verlangt. Werden die Schulden nicht bedient, werden sie kontinuierlich wachsen. Wenn du deine finanzielle Situation und deine Finanzen gut kennst, kannst du ganz individuell entscheiden, ob es in deinem Fall sinnvoll ist, zunächst alle Schulden restlos zu tilgen oder parallel zur Tilgung auch zu investieren.

Bei sogenannten Konsumkrediten (zum Beispiel Finanzierungen für ein Sofa, eine Küche, einen Fernseher usw.) oder bei Dispokrediten ist es allerdings in jedem Fall empfehlenswert, hier den Fokus auf die Schuldentilgung zu legen. Solche Kredite sind in aller Regel hoch verzinst – Dispo- und Überziehungskredite gut und gerne auch schon mal zweistellig. In dem Fall kannst du dir die Rechnerei sparen. Unsere Empfehlung ist bei dieser Art Schulden, unbedingt alles erst einmal daranzusetzen, die Verbindlichkeiten so schnell wie möglich aus der Welt zu schaffen. An Investments solltest du bei diesen teuren Kreditformen zunächst nicht denken, sondern wirklich als Erstes die Schulden begleichen.

Zur Orientierung: Wenn die Rendite auf ein Investment höher ist als die Zinsen auf deine Schulden, dann macht es Sinn zu investieren. Andererseits können Investments sehr volatil sein, also stark schwanken. Ein ▶ **Indexfonds** (dazu erfährst du in Kapitel 3 mehr) kann in einem Jahr 10 Prozent Rendite einfahren und im Folgejahr 10 Prozent verlieren. Investments mit garantierter Rendite können eine Alternative sein. Allerdings ist die Rendite dort im Schnitt geringer, wodurch sich wieder die Frage ergibt, ob die Rendite höher ist als die Kreditzinsen. Schau dir deine Finanzen also ganz genau an, bevor du dich für eine Herangehensweise entscheidest.

Auch wenn du lieber zunächst schuldenfrei sein möchtest, bevor du in deine Zukunft investierst, stehen dir verschiedene Vorgehensweisen zur Verfügung:

- Wirf etwa zunächst einen Blick auf die Kreditkonditionen. Lohnt sich eine Umschuldung, die es dir dank geringerer Zinsen vielleicht ermöglicht, die Tilgungsrate zu erhöhen, damit du die Schulden früher abbezahlt kriegst?
- Eine weitere Möglichkeit, um schneller aus den Schulden herauszukommen, ist, mit Extrageld Sondertilgungen zu leisten – etwa die Steuerrückzahlung, Geldgeschenke, das 13. Monatsgehalt oder einen Teil des Jahresendbonus.
- Der wichtigste Tipp für eine schnellere Entschuldung ist: Versuche deine Raten zu erhöhen.
- Wenn du unsere Tipps weiter vorne beherzigt und deine Vermögensverhältnisse bereits ermittelt hast, nimm dir dein Monats-

budget zur Hand und rechne durch, ob du dir eine Erhöhung der Tilgungsraten erlauben kannst. Denn am Ende ist die Rechnung einfach. Je höher die Tilgungsraten, desto geringer die Kreditlaufzeit, desto schneller schuldenfrei, desto früher hast du Budget für Geldanlagen und Investments.

Konkrete Praxistipps

- Überprüfe den Kreditvertrag auf die Höhe der Zinsen und die Konditionen für eine Sondertilgung. Achte dabei vor allem darauf, wie oft du Sondertilgungen tätigen kannst, und überlege, wie viel schneller der Kredit dadurch abbezahlt wäre und wie viel du gegebenenfalls dadurch sparen würdest.
- Hole Vergleichsangebote für Geldanlagen ein und achte auf die Zinsen bzw. Renditen, die du bekommen würdest. Informiere dich vor allem über die Garantien und Risiken ganz genau.
- Verwende nicht dein komplettes Restbudget auf Schuldentilgung und Investment, sondern spare auch einen Notgroschen an. Falls das Auto mal seinen Geist aufgibt oder das Dach leckt, brauchst du keinen (oder einen kleineren) Kredit – und sparst so wiederum Zinsen.

Letzten Endes ist es eine persönliche Entscheidung, ob du schuldenfrei sein willst, bevor du investierst (Ausnahmen sind hier wie gesagt Konsum- und Dispokredite – werd die wirklich einfach nur möglichst schnell los!), oder ob du neben der Schuldentilgung bereits an deinem Vermögensaufbau arbeiten möchtest. Eine Entscheidung, die von psychologischen Faktoren und Emotionen beeinflusst wird: Wenn dich die Höhe deiner Schulden schon um den Schlaf bringt, dann ist es vermutlich sinnvoll, deine Schulden schneller abzubezahlen – auch dann, wenn Investieren rein rational betrachtet eine Spur vorteilhafter wäre. Bist du beim Thema Kredit schmerzbefreit und emotionslos, dann kannst du dich getrost umso mehr auf die rationalen Zahlen und Daten verlassen. Es ist einfach eine Typfrage.

Und welcher Geldtyp du bist, das wollen wir im nächsten Abschnitt gleich mal genauer betrachten. Mit diesem Wissen bist du dann gut gerüstet für die folgenden Kapitel, in denen es um konkretes Finanzwissen geht.

Der Selbsttest: Was für ein Geldtyp bist du?

Wie vieles im Leben ist auch dein Umgang mit Geld eine Persönlichkeitsfrage. Und wie bei vielem im Leben hast du dir bis zu diesem Buch wahrscheinlich noch nie wirklich viele Gedanken darüber gemacht, wie deine Persönlichkeit dein Verhalten im Umgang mit Geld beeinflusst, oder? Zu verstehen, welcher Geldtyp du bist, ist der erste Schritt, um deine Gewohnheiten beim Geldausgeben, Sparen und Investieren zu verstehen und neu zu schärfen.

Unterschiedliche Geldtypen lassen sich in unterschiedliche Kategorien einteilen. Dieses Thema ist verschiedentlich und intensiv analysiert worden, und die meisten Menschen können sich zumindest zu Teilen mit mehreren Eigenschaften dieser Geldtypen-Profilen identifizieren.

Die größten drei generischen Geldtypen sind

- die Spitzenverbraucherin,
- die Genießerin und
- die Sparerin.

Und so funktioniert der Test, mit dem du herausfinden kannst, welcher Geldtyp am ehesten deiner Persönlichkeit entspricht:

Lies dir die Fragen durch und kreuze jeweils die Antwort an, die am ehesten auf dich zutrifft (also A, B oder C). Pro Frage ist nur eine Antwort erlaubt.

Am Ende des Tests zählst du, wie oft du als Antwort »A«, gewählt hast, wie oft »B« und wie oft »C«.

Im Anschluss findest du die Auflösung: Deine A-Antworten werden einem Geldtyp zugeordnet, B-Antworten einem anderen und C-Antworten dem dritten. Welche Antwort hast du am häufigsten gegeben? Hast du am häufigsten mit A geantwortet? Dann entspricht dir Geldtyp A am ehesten. Ist deine häufigste Antwort B? Dann bist du eher Geldtyp B. Und sind deine meisten Antworten die unter C, dann passt Geldtyp C am besten zu deiner Persönlichkeit. >>

Los geht's:

1. Wie wichtig ist Geld grundsätzlich für dich?

A. Sehr wichtig. ☐

B. Ist für mich Mittel zum Zweck, um meinen Lebensunterhalt zu bestreiten. ☐

C. Eher nicht so wichtig. ☐

2. Wie gut kommst du mit deinem monatlichen Einkommen zurecht?

A. Nicht gut, am Ende des Geldes ist immer noch viel Monat übrig. ☐

B. Meistens komme ich gut damit zurecht, nur manchmal wird es etwas knapp. ☐

C. Meistens habe ich noch Geld übrig am Monatsende. ☐

3. Wie gehst du vor, wenn du etwas haben möchtest, aber dein Geld dafür gerade nicht ausreicht?

A. Ich kaufe es mir trotzdem und bezahle zum Beispiel mit Kreditkarte. ☐

B. Ich bitte Freunde oder Familie, mir das Geld zu leihen. ☐

C. Ich kaufe es mir nicht, sondern warte, bis ich das Geld angespart habe. ☐

4. Dir Geld zu leihen ist für dich ...

A. ... die Regel. Mit dem Zurückzahlen nimmst du es manchmal nicht so genau. ☐

B. ... eine absolute Ausnahme, wenn es unbedingt nötig ist. Dann zahlst du es aber so schnell wie möglich zurück. ☐

C. ... etwas, was du grundsätzlich nicht machst. ☐

5. Hast du beim Shoppen schon mal mehr Geld ausgegeben, als du dir vorgenommen hattest?

A. Schwer zu sagen, da habe ich keinen genauen Überblick, da ich ohnehin meistens mit Karte zahle. ☐

B. Das ist wahrscheinlich schon mal vorgekommen. In jedem Fall habe ich danach ein schlechtes Gewissen. ☐

C. Ist noch nie vorgekommen. Ich kaufe nur, wenn ich wirklich etwas brauche, und halte mich an meine Liste. ☐

Auflösung

Hinweis: Die in den Geldtypen beschriebenen Persönlichkeitsmerkmale sind sehr generisch formuliert. Es gibt keine Universalantwort, die für jeden und jede immer 100-prozentig passt. Überschneidungen in den Merkmalen sind also mit Sicherheit eher die Regel als die Ausnahme. Dennoch gibt dir der Test ein bisschen Orientierung und Aufschluss darüber, wie du in Geldangelegenheiten tickst und wo du optimieren kannst.

Die meisten A-Antworten: Die Spitzenverbraucherin

Der bewusste Umgang mit Geld hat bisher für dich eher eine untergeordnete Rolle gespielt. Du kaufst gerne Dinge, die dir gefallen – auch wenn du vielleicht gerade nicht die notwendigen Mittel hast. Dafür leihst du dir häufiger mal Geld, bist aber andererseits auch großzügig und bereit, anderen auszuhelfen. Manchmal verlierst du jedoch den Überblick über deine Ausgaben, sodass am Monatsende in den meisten Fällen nicht viel übrig ist.

Das kannst du jedoch ändern, wenn du dazu bereit bist. Denn einen bewussteren Umgang mit Geld kann man lernen. Unser Tipp: Wenn du gerne Geld ausgibst, wirst du das wahrscheinlich auch weiterhin tun. Aber du solltest dein Geld vorrangig für Dinge ausgeben, die dir einen langfristigen, nachhaltigen Wert verschaffen, nicht nur kurzfristige Zufriedenheit. Frag dich vor dem Kauf, was dir dieses Objekt in einem Jahr noch bedeuten wird. Wenn die Antwort »nicht viel« ist, lass es. Überlege ganz genau, wofür du dein Geld warum ausgibst. Besonders dann, wenn du mit Kreditkarte bezahlst oder dir sogar Geld für eine Anschaffung leihen musst.

Die meisten B-Antworten: Die Genießerin

Was den bewussten Umgang mit deinem Geld betrifft, bist du ziemlich gut aufgestellt. Du kennst deine Prioritäten und erfüllst dir gerne immer mal wieder Wünsche, lässt dich dabei aber nicht so leicht verführen. Dir Geld zu leihen ist für dich meist keine Option. Wenn es aber unvermeidbar ist, behältst du genau den Überblick und zahlst schnellstmöglich zurück.

Unser Tipp: Mach genau so weiter. In finanzieller Hinsicht bist du sehr gut aufgestellt, Glückwunsch. Behalte das bei und entwickle dein Finanzwissen weiter. >>

Die meisten C-Antworten: Die Sparerin

Sparsam zu sein und bewusst mit Geld umzugehen ist natürlich erst mal etwas sehr Positives. Dir Geld zu leihen schließt du kategorisch aus und du kaufst auch nie unüberlegt ein. Unnötige Ausgaben vermeidest du, wo immer es geht, und wenn du dann doch mal Geld ausgibst, achtest du genau auf die Preise. Aber: Achte ruhig darauf, dass du dir ab und zu auch mal etwas gönnst, vor allem Dinge, die dir nachhaltig Freude bereiten. Das müssen natürlich nicht materielle Dinge sein, sondern vielleicht eher der Kaffee mit Kolleginnen und der Kinobesuch mit Freunden.

Unser Tipp: Halte es mit Ben Franklin, dem der Rat »Mäßigung in allen Belangen« zugeschrieben wird. Das ist für Sparerinnen ein besonders guter Rat. Lass das Leben nicht komplett spaßbefreit an dir vorüberziehen, nur um ein paar Cent zu sparen. Denn auch wenn Kleinvieh ebenfalls Mist macht: Immer nur hier und da an Centbeträgen zu sparen, bringt dich nicht weiter. Natürlich ist Risikoaversion eine lobenswerte Eigenschaft und sorgt gerade am Aktienmarkt für Sicherheit. Aber zu viel Sicherheit sorgt auch für wenig Flexibilität und potenziell verpasste Chancen.

3. Wie die Börse funktioniert

»Meine Mama ist eine Spekulatius.
Sie verdient an der Börse.«
KAROLINAS SOHN JAKUB, 9 JAHRE ALT

Mit der Börse ist es wie mit vielen anderen Dingen, die wir nicht verstehen: Sie können uns Angst machen.

Kein Wunder also, dass vielen Neuinvestorinnen der Gedanke an Geldanlagen Sorgen macht oder sie gar davor zurückschrecken, ihr Geld an der Börse anzulegen. Kurseinbrüche wie die geplatzte Dotcom-Blase 2000 oder die Finanzkrise 2008 tun ihr Übriges, damit die Börse in der kollektiven Wahrnehmung zum Schreckgespenst mutiert.

Um das Beste aus deinem Geld herauszuholen, musst du zunächst die Furcht vor der Börse ablegen. Und wie könnte dir das besser gelingen als mit ein paar Einblicken in die Logik der Börse?

Die Logik der Börse – Kapitalmarkt-Psychologie

Die Logik der Börse folgt im Grunde genommen einem sehr einfachen Prinzip. Sie ist nichts anderes als ein Marktplatz – im Englischen spricht man deshalb auch vom »Stock Market«. Auf diesem Marktplatz werden statt Obst und Gemüse Wertpapiere und Waren (zum Beispiel Rohstoffe) gehandelt. Dabei bestimmt, wie auch sonst im Handel, das

Verhältnis von Angebot und Nachfrage die Preisbildung. Anders als auf dem Wochenmarkt finden Kauf und Verkauf jedoch nicht direkt zwischen Käufer und Verkäufer statt. Stattdessen gibt es sogenannte Trader – zu Deutsch: Händler –, die im Auftrag von Anlegern und Unternehmen die Geschäfte tätigen.

Aufgaben und Funktion der Börse

Dir als Anlegerin bietet die Börse den Ort, an dem du jederzeit Wertpapiere kaufen und verkaufen kannst. Der Handel läuft dabei nach bestimmten Regeln ab, die für alle Marktteilnehmenden gleich sind.

Der Handelsplatz »Börse« vereinfacht und beschleunigt den Kauf und Verkauf von Wertpapieren. Die zentrale Aufgabe besteht darin, Anleger und Anlegerinnen mit Unternehmen zusammenzubringen. Denn auch für diese hat die Börse eine wichtige Bedeutung.

Für Unternehmen ist die Börse ein Ort, an den sie sich wenden können, wenn sie zusätzliches Kapital benötigen. Durch einen Gang an die Börse haben sie Zugang zu Geldmitteln, mit denen sie Investitionen tätigen, Forschungen und Markterschließungen finanzieren. Das wiederum hält sie wettbewerbs- und zukunftsfähig. Eine gut funktionierende Börse erleichtert Unternehmen den Zugang zu Finanzmitteln, was in der Folge auch eine Sicherung bestehender und eine Schaffung neuer Arbeitsplätze bedeutet.

Du siehst: Das vermeintliche Schreckgespenst »Börse« erfüllt eine Schlüsselfunktion für die gesamte Volkswirtschaft. Ist der Kapitalmarkt gesund, ist die Volkswirtschaft gesund. Abgesehen von ihrer Funktion als »Gesundheitsbarometer« einer Volkswirtschaft erfüllt die Börse noch weitere Aufgaben, so etwa:

- die Bereitstellung einer Handelsplattform,
- die Sicherstellung der Transparenz über Preise und Umsätze,
- die Zulassung von Neuemissionen (so wird die Ausgabe von

Geld oder Wertpapieren durch eine Bank oder ein Unternehmen, sogenannte Emittenten, genannt) zum Börsenhandel
- und die Berechnung von Indizes – diese gelten als Stimmungsbarometer der Börse und Wirtschaft.

Eine Einschränkung gibt es natürlich trotz aller Einfachheit und Logik: An der Börse entscheiden nie allein Tatsachen. Auch das Zusammenspiel aus Fakten und Erwartungen wirkt sich auf die Entwicklungen am Kapitalmarkt aus. Je größer die Diskrepanz zwischen der Erwartungshaltung der Investoren und den tatsächlichen Entwicklungen, desto heftiger reagieren die Kurse – und desto stärker schwanken die Preise für börsengehandelte Wertpapiere und Waren.

Viele aktive Anleger tun alles, um alles über ihre Investments zu wissen. Sie versuchen in allen Belangen immer auf dem aktuellen Stand zu sein, studieren Fundamentaldaten, Charts, Einschätzungen. Das Problem ist, dass es illusorisch ist, zu glauben, dass man den Finanzmarkt kontrollieren könnte, wenn man nur genug über alle Emissionen und Emittenten weiß, wenn man jede professionelle Einschätzung, jeden Geschäftsbericht, jede Historie analysiert. Das Prinzip mag im Flugverkehr funktionieren. Oder in der Neurologie. Ein Pilot, der sein Flugzeug in- und auswendig kennt, oder ein Hirnchirurg, der up to date mit Behandlungsmethoden ist, beherrscht sein Handwerk und hat umso mehr Kontrolle über das Geschehen. An der Börse aber funktioniert das nicht. Egal, wie viel wir wissen über den Markt, einzelne Unternehmen und Indizes, ganz gleich, wie viele Daten wir analysieren, wir können den genauen Kursverlauf nicht zuverlässig vorhersehen.

Umso wichtiger ist es, dass du dein Portfolio möglichst divers und breit gestreut aufstellst. Ein Thema, das wir zu einem späteren Zeitpunkt noch vertiefen werden. Darum nur ein kurzer Exkurs an dieser Stelle: Ein diverses Portfolio besteht aus möglichst vielen unterschiedlichen Investments, sodass mögliche Verluste immer von anderen Anlageprodukten abgefangen oder ausgeglichen werden können.

Von Bullen und Bären

Wenn du dich schon einmal rudimentär mit dem Kapitalmarkt und Investments beschäftigt hast, bist du vielleicht auch schon mal über die Begriffe »Bulle« und »Bär« gestolpert. In der Finanzwelt werden diese beiden Wörter häufig verwendet, um Marktbedingungen zu beschreiben. Sie geben Aufschluss darüber, wie es um die Aktienmärkte generell bestellt ist. Also, ob die Kurse an Wert zunehmen oder verlieren.

Diese grundlegenden Marktbewegungen können große Auswirkungen auf dein Portfolio haben. Es ist also wichtig, dass du – als ambitionierte Anlegerin in spe – verstehst, wie sich die beiden Marktkonditionen auf deine Geldanlagen auswirken können.

▷ Von einem ▶ **Bärenmarkt** ist dann die Rede, wenn die Kapitalmärkte über einen längeren Zeitraum **sinkende Kurse** verzeichnen – üblicherweise wird dann von einem Bärenmarkt gesprochen, wenn die Preise um 20 Prozent oder mehr seit dem letzten Peak sinken.

▷ Der ▶ **Bullenmarkt** hingegen markiert genau das gegenteilige Szenario. Die Kurse befinden sich also in einem **Aufwärtstrend**.

Der Bulle ist also im Finanzsprech deutlich »positiver konnotiert« als der Bär. Aber wie kam es überhaupt dazu, dass »Bullen« und »Bären« Einzug hielten in den Kapitalmarkt?

Es gibt verschiedene Theorien darüber, warum sich die Begriffe etabliert haben. Die meisten sind sich einig, dass es an der Kampfhaltung der Tiere liegt: Der Bär (engl. bear) neigt den Kopf, wenn er angreift, und schlägt mit seiner Tatze nach unten, der Stier, der Bulle (engl. bull), wirft den Kopf von unten nach oben, die Hörner zeigen himmelwärts. Die Aktienmärkte schwanken, das liegt in ihrer Natur. Geht der Trend nach oben, wird vom Bullenmarkt gesprochen (der Markt ist »bullish«). Optimismus und die Hoffnung auf Aufschwung liegt in der Börsenluft, die Aktienkurse steigen. Geht der Trend nach unten, spricht man vom Bärenmarkt (der Markt ist »bearish«); die Aktienkurse fallen also.

Oftmals spricht man auch von einer »Hausse« und einer »Baisse«.

▷ Die ▶ »**Hausse**« (das französische Wort für »Steigerung«) ist synonym für einen Bullenmarkt,
die ▶ »**Baisse**« (französisch für »Rückgang«) für den Bärenmarkt.
Eine Eselsbrücke sagt: »Der Bär baisst.«

Woher weiß man, wann man investieren soll?

Wie stark der Aktienmarkt schwankt, ist unterschiedlich: Zwischen August 2000 und März 2003 gab es einen Bärenmarkt: Die Baisse erstreckte sich über zehn Quartale mit einem Kursrückgang von 57 Prozent. Zwischen Juni 2007 und März 2009 gab es einen Kursrückgang von 56 Prozent, auch hier verharrte der Börsenbär lange am Markt. Doch auch kurzfristige Kursschwankungen und mittelfristige Marktzyklen kommen immer wieder vor.

Eine Frage, die sich viele Anlegerinnen stellen: Sollen sie beim Investment die Marktlage abwarten oder nicht? Besonders bei guter Börsenlage warten viele auf den nächsten Einbruch – doch diese Strategie geht häufig nicht auf, die Baisse kann lange auf sich warten lassen, und das Geld wird am Ende gar nicht investiert.

Die Antwort auf die Frage »wann« ist also: Es kommt darauf an. Die Wahrheit ist: Den optimalen Investitionszeitpunkt zu erwischen ist leider kaum möglich. Hier gilt gerade bei breit gestreuten Geldanlagen meist die alte Börsenweisheit »time in the market beats timing the market«. Das bedeutet, dass es wichtiger und erfolgversprechender ist, langfristig investiert zu sein als den günstigsten Einstiegszeitpunkt zu erwischen.

Dennoch gibt es allgemeines Wissen, das dir hilft, dich gegen große Risiken abzusichern. Und es gibt viele Unterschiede zwischen Bullen-

und Bärenmärkten, die entsprechend auch deine Investments beeinflussen können. In den folgenden Kapiteln wirst du mehr über die verschiedenen Anlageklassen lernen und worauf jeweils zu achten ist.

> In einer ▶ **Anlageklasse** finden sich Finanzprodukte mit gleichen Merkmalen. »Aktien« bilden zum Beispiel eine Anlageklasse, »Immobilien« oder »Rohstoffe« andere.

Daher wollen wir an dieser Stelle noch nicht zu sehr ins Detail gehen. Nur so viel vorab: Die meisten Bullenmärkte der Geschichte haben einige ganz klare Gemeinsamkeiten:

- sinkende Arbeitslosigkeit,
- ein von Zentralbanken geschaffenes Umfeld und
- positive Fundamental- und Unternehmensdaten.

Wenn man diese drei Faktoren zusammenkommen sieht, dann stehen die Chancen für einen Bullenmarkt sehr gut.

Außerdem kannst du vorausschauend planen: Ein stabiler Investmentplan kann dich vor den gängigsten Fallen bewahren. Etwa davor, Finanzentscheidungen auf Basis von Emotionen zu treffen:

- Sagen wir, während eines Bullenmarktes erwartest du, dass der Markt kontinuierlich weiterwachsen wird, und lässt dich deshalb vielleicht dazu verführen, ein höheres Risiko einzugehen, als es sonst deiner Art entspricht oder ratsam ist.
- Während eines Bärenmarktes könntest du aus Angst vor finanziellen Verlusten vorschnelle, undurchdachte Entscheidungen treffen, die die Verluste verschlimmern oder gar erst provozieren.

All diesen möglichen Fehlern beugst du vor, indem du deinen Weg zur Investorin mit einem soliden, gut durchdachten Plan startest. Hilfe hierbei bekommst du in den folgenden Kapiteln.

Als »Futter« für deinen Investmentplan erläutern wir dir im Folgenden, von welchen Faktoren deine Investitionen abhängen können. Wir sprechen hier nicht vom »Daytrading«, dem täglichen Kaufen und Verkaufen von Wertpapieren, denn diese Anlageform ist vor allem von der Hoffnung auf kurzfristige Schwankungen und Gewinne geprägt. Davon ist vor allem Börsenneulingen dringend abzuraten. Wir sprechen von Faktoren, die Einfluss auf die mittel- bis langfristige Entwicklung des Aktienmarktes nehmen.

Die mittelfristigen und langfristigen Einflussfaktoren

Investments stellen ein großartiges Instrument zum Vermögensaufbau dar. Leider kann alle Recherche, Vorbereitung und Beratung der Welt keine stabile Rendite garantieren. Ganz gleich, ob du schon Finanzexpertin bist oder gerade am Anfang deiner Investmentkarriere stehst, du wirst früher oder später immer mit Faktoren konfrontiert werden, die sich deiner Kontrolle entziehen, sich aber im Umkehrschluss mal mehr, mal weniger auf deine Investments auswirken. Nehmen wir Kriege, Handelsembargos, Pandemien, Wahlen, Naturkatastrophen, aber auch Zinssätze und Steuern. Die wichtigsten dieser Einflussfaktoren beschreiben wir auf den folgenden Seiten.

Die Konjunktur

Das Thema Konjunktur haben wir im Zusammenhang mit den Bullen- und Bärenmärkten schon einmal angeschnitten. Aber was ist Konjunktur überhaupt?

▷ Der Begriff ▶ **Konjunktur** beschreibt die Verfassung, in der sich eine Volkswirtschaft befindet. Also den positiven (Aufschwung oder Boom) oder negativen (Abschwung oder Rezession) Trend der Gesamtwirtschaft. Man spricht vom »Konjunkturzyklus«, das heißt, nach einem Aufschwung gibt es eine Hochkonjunktur, einen »Boom«, dem immer – irgendwann – ein Abschwung folgt, der in einer Tiefphase (der »Depression«) mündet, die dann wieder von einem Aufschwung abgelöst wird.

Wenn das Gros der Unternehmen in einem Land ein Umsatzplus verzeichnet, spricht man von einer **starken Konjunktur**. Machen die meisten Unternehmen weniger Umsatz als im Vergleichszeitraum zuvor, ist von einer **schwachen Konjunktur** die Rede.

Der **Konjunkturanstieg**, also der Positivtrend der Gesamtwirtschaft, ist einer der wichtigsten Indikatoren an den Kapitalmärkten. Er kann nominal bemessen werden (also so, wie er offiziell gerade ist) oder effektiv (dann ist die Inflation mitberücksichtigt).

Die Konjunktur ist vielen kleineren und größeren Einflussfaktoren ausgesetzt. Dazu gehören nicht nur im jeweiligen Land vorkommende natürliche Ressourcen wie Erdöl und andere Rohstoffe, sondern auch Arbeitskraft, Kapital oder der jeweilige Innovationsgrad eines Landes. Die Qualität und Quantität der Ressourcen, die bei der Erfindung oder Produktion von Waren und Dienstleistungen zum Einsatz kommen, bestimmen die Entwicklung der Konjunktur maßgeblich mit.

In unserer global vernetzten Gesellschaft sind aber Qualität und Quantität von Ressourcen wiederum vielen Faktoren ausgeliefert, die sich nicht so einfach kontrollieren lassen. Dadurch wird die gesamte Konjunktur anfällig für externe Einflüsse. Herrschen etwa in einem Land, das Bodenschätze nach Deutschland liefert, Unruhen, erschwert das die Lieferbedingungen. Das wirkt sich unmittelbar auf die Produktion in Deutschland und damit auf die Umsatzoptionen des Unternehmens aus.

> *Das kannst du auch beim zum Zeitpunkt der Entstehung dieses Buches aktuellen Krieg Russlands gegen die Ukraine beobachten.*
>
> *Der Krieg beschleunige, so schätzte das Leibniz-Institut für Wirtschaftsforschung ifo schon zu Kriegsbeginn, den Anstieg der Verbraucherpreise in Deutschland.*[19] *Gleichzeitig dürften die Folgen des Kriegs gegen die Ukraine die deutsche Wirtschaft merklich ausbremsen. Lagen die Schätzungen für das Wachstum des deutschen Bruttoinlandsprodukts (das ist die Gesamtheit der*

Wirtschaftsleistung innerhalb eines Landes) für das Jahr 2022 vor Kriegsbeginn noch bei 3,7 Prozent, so wurden die Erwartungen mit dem Ausbruch des Krieges nach unten korrigiert. Das ifo-Institut ging zuletzt nur noch von zwischen 2,2 bis 3,1 Prozent aus. Beeinflusst wird dieser Dämpfer für die Konjunktur vor allem durch die deutlich gestiegenen Rohstoffpreise (etwa für russisches Gas), die Sanktionen (u. a. Einschränkungen des Handels mit Russland), die zunehmenden Lieferengpässe bei Rohmaterialien (beispielsweise Getreide) und natürlich durch die erhöhte wirtschaftliche Unsicherheit. Es wird erwartet, dass 2022 die Inflationsrate durch den Krieg gegen die Ukraine in Deutschland um bis zu 6,1 Prozent auf den höchsten Stand seit 1982 klettert.

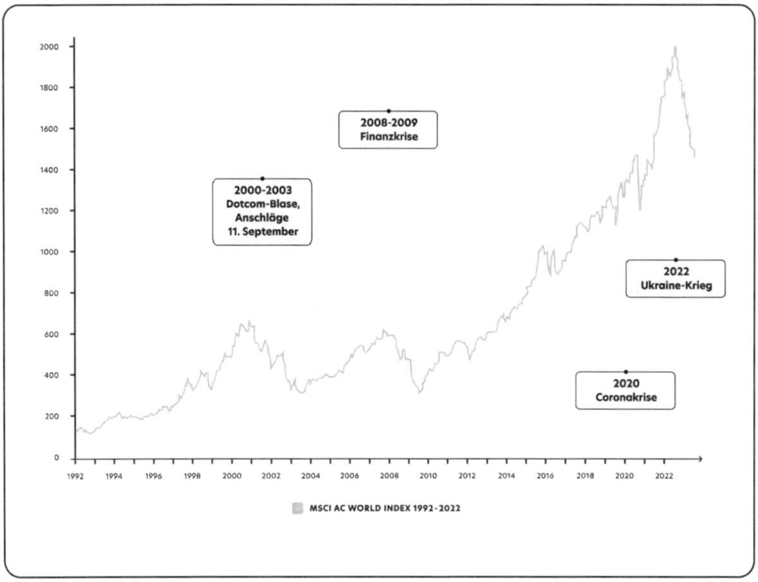

Quelle: Eigene Darstellung, Datastream von 1992 bis 2022, MSCI AC World Total Return Index, in €

Investments in Krisenzeiten – unsere »Verlier nicht die Nerven«-Tipps

1. Krisen können Chancen sein: Ein durch externe Ereignisse herbeigeführtes Kurstief kann ganz grundsätzlich auch Anlass geben, zusätzlich zu investieren. Wenn du beispielsweise jetzt in ETFs investierst, bekommst du für die gleiche Summe deutlich mehr Anteile als noch vor zwei oder drei Monaten.

▷ ► **ETF** steht für »Exchange Traded Fund«. Mit einem ETF investiert man in einen »Aktienkorb«, also mehrere Aktien z. B. eines ganzen Marktes. So kann man sein Geld zum Beispiel in einen DAX-ETF investieren und damit in die Aktien aller DAX-Unternehmen gleichzeitig.

2. Diversifiziere über alle Ebenen hinweg: Auch bei der Geldanlage gibt es Trends, New Economy, Gesundheitssektor oder Bio-Technologie – um nur einige zu nennen. So wie du dein Portfolio mit mehreren Anlageprodukten diversifizieren solltest, solltest du auch deine Trendinteressensgebiete diversifizieren. Soll heißen: Wenn du dem Trend folgen magst, folge nicht nur einem davon. Je breiter du aufgestellt bist, desto besser.

▷ ► **Diversifizieren** bedeutet, die Verteilung der eigenen Mittel auf mehrere Anlageklassen oder Investments zur Risikostreuung, also um das Verlustrisiko zu verringern.

3. Augen zu und durch: Als Langfristanlegerin mit einem gut diversifizierten Portfolio hast du den Vorteil, dass du nervenaufreibende Phasen einfach aussitzen kannst. Die Reaktion von Anlegern auf wirtschaftliche, politische oder unternehmerische Veränderungen verstärken die Schwankungen meist nur zusätzlich. Panik und Hektik unter Anlegern bewirken im Grunde überhaupt erst, dass die Märkte auf solche Ereignisse heftiger als nötig reagieren. Für dich ist es darum umso wichtiger, Ruhe zu bewahren und nicht voreilig zu handeln.

>>

4. Geduld zahlt sich aus – solange du breit diversifiziert anlegst: Der Wert einer Anlage mag schwanken. Aber historisch betrachtet wachsen die Kapitalmärkte langfristig. Vereinfacht gesagt: Selbst wenn eine Aktie kurzfristig stark im Wert sinkt, hat sie absolut das Potenzial, langfristig an Wert zu gewinnen, wenn die Fundamentaldaten des Unternehmens positiv sind.

5. Risiko schult die Resilienz: Marktkorrekturen sind ein normaler Bestandteil des Aktienmarktes. Ein Wertverlust von 10 bis 20 Prozent im Vergleich zum vorher erreichten Peak ist bei Indizes nicht ungewöhnlich. Die Historie zeigt, dass die Märkte sich von Verlusten erholen.

▷ Das Wort ▶ **Index** (Plural: Indizes) kennst du aus dem »DAX«, dem Deutschen Aktien Index. Er bildet die Entwicklung der 40 größten deutschen Aktienunternehmen ab.

6. Intelligent investieren schafft Sicherheit: Aktien von ertragsstarken Unternehmen schütten auch während volatilerer Marktphasen Dividenden aus und ermöglichen somit eine stabile Rendite. Vor allem führende globale Unternehmen sind dadurch in schwankenden Märkten oft besser positioniert. Aufgrund ihrer hohen Marktanteile können sie die Preise bestimmen und verzeichnen stabilere Ertragsströme. Zudem können Unternehmen, die in mehreren Regionen tätig sind, regionale Negativtrends besser ausgleichen.

▷ Die ▶ **Volatilität** eines Aktienkurses besagt, wie stark er schwankt. Eine volatile Phase ist also eine Phase mit vielen Aufs und Abs.

Realwirtschaft und Finanzwirtschaft

Wie bei so vielem im Leben bestehen auch in der Welt der Investments unterschiedliche Abhängigkeiten. Üblicherweise beeinflussen sich Realwirtschaft und Finanzwirtschaft gegenseitig.

▷ Mit ▶ **Realwirtschaft** wird in der Regel der reale Teil der Wirtschaft bezeichnet. Also die tatsächliche Produktion, Vertrieb und Konsum von Gütern und Dienstleistungen.

▷ Im Gegensatz dazu stellt die ▶ **Finanzwirtschaft** – also Banken, Finanzdienstleistungsunternehmen usw. – die Infrastruktur für die Realwirtschaft zur Verfügung.

Oder besser gesagt: An den Aktienmärkten lässt sich der Zustand der Realwirtschaft ablesen, und umgekehrt zeichnet sich der Zustand der Realwirtschaft an den Finanzmärkten ab. (Dass das aber nicht immer der Fall sein muss, hat die Coronapandemie uns deutlich vor Augen geführt. Mehr dazu weiter unten.)

Wie verhalten sich beide zueinander? Joseph Schumpeter, österreichischer Ökonom aus dem frühen 20. Jahrhundert, hat eine Metapher etabliert, die Beziehung von Realwirtschaft und Finanzwirtschaft etwas nachvollziehbarer machen soll. Vielleicht hilft sie auch dir:

Herrchen und Hund gehen miteinander spazieren. Während das *Herrchen*, das die *Realwirtschaft* symbolisiert, gleichmäßig und zielgerichtet, vielleicht aber auch etwas behäbig seines Weges geht, lässt sich der *Hund*, Symbol für den *Finanzmarkt*, von Gerüchen und allerlei anderen Einflüssen treiben und ablenken. Er wechselt die Straßenseiten, bleibt mal hinter seinem Herrchen zurück, trabt mal voraus. Und wenn auf dem Weg das Herrchen zum Beispiel an der Kreuzung abbiegt, dann wird – auch wenn das nicht immer ganz zeitgleich geschieht – früher oder später auch der Hund folgen. Und am Ende gelangen Hund und Herrchen gemeinsam ans Ziel.

Das soll verdeutlichen, dass, auch wenn die beiden Märkte zeitweise nicht auf Augenhöhe parallel laufen, sie am Ende doch immer wieder zusammenkommen.

Real- und Finanzwirtschaft in der Coronapandemie

Die Entwicklungen in den beiden Wirtschaftssektoren während der Coronapandemie kann dies hervorragend verdeutlichen.

Während der zweiten Coronawelle verzeichnete der US-amerikanische »Einkaufsmanagerindex«, ein wichtiger Indikator für wirtschaftliche Aktivitäten in den USA, 2020 den höchsten Stand seit sechs Jahren. Und das, obwohl es in der Realwirtschaft vielen Dienstleistungsbranchen (Gastronomie, Kultur) so schlecht ging, dass sie mit Rettungspaketen finanziell unterstützt werden mussten. Im zweiten Quartal 2020 verzeichneten die Aktienmärkte beinahe weltweit Rekordanstiege, während die Realwirtschaft unter einem der größten Einbrüche der Nachkriegszeit ächzte. Hund und Herrchen waren, um noch mal Schumpeters Gleichnis zu bemühen, bei diesem Spaziergang nicht auf der gleichen Höhe. Im Gegenteil: Der Hund lief gut ein halbes Jahr voraus, während Herrchen zurückfiel.

Ein Grund für diese Entfernung von Real- und Finanzwirtschaft lag in der Geldpolitik der Notenbanken. Mit Rettungspaketen und Niedrigzinsen haben sie versucht, die krisengebeutelten realwirtschaftlichen Branchen vor Schlimmerem zu bewahren. Das hatte allerdings auch Folgen für die Inflationsrate und für die Zinspolitik *nach* Corona.

Das grundlegende Ziel der Zentralbanken ist es, langfristig das Wirtschaftswachstum zu sichern. Dabei haben sie unterschiedliche Möglichkeiten, um auf ökonomische Ereignisse und Krisen zu reagieren. Zwei Bereiche, auf die sie am meisten Einfluss nehmen können, sind:

- wie viel Geld im Wirtschaftskreislauf in Umlauf ist und
- wie viel das Geld wert ist.

Zum aktuellen Zeitpunkt (Sommer 2022) ist ein Zinsanstieg absehbar. Und tatsächlich sind höhere Zinsen eine Maßnahme, die die Inflation bekämpfen kann. Denn höhere Zinsen können die Konjunktur so drosseln, dass die übermäßige Preisentwicklung für Energieversorgung und Nahrungsmittel durch einen Verfall anderer Preise ausgeglichen wird.

Für dich ist ein höherer Zinssatz ein zweischneidiges Schwert:

- Kaufst oder baust du gerade ein Eigenheim? Dann würden höhere Zinsen für dich nicht nur ungewöhnlich hohe Material- und Heizkosten bedeuten, sondern auch höhere Zinsen für die Immobilienfinanzierung.

- Hast du dich gerade selbstständig gemacht? Auch dann kämen zu den ungewöhnlich heftigen Heizrechnungen eventuell auch noch höhere Kreditzinsen hinzu. Aber auch deine Kunden und Kundinnen wären ja Opfer der Geldpolitik und würden deinen Service vielleicht seltener in Anspruch nehmen. Du hättest zu allem Überfluss also auch noch eine schwächere Auftragslage, was im schlimmsten Fall zu baldigem Bankrott führen könnte.
- Wenn du dich allerdings gerade entschieden hast, ein Portfolio zu eröffnen, dann bist du eine Gewinnerin der höheren Zinsen. Denn klar, die Anteile am Aktienmarkt sind jeweils etwas weniger wert für ihr Geld. Parallel dazu steigen aber dank der Zinskorrektur nach oben auch die Renditen.
- Wenn die Wirtschaft zu überhitzen droht, erhöhen die Notenbanken die Zinsen und greifen zusätzlich zu anderen, sogenannten »kontraktiven« Maßnahmen, um die Entwicklung zu drosseln – das kann Investmentkosten und Assetpreise drücken.

▷ ▶ **Assets** bezeichnen Vermögenswerte oder Kapitalanlagen.

Während eines Abschwungs hingegen senkt die Notenbank üblicherweise die Zinsen und druckt Geld nach, um die Wirtschaft liquide zu halten. Dieser Prozess hat oft einen stimulierenden Effekt auf Investments und Konsum und generell positive Auswirkungen auf Vermögenswerte.

Wenn du verstehst, wie die Rolle der Notenbank(en) und deren Geldpolitik sowie Inflation und Deflation sich preislich auf die verschiedenen Assetklassen auswirken, kannst du die Maßnahmen der Notenbanken zu deinem persönlichen Investment-Vorteil nutzen.

Inflation und Deflation

Sowohl Inflation als auch Deflation können deinem Investment gefährlich werden.

> Bei der ▶ **Inflation** steigen Preise im Laufe der Zeit kontinuierlich an – für ein Brot genauso wie für einen Haarschnitt bis hin zu Immobilien.

Wenn bei einer Inflation die Preisanstiege unverhältnismäßig werden, kann das die Kaufkraft der Verbraucher und damit auch von Investoren schwächen. Du bekommst für einen Euro weniger Waren oder Anteile. Das bedeutet, dein Besitz ist weniger wert.

Für dein Portfolio heißt das: Steigende Preise verringern den Wert deines Vermögens. Ein ausgewogener Asset-Mix kann die normale Inflationsquote kompensieren. Aktien können von einer moderaten Inflation sogar profitieren, sofern ihre Gewinne und Renditen sich dem inflationsgetriebenen Preisanstieg anpassen.

Deflation ist ein weit selteneres Phänomen als Inflation.

> ▶ **Deflation** findet dann statt, wenn ein signifikanter Überschuss an Waren oder Dienstleistungen am Markt angeboten wird oder wenn sinkende Nachfrage eine übermäßige Preissenkung im gesamten Wirtschaftskreislauf verursacht.

Eine Deflation tritt etwa dann auf, wenn Verbraucher aufgrund hoher Arbeitslosenzahlen oder einer Wirtschaftskrise nicht mehr so viele Mittel zur Verfügung haben. Entsprechend kann eine Deflation in Verbindung mit Wirtschaftskrisen vorkommen.

Bei einer drohenden Deflation ist eine defensive Anlagestrategie eine gute Möglichkeit, deine Vermögenswerte zu schützen. Diese beinhaltet etwa sogenannte defensive Aktien – das sind Anteile an Unternehmen, die Produkte herstellen, die im Alltag unverzichtbar sind; man denke etwa an Toilettenpapier, Lebensmittel, Medikamente usw. – oder Anleihen.

Grundsätzlich gibt es eine Vielzahl von Möglichkeiten, um dein Portfolio gegen die starken Auswirkungen von Inflation oder Deflation abzusichern. Gerade in Zeiten von Null- und Negativzinsen solltest du nominale Geldwerte wie Anleihen, Sparbriefe, Einlagen, Lebensversicherungen und ähnliche festgeschriebene Guthaben meiden. Besser bist du mit Anlagen wie Aktien und ETFs dran. Damit hast du bessere Chancen auf Kursgewinne und steigende Dividenden. Investmentfonds und ETFs sind dabei eine sehr komfortable Strategie. Besonders dann, wenn du nicht die Zeit oder Geduld hast, um eine Analyse der Sicherheitsniveaus einzelner Wertpapiere vorzunehmen. Auch Diversifikation und dein Anlagehorizont spielen eine wesentliche Rolle bei der Resilienz deines Investments gegen Inflation und Deflation.

Spekulieren vs. Investieren

Dass jemand den Unterschied zwischen Spekulieren und Investieren nicht auf Anhieb versteht, ist absolut nachvollziehbar. Und nicht zuletzt hat die Börse es Spekulanten zu verdanken, dass ihr ein oft schlechter Ruf vorauseilt. Tatsächlich gibt es zwischen beiden einige Überschneidungen. Für dich als Investorin in spe ist es aber unumgänglich, die Unterschiede zu kennen.

Als **Investorin** hast du ein langfristiges finanzielles Ziel vor Augen. Mit deinem Geld erwirbst du beispielsweise einen Anteil an einer Firma, die das Geld wiederum einsetzt, um neue Produkte zu entwickeln. Im Gegenzug erhältst du einen Anteil am erzielten Gewinn. Dabei ist eine solche Investition durchaus mit Risiko verbunden, denn du kannst im Vorfeld nicht zu einhundert Prozent sicher sein, dass sich die Investition als rentabel herausstellen wird. Genau aus diesem Grund sollten Investitionen zum einen im Vorfeld immer gründlich geprüft werden und zum anderen solltest du nie nur auf eine oder wenige Investitionen setzen, sondern dein Portfolio breit streuen, also diversifizieren.

Die ▶ **Spekulation** ist eine kurzfristige Investition. Also ist hier beispielsweise der Zeitraum zwischen Kauf und Verkauf einer Aktie häufig relativ kurz. Als Spekulant hofft man auf eine kurzfristige positive Entwicklung des Aktienkurses, um durch den Verkauf dann kurzfristige Gewinne zu erzielen. Da erwiesenermaßen niemand – vor allem nicht private Investoren – die Entwicklung der Aktienkurse zuverlässig voraussagen kann, gehört zur Spekulation vor allem Glück.

Ein wesentlicher Faktor zur Unterscheidung zwischen beiden Strategien ist also der Zeithorizont. Als langfristige Investorin solltest du vor allem auf das Wachstumspotenzial einer Anlage achten, unabhängig von den tagesgenauen Kursen. Die Frage, ob ein Unternehmen beispielsweise ein solides Geschäftsmodell und ein großes unerschlossenes Marktpotenzial und somit langfristige Wachstumschancen hat, fällt hier deutlich mehr ins Gewicht. Gerade als private Anlegerin mit dem Ziel des langfristigen Vermögensaufbaus fährst du mit dieser Strategie und einem breit gestreuten Portfolio am besten.

Grundlegende Praxis-Tipps zur Börse

Nachdem du nun die wichtigsten Basics über die Börse und den Jargon kennengelernt hast, gehen wir den nächsten Schritt und schauen, wie du dieses Wissen nun praktisch umsetzen kannst. Karolina hat dir dafür ein paar wertvolle Tipps aus ihrer Workshop- und Beratungspraxis zusammengestellt:

1. **Streue deine Geldanlage möglichst breit**, indem du in unterschiedliche Wertpapiere und Märkte investierst.

2. **Handle nie mit deinem gesamten Ersparten**, sondern investiere nur so viel, wie du potenziell zu verlieren bereit bist, bzw. nur Geld, dass du mindestens für die nächsten zehn Jahre nicht benötigst. So kannst du Schwankungen aussitzen und musst nicht mit Verlust verkaufen.

3. **Informiere dich über die Kosten deiner Transaktionen** – diese Kosten variieren je nach Anlageklasse und können die Höhe deiner Gewinne merklich schmälern.

4. **Nimm keinen Kredit auf, um an der Börse zu handeln**; so ein Vorgehen erhöht das Risiko und Verlustpotenzial, die Komplexität und die Kosten für dein Investment.

5. Du kannst von der Erfahrung anderer Anlegerinnen, von Beratern und Analysten profitieren, aber: **Bilde dir unbedingt deine eigene Meinung.** Investieren ist kein »One-size-fits-all«.

6. **Ärgere dich nicht über entgangene Gewinne**; Ärger kann dich zu Anlagefehlern verleiten. Hake es stattdessen als Erfahrung ab und implementiere die in deine Strategie.

7. Und schließlich und endlich der vielleicht wichtigste Tipp von allen: **Lass dich beim Wertpapierhandel nie von Panik oder Angst, aber auch nicht von Euphorie leiten!**

Die Börse ist ein sehr analyse-, logik- und kalkülgetriebenes Konstrukt. Emotionen haben an diesem Ort nichts zu suchen. Auch wenn es natürlich verständlich ist, dass man sich über verpasste Chancen mal kurz ärgert oder bei großen Verlusten das Vertrauen in sich selbst und die Börse zu verlieren droht. Aber Anlageoptionen solltest du immer mit einem kühlen Kopf abwägen und mit deinem Bauchgefühl lieber zurückhaltend sein.

Aber nicht nur deine eigenen Gefühle solltest du beim Investieren möglichst ausblenden. Auch die äußere Stimmung sollte deine Entscheidungen nicht beeinflussen. Nur weil »alle« etwas machen, muss das noch lange nicht das Richtige sein. Und trotzdem tappen viele Privatinvestoren nur allzu oft in diese Falle – sie folgen der Masse und lassen sich von Euphorie, Panik und Angst am Markt anstecken.

Dieses Phänomen, diesen Herdentrieb beobachten Börsenexperten weltweit ständig: Aktien werden häufig erst dann gekauft, wenn ihre Kurse steigen, nicht, wenn sie preiswert sind. Ein hoher Preis erweckt gerade bei unerfahrenen Anlegerinnen und Anlegern schnell den Eindruck von Wertigkeit. Dabei muss der gar nicht unbedingt gerechtfertigt sein. Ein Effekt, der mit entsprechend hohem Kalkül bisweilen leider auch Marktmanipulationen möglich macht – ein Beispiel dafür war der GameStop-Aktien-Coup 2020; aber darauf gehen wir an anderer Stelle noch genauer ein. Für dich soll hier erst einmal die Schlussfolgerung relevant sein, dass es sich nicht lohnt, auf jeden Zug aufzuspringen. Handle stattdessen strategisch und überlegt. Ganz egal, ob eine Aktie oder eine Anlageklasse derzeit gehypt wird oder an den Märkten Weltuntergangsstimmung zu herrschen scheint.

4. Die wichtigsten Grundlagen der Geldanlage

> »Ich kann zwar die Bahn der Gestirne auf Zentimeter und Sekunde berechnen, aber nicht, wohin eine verrückte Menge einen Börsenkurs treiben kann.«
>
> Isaac Newton

Wenn du dieses Buch liest, hast du wahrscheinlich schon mal von Investments gehört, vielleicht sogar schon selbst welche getätigt. Aber zur Sicherheit möchten wir dir in diesem Kapitel zunächst noch einmal die Grundlagen des Investierens näherbringen. Sollten dir einige der Begrifflichkeiten an dieser Stelle noch sehr theoretisch erscheinen, keine Sorge! In Kapitel 5 werden wir im Anschluss nicht nur relevante Beispiele aus der Praxis teilen, sondern das Wissen auch gemeinsam anwenden, wenn es konkret darum geht, deine eigene Anlagestrategie zu entwickeln und dein Portfolio zusammenzustellen.

Den Begriff des Investierens (im Gegensatz zum Spekulieren) haben wir in Kapitel 3 bereits kurz angeschnitten.

▷ ► **Investieren** bedeutet im Grunde, dass du Geld mit dem Ziel monetären Gewinns langfristig anlegst. Du stellst also dein Geld einem Unternehmen, einer Regierung oder einer anderen Instanz mit dem Ziel zur Verfügung, dass diese dir in der Zukunft mehr Geld zurückgeben, als du ihnen bereitgestellt hast.

Üblicherweise verfolgen Anleger mit ihren Investments ein bestimmtes Ziel. Das kann die private Altersvorsorge sein, die Finanzierung der Ausbildung der Kinder, ein Hauskauf oder viele andere Dinge.

Wie bereits im letzten Kapitel angerissen, sind Investitionen dabei in der Regel nicht ohne Risiko. Aber: Wie wir heute wissen, bieten dir selbst vermeintlich sichere Geldanlagen wie Sparkonten keine Sicherheit im Sinne einer Garantie, dass dein Vermögen wächst – oder wenigstens gleich bleibt. Seit Einsetzen der Zinsflaute und mit steigender Inflation kannst du als Anlegerin eigentlich nur noch mit Wertpapierinvestitionen und anderen rentablen Geldanlagen Gewinne erzielen.

Verhindern lässt sich der anhaltende Kaufkraftverlust nur durch eine positive Realrendite. Das heißt, du musst mit deinem Geld eine Rendite erzielen, die höher ist als die Inflationsrate.

Was aber tun, wenn man vor dem Dilemma steht, den Wunsch nach Sicherheit und den nach Rendite gegeneinander abwägen zu müssen?

Welche Anlageklassen und -produkte für dich sinnvoll sind, hängt im Wesentlichen von deinen Bedürfnissen und Zielen ab. Und genau deshalb lohnt sich ein Überblick über die verschiedenen Möglichkeiten und Anlageformen, um dein Vermögen langfristig auf- statt abzuwerten und zukunftssicher zu machen.

Bevor du dein Geld anlegst, unabhängig von der Art des Investments, solltest du zwei wichtige Dinge für dich vorab klären, um sicher zu sein, dass du finanziell gut genug aufgestellt bist, um sofort mit der Geldanlage zu beginnen:

1. Hast du Schulden? Wenn ja, wie viele bei wem?
Das ist deshalb wichtig, weil beispielsweise Kreditkartenschulden sehr hoch bezinst sind. Handelt es sich bei deinen Schulden um eine laufende Finanzierung für ein Auto oder eine ähnliche Anschaffung, bist du auf einem etwas besseren Stand. Je höher die mit deinen Schulden ver-

bundenen Kreditzinsen sind, desto sinnvoller ist es, dass du der Tilgung Vorrang vor dem Investment einräumst. Eine Daumenregel besagt: Das beste Investment ist die Schuldenfreiheit.

2. Hast du einen Notgroschen?

Sagen wir es mal so: Shit happens. Immer wieder im Leben und bei jedem. Entlassungen, Naturkatastrophen, Erkrankungen – es gibt viele Ereignisse, die dein Leben auf den Kopf stellen können. Und jeder seriöse Finanzberater wird dir empfehlen, mindestens drei bis sechs Monatsgehälter auf die Seite zu legen, um auf unerwartete Notsituationen oder Anschaffungen vorbereitet zu sein. Nur was über deinen Notgroschen hinausgeht, solltest du investieren.

Die große Auswahl an Investmentprodukten, die mittlerweile erhältlich sind, kann schon überwältigend sein. Wir möchten dir hier ein bisschen Über- und Durchblick mitgeben und die wichtigsten Fakten zu diversen Anlageklassen und -produkten vermitteln. Darüber hinaus gibt es noch diverse Derivate und Hebelprodukte – deren Risikopotenzial ist für private und vor allem unerfahrene Anlegerinnen und Anleger aber über die Maßen ungeeignet. Deswegen beschränken wir uns auf das Wesentliche.

Börsennotierte Finanzanlageprodukte

Klären wir zunächst einmal, was börsennotierte Finanzanlageprodukte eigentlich sind.

▷ ► **Börsennotierte Finanzanlageprodukte** sind Finanzprodukte, hinter deren Emission (Herausgabe) Unternehmen oder Institutionen (inkl. Regierungen) stehen, die an der Börse notiert sind. Dazu zählen etwa Aktien, ETFs, Anleihen oder Fonds.

Die Hauptaufgaben der Börse – dazu hast du in Kapitel 3 bereits einiges erfahren – sind die Koordination der Preisbildung und die Zusammenführung von Angebot und Nachfrage nach Wertpapieren. Börsennotierte Produkte bieten dir eine gewisse Sicherheit bei der Geldanlage, weil die Börsen einer institutionellen Börsenaufsicht unterstellt sind. Wobei dir natürlich auch klar sein muss, dass diese Anlageform immer mit Schwankungen und Risiken verbunden ist. Von Phänomenen wie Inflation und Einflussfaktoren wie der Zinspolitik der Notenbanken hast du ja im letzten Kapitel bereits erfahren.

Wir betrachten im Folgenden

- Anleihen,
- Aktien,
- Indexfonds,
- ETFs,
- Rohstoff-Investments in Edelmetalle und
- Kryptowährungen.

Anleihen – Staats- und Unternehmensanleihen

Sicher hast du den Begriff »Anleihen« schon mal gehört – gängige Alternativnamen sind auch »Rentenpapiere«, »Obligationen« oder »Schuldverschreibungen«. Aber was ist das eigentlich?

▷ ▶ **Anleihen** sind festverzinsliche Wertpapiere, die an der Börse gehandelt werden können.

Im Grunde kannst du Anleihen wie eine Art Kredit verstehen, den du als Investorin einem Unternehmen, einer Bank, einer Regierung bzw. einem Staat oder anderen Institutionen gewährst. Im Gegenzug dafür bekommst du eine Rendite, deren Höhe für einen gewissen Zeitraum festgeschrieben ist. Das ist ein bisschen so, als würdest du bei deiner Bank einen Kredit zu einem festen Zinssatz mit einer Laufzeit von, zum Beispiel, zwei Jahren aufnehmen. Nur, dass im Fall von Anleihen du als Investorin die Rolle der Bank einnimmst.

Im Gegenzug für dein Investment in Anleihen erhältst du das verbriefte Recht, dein investiertes Geld nach Ablauf einer bestimmten Laufzeit zurückzuerhalten. Und dafür, dass du es zur Verfügung stellt, erhältst du über die Zeit des Investments Zinsen (Kupon). In einem ausgewogenen Portfolio zählen Anleihen zu den sichersten Formen von Geldanlagen, wodurch sie die relativ hohe Volatilität von aktienbasierten Investments im Portfolio gut ausgleichen können.

Mit Anleihen setzt du aufs richtige Pferd, wenn du ein hohes Sicherheitsbewusstsein beim Investieren hast. Sie sind eine Art passives Einkommen. Denn Anleihen zahlen die Rendite in regelmäßigen Intervallen und vorhersehbaren, fixen Raten an die Investoren aus.

Und das ist auch ihr größter Vorteil. Du erhältst über eine feste Laufzeit garantierte Zinsen in festgelegter Höhe. Nehmen wir an, du erwirbst zehn Anleihen im Wert von je 100 Euro und mit einem Festzins von drei Prozent. Diese Anleihen behältst du über zehn Jahre. Dann bekommst du die nächsten zehn Jahre lang jedes Jahr 30 Euro Zinsen auf dein Investment. Nach zehn Jahren erhältst du deine investierten 1000 Euro zurück. Dein Gewinn über die zehn Jahre sind 300 Euro.

Und darin zeigt sich auch schon der größte Nachteil von Anleihen: Der besteht nämlich darin, dass die durchschnittliche Rendite nicht besonders hoch ist. Oftmals ist sie nur halb so hoch wie die Durchschnittsrendite bei Aktien.

Wie bei allen Investmentformen stehen auch bei Anleihen Gewinn und Risiko in einem entsprechenden Verhältnis. Es gibt Anleihen, bei denen das Risiko geringer ist. Damit geht aber auch ein niedrigeres Gewinnpotenzial einher. Und es gibt Anleihen, die ein höheres Gewinnpotenzial haben, dafür musst du aber bereit sein, ein gewisses Maß an Sicherheit gegen ein höheres Verlustrisiko einzutauschen.

Grundsätzlich hast du die Auswahl zwischen zwei unterschiedlichen Arten von Anleihen:

- **Unternehmensanleihen** und
- **Staatsanleihen**.

▶ Staatsanleihen

Staatsanleihen gelten als eine der sichersten Anlageformen, weil sie durch die jeweiligen Regierungen abgesichert sind. Ihr Schwachpunkt ist die niedrige Rendite.

Es steht dir bei Staatsanleihen offen, ob du in Bundesschatzanweisungen, Bundesobligationen oder Bundesanleihen investieren möchtest. Sie unterscheiden sich allerdings in der Laufzeit und der Höhe ihrer Rendite.

Schatzanweisungen sind mit zwei Jahren Laufzeit eher für kurzfristige, sicherheitsorientierte Investments geeignet. Obligationen haben eine Laufzeit von fünf Jahren, während Schatzanweisungen mindestens zehn und maximal 30 Jahre Laufzeit umfassen.

Wenn du mit dem Gedanken an ein Investment in Staatsanleihen spielst, solltest du die Kreditwürdigkeit des jeweiligen Landes kennen. Denn damit steigt und fällt dein Risiko. Zur Beurteilung der Kreditwürdigkeit sind folgende Faktoren entscheidend:

- der Schuldenstand im Vergleich zum Bruttoinlandsprodukt (BIP),
- die Nettoneuverschuldung,
- das Wachstum der Volkswirtschaft und
- die politische Stabilität.

Eine Verschuldung von mehr als 60 Prozent des BIP gilt als vergleichsweise hoch und erfüllt auch nicht mehr die Kriterien, die der Vertrag von Maastricht für Mitgliedsstaaten des Euroraumes vorsieht. Oftmals ist für Investoren darum der Trend zur Neuverschuldung entscheidender als die absolute Verschuldung, während vor allem bei Investments in Schwellenländern die Stabilität der dort herrschenden politischen Verhältnisse der wichtigste Maßstab ist.

▶ Unternehmensanleihen

Unternehmen, auf der anderen Seite, können Anleihen ausgeben, wenn sie Bedarf an Geldmitteln haben. Will ein Unternehmen zum Beispiel eine neue Fabrik bauen, kann es zu diesem Zweck Anleihen ausgeben und den Investoren im Gegenzug regelmäßig fest vereinbarte Zinsraten zurückzahlen, bis die Laufzeit der Anleihe beendet ist. Danach erhalten die Investoren auch das ursprünglich eingezahlte Kapital zurück.

Anders als bei Aktien wirst du mit Unternehmensanleihen kein Anteilseigner am Unternehmen.

Auch bei Unternehmensanleihen stehen sich Chancen und Risiken diametral gegenüber. Unternehmen, die hohe Zinsen anbieten, sind vielleicht nicht besonders liquide. Dein Risiko, dein eingesetztes Geld zu verlieren, steigt also entsprechend. Unternehmen, die liquide sind, wodurch dein Investment sicherer vor Verlust ist, arbeiten mit niedrigeren Zinssätzen.

Willst du in Unternehmensanleihen investieren, solltest du darauf achten, ob das jeweilige Unternehmen das Potenzial hat, auch wirtschaftlich schwierige Phasen zu meistern. Ein Blick auf die Unternehmensgeschichte kann schon einen ersten Aufschluss geben.

Du musst aber gar nicht mühsam selbst die Kreditwürdigkeit von Unternehmen oder Staaten recherchieren. Professionelle Rating-Agenturen übernehmen das in regelmäßigen Turnussen für dich und stellen ihre Bewertungen transparent auf ihren Webseiten und diversen Finanzportalen im Internet bereit. Üblicherweise stufen Rating-Agenturen Staaten und Unternehmen auf einer Skala von AAA (Bestnote) bis CCC bzw. D (schlechteste Bewertung) ein.

Was du über Anleihen wissen solltest

- Anleihen werden nach ihrer Bonität beurteilt und abhängig davon in verschiedene Kategorien unterteilt.
- Der »Einkaufspreis« der Anleihe wird als Nennwert bezeichnet und berechnet sich aus dem Grundkapital (Schuldsumme), das durch die Anzahl der auszugebenden Anleihen geteilt wird. Um 1000 Euro zu investieren, musst du also zehn Anleihen mit einem Nennwert von 100 Euro erwerben.
- Die Ausgabe von Anleihen (und Wertpapieren generell) wird auch »Emission« genannt. Ein anderes Wort dafür ist »Begebung«. Die Emission kann durch Eigen- bzw. Selbstemission oder durch Fremdemission erfolgen.
- Der Herausgeber der Anleihen (oder Wertpapiere) ist analog dazu der »Emittent«. Also ist das Unternehmen, der Staat oder die Bank, die die Anleihen herausgibt, jeweils der Emittent.
- Von einer »Neuemission« ist die Rede, wenn Anleihen (bzw. Wertpapiere) erstmals ausgegeben werden, die vorher noch nie zum Verkauf standen.
- Der »Kupon«, auch »Zinskupon«, bezeichnet die Verzinsung der Anleihe. Diese schüttet der Emittent jedes Jahr an die Anleger aus. Die Höhe des Kupons ist unter anderem abhängig von der Bonität des Emittenten, der Investmentlaufzeit, dem Besicherungsumfang sowie dem allgemeinen Zinsniveau.
- Nicht zu verwechseln mit dem Kupon ist die ▶ **Rendite**. Während der Kupon den konkreten Zinssatz der Anleihe meint, bedeutet »Rendite« die Effektivverzinsung. Also den Ertrag, den Anleger nach einem bestimmten Zeitpunkt erwarten können. Zur Berechnung der Rendite müssen neben den Zinsen auch die Kosten und die Kursentwicklung der Anleihe berücksichtigt werden.
- Der Kurs von Anleihen wird prozentual vom Nennwert angegeben. Der Nennwert weist immer die 100 Prozent aus. Der tagesaktuelle Wert einer Anleihe wird »Kurswert« genannt. Er ist in der Regel aber nur für Anleger interessant, die ihre Anleihen vor Laufzeitende verkaufen möchten. In so einem Fall sind neben den bis dato erhaltenen Zinsen zusätzliche Kursrenditen denkbar.

- Als »Rückzahlungskurs« wird der Kurs bezeichnet, zu dem die Anleihe an den Emittenten zurückgegeben wird. Im Regelfall entspricht der Rückzahlungskurs dem Nennwert.
- Der Gesamtwert aller vom Emittenten ausgegebenen Anleihen ist im Finanzsprech als »Anleihevolumen« bekannt. Wenn man das Anleihevolumen durch die Anzahl herausgegebener Anleihen dividiert, ergibt das den Nennwert einer Anleihe.
- Der Begriff der Bonität ist dir sicher aus eigener Erfahrung bekannt. Und so wie es bei Finanzierungen und Vermietungen deine Kreditwürdigkeit bezeichnet, beschreibt es im Zusammenhang mit Investments die Kreditwürdigkeit eines Unternehmens oder Staates. Die Bonität hilft dir, das Risiko einer Anleihe einzuschätzen. Sie spielt für die Bewertung durch Rating-Agenturen eine grundlegende Rolle.

Übrigens! Falls du dich für nachhaltige Investments interessierst: Mittlerweile gibt es auch sogenannte grüne Anleihen.

Aktien

Aktien sind wahrscheinlich – zumindest vom Namen her – die bekannteste Form von Investmentprodukten. Aber was genau sind Aktien eigentlich?

▷ Eine ► **Aktie** ist ein Wertpapier, das die Anteilseignerschaft an einem Unternehmen repräsentiert. Wenn du eine Aktie von einem Unternehmen kaufst, erwirbst du sozusagen einen kleinen Teil an diesem Unternehmen; genauer gesagt am Eigenkapital des Unternehmens. Das ist der sogenannte Anteil. Und mit diesem Unternehmensanteil kannst du Handel betreiben.

Aktien können von Aktiengesellschaften (AG) oder Kommanditgesellschaften auf Aktien (KGaA) ausgegeben werden oder verkauft werden. Bei der KGaA haftet mindestens ein Gesellschafter unbeschränkt, also mit seinem Privatvermögen, und mindestens ein weiterer beschränkt mit seiner Unternehmenseinlage.

Geht ein Unternehmen an die Börse, erhält es Geld für den Verkauf seiner Aktien und damit für seine geplanten Investitionen.

Die erste Aktienemission nach dem Börsengang bezeichnet man als ▶ **Börsengang / IPO** (kurz für: Initial Public Offering). Börsengänge finden am sogenannten Primärmarkt statt. Dort werden Aktien das erste Mal ausgegeben. Der nachfolgende Handel einer Aktie durch die Anleger erfolgt dann auf dem sogenannten Sekundärmarkt.

Wenn du Aktien kaufen möchtest, hast du die Wahl aus verschiedenen Arten von Aktien. Die aus Anlegersicht vielleicht wichtigste Unterscheidung ist die zwischen ▶ **Stammaktien** und ▶ **Vorzugsaktien**. Der Unterschied liegt darin, dass du als Inhaber von Stammaktien das Recht hast, bei den Hauptversammlungen des Unternehmens dein Stimmrecht auszuüben. Du kannst also die unternehmerischen Entscheidungen mitgestalten. Stammaktien sind die in Deutschland gängigste Form von Aktien. Bei Vorzugsaktien hingegen hast du dieses Stimmrecht nicht. Dafür ist bei dieser Aktienart die Dividende meist etwas höher.

Eine weitere wichtige Unterscheidung ist die Art der Übertragung. Hierbei wird zwischen **Inhaberaktien** und **Namensaktien** unterschieden. Bei Ersteren ist allein der Besitz bzw. die Inhaberschaft ausschlaggebend. Hast du solche Aktien in deinem Besitz, kannst du sie jederzeit formlos auf andere übertragen und übereignen. Erwirbst du hingegen eine sogenannte Namensaktie, wird dein Name in einem Aktienbuch verzeichnet. Willst du solche Aktien rechtmäßig übereignen, muss die Kapitalgesellschaft zuerst zustimmen. Darum ist dann auch von »vinkulierten Namensaktien« die Rede.

Wenn du Aktien von einem Unternehmen kaufst, erwirbst du als Anteilseigner verschiedene Rechte gleich mit:

- Du bekommst deinem Anteil entsprechend einen Teil vom Gewinn: die Dividende.
- Sollte die Gesellschaft aufgelöst werden müssen, hast du Anspruch auf einen Anteil aus dem Liquidationserlös.

- Plant das Unternehmen die Emission weiterer Aktien, muss es dir als Bestandsaktionär ein Bezugsrecht einräumen – vergleichbar in etwa mit einem Vorkaufsrecht –, damit dein Anteil am Unternehmen im Verhältnis unverändert bleibt.
- Besitzt du Stammaktien von einem Unternehmen, kannst du auf dessen Jahreshauptversammlung, bei der wichtige Belange des Unternehmens verabschiedet werden, dein Stimmrecht ausüben.

Warum Aktien als Anlageprodukt interessant sind

Einer von mehreren Aspekten, die Aktien als Anlageprodukt attraktiv machen, ist die Gewinnbeteiligung, die mit ihrem Besitz einhergehen kann. Schließt ein Unternehmen das Geschäftsjahr mit Gewinn ab und entscheidet sich, diesen zum Teil an die Aktionäre auszuschütten, wirst du als Anteilseignerin prozentual daran beteiligt. Je nach Unternehmen wird ein Teil des Unternehmensgewinns jährlich (oder in einigen Fällen auch mehrmals pro Jahr, zum Beispiel quartalsweise) als Dividende an die Aktionäre ausgezahlt. Wie hoch dieser Teil ist, ist unter anderem ein Tagesordnungspunkt der Jahreshauptversammlung und wird jedes Jahr neu festgelegt. Ein erfolgreicher Jahresabschluss macht das Unternehmen außerdem für andere Anleger interessant. Denn sie erwarten, dass das Unternehmen auch in Zukunft erfolgreich sein wird. Und weil die Nachfrage an einem Unternehmen bzw. dessen Aktien deren Wert steigern, ist davon auszugehen, dass eine positive Geschäftsbilanz den Wert der Unternehmensaktien ankurbelt. Du hast also in zweierlei Hinsicht was von deinem Aktieninvestment.

Ein weiterer Faktor, der der Attraktivität von Aktien als Investmentprodukt zuträglich ist, sind **niedrige Zinsen**. Warum? Weil niedrige Zinsen Unternehmen ermöglichen, sich besonders günstig Kapital zu beschaffen. Das kann die Kosten senken und die Gewinne steigern. Außerdem ist es in Niedrigzinsphasen leichter für Unternehmen, zu investieren und zu expandieren. Gerade in Phasen von Niedrigzinspolitik durch die EZB, die Europäische Zentralbank, ist das vielleicht das Zünglein an der Waage für potenzielle Anlegerinnen und Anleger, die bislang noch zögern, Aktien zu kaufen.

Im Vergleich zu festverzinsten Vermögensanlagen wie zum Beispiel Anleihen bieten Aktien deutlich **lukrativere Renditechancen**. Das kann insgesamt zu einer steigenden Nachfrage nach Aktien und in der Folge zu einer Wertsteigerung des investierten Geldes führen.

Entgegen der gängigen Vorstellung sind Aktien auch **resistenter gegen die Auswirkungen der Inflation** als etwa das herkömmliche Sparbuch. Der Grund dafür ist, dass sie als Unternehmensanteil ein Sachwert sind, ähnlich wie eine Immobilie. Ein Sparkonto ist ein Geldwert und als solcher bietet es Phänomenen wie der Inflation deutlich mehr Angriffsfläche.

Faktoren für die Entwicklung von Aktienkursen

Der Kurs – also der Preis – einer Aktie ergibt sich aus dem **Verhältnis Angebot zu Nachfrage**. Steigt die Nachfrage nach Aktienkäufen eines Unternehmens, aber nur wenige Anleger verkaufen, wird der Preis voraussichtlich parallel zur Nachfrage steigen. Verkaufen dagegen viele Aktionäre und Aktionärinnen ihre Anteile, steigt das Angebot. Das wiederum lässt den Aktienkurs sinken. Das macht deutlich, dass sich der Preis einer Aktie an den **Erwartungen** an zukünftige Entwicklungen und mögliche Gewinne eines Unternehmens orientiert. Es sind diese Erwartungen, die Anleger dazu bewegen, Aktien oft parallel zu kaufen und zu verkaufen. Käufer erwarten eine positive Unternehmensentwicklung, Verkäufer erwarten mindestens ein Plateau, vielleicht sogar eine negative Entwicklung. Oder sie möchten Kursgewinne realisieren und verkaufen deshalb. Bei oft gehandelten Aktien kann der Kurs sich sogar sekündlich ändern.

Aber nicht nur die Erwartungshaltung der Aktionäre und die daraus resultierende Kauf- und Verkaufsfrequenz beeinflusst die Kursentwicklung von Aktien. Weitere Einflussfaktoren sind, wie wir weiter vorne bereits herausgearbeitet haben, die **allgemeine Wirtschaftslage** und auch **unternehmensbezogene Faktoren** wie Gewinne, Umsätze, Cashflow, Verschuldung usw. Des Weiteren sind auch die Art des Geschäftsmodells und dessen potenzielle Zukunftsfähigkeit Indikatoren für die

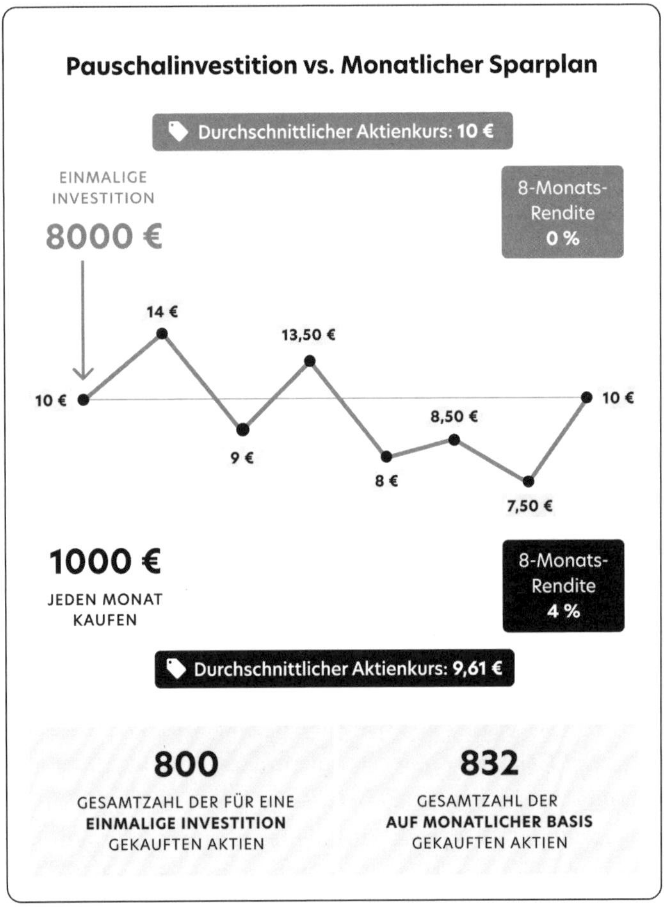

Quelle: Eigene Beispielberechnung

Prognose eines Kursverlaufs. **Externe Faktoren** wie die Zinsentwicklung, der Wettbewerb und die Regulierung spielen ebenfalls eine Rolle bei der Entwicklung von Aktienkursen.

Was du über Aktien wissen solltest

- Wenn du Aktien besitzt, wirst du doppelt am sogenannten nominalen Wachstum der Volkswirtschaft beteiligt: Unternehmensgewinne steigern die Kurse und die Dividenden. Reinvestierst du dann auch noch deine Dividenden, kannst du obendrein noch vom Zinseszinseffekt profitieren.
- Aktien sind volatiler als etwa Anleihen. Das heißt, ihre Preise schwanken häufiger und merklicher. Zum Ausgleich sind die Renditen bei Aktien höher. Das kannst du wie eine Art Risikoaufschlag verstehen. Allerdings wird das Risiko von Aktieninvestments oft deshalb höher eingeschätzt, weil der Fokus auf kurzfristigen Preisschwankungen liegt. Bei langfristiger Betrachtung relativiert sich das wieder. Die »Überrendite« ist der »Lohn der Angst« für ein vermeintliches Risiko, das langfristig nicht besteht.
- Aktien sind aus vielerlei Gründen ein durchaus für Privatanleger attraktives Investmentprodukt. Wichtig ist, dass du Grundregeln wie eine breite Streuung (Diversifikation) und einen möglichst langfristigen Anlagehorizont berücksichtigst.

Indexfonds

Für Investorinnen, die sich nicht mit der Bewertung und Auswahl einzelner Aktien beschäftigen möchten, gibt es die Möglichkeit, über sogenannte Fonds mit nur einem Produkt in eine große Anzahl verschiedener Aktien zu investieren. Sinnbildlich handelt es sich hier also um eine Art Korb, in dem sich mehrere Aktien oder andere Investments befinden. Statt jedes einzelne Investment auszuwählen, entscheidest du dich nur für den Korb und deckst damit automatisch verschiedene Produkte ab.

Bei Fonds ist es wichtig, zwischen aktiv und passiv gemanagten Varianten zu unterscheiden:

Aktiv verwaltete Investmentfonds werden von einem Manager gesteuert. Er entscheidet, in welche Wertpapiere das Geld der Anleger fließt.

Dein Geld wird also aktiv verwaltet. Fondsmanager versuchen, mit ihrem Produkt eine höhere Rendite zu erzielen als der Markt bzw. der Vergleichsindex. Dies gelingt allerdings wenigen: Nur etwa jeder fünfte Fondsmanager übertrifft seine Benchmark. Zudem ist die aktive Verwaltung für Investorinnen in der Regel mit höheren Gebühren verbunden.

Passiv gemanagte Fonds gehen einen anderen Weg. Sie investieren in Indizes, kaufen also zum Beispiel ganze Märkte. Das geht mit klassischen **Indexfonds** und börsengehandelten Indexfonds, sogenannten **Exchange Traded Funds**, auch ETFs genannt (zu Letzteren erfährst du im nächsten Abschnitt mehr). Sie kopieren Indizes wie den MSCI World, den amerikanischen S&P 500 oder auch den deutschen DAX. Weil sie dafür keinen Manager brauchen, der Anlageentscheidungen trifft, werden klassische Indexfonds und ETFs auch als passive Fonds bezeichnet. Im Vergleich zu aktiven Fonds sind sie sehr günstig, da für Investorinnen in der Regel nur geringe Gebühren anfallen.

▷ Bei ▶ **Investmentfonds** legst du dein Geld nicht selbst an, sondern überlässt es einer Fondsgesellschaft. Diese bündelt die Gelder aller Anleger und investiert das Gesamtkapital als Fondsvermögen je nach Strategie entweder in Aktien, Rohstoffe, Immobilien oder andere Wertpapiere.

▷ Ein ▶ **Indexfonds** ist ein passiv verwalteter Investmentfonds, bei dem das Portfolio so zusammengestellt wurde, dass es den Komponenten eines Finanzmarktindex entspricht oder sie nachbildet.

Indexfonds gelten als Investment mit einer besonders breiten Marktabdeckung und geringen Kosten. Diese Fonds folgen ihrem Vergleichsindex immer – unabhängig von der Lage der Märkte. Die Investmentlegende Warren Buffett empfiehlt Indexfonds als Must-have-Anlageinstrument für die Altersvorsorge.

Vorteile von Indexfonds

Abgesehen von der Einfachheit des Investments per se machen Indexfonds auch die Diversifikation deiner Geldanlage denkbar leicht. Denn die Rechtslage in Deutschland sieht vor, dass in einem Investmentfonds mindestens 16 verschiedene Wertpapiere enthalten sein müssen. Tatsächlich umfassen sie meist wesentlich mehr. Nicht selten bis hin zu Hunderten oder Tausenden Wertpapieren. Du kannst mit dieser Form von Investment zu überschaubaren Gebühren viele teurere Einzelinvestments umgehen und hast ohne größeren Zeitaufwand ganz automatisch ein breit gestreutes Investment getätigt.

Indexfonds sparen dir also Zeit, Arbeit und bares Geld. Sie machen das Investieren einfach und übersichtlich und ermöglichen Investments schon mit geringen Summen. Auch monatliche Sparpläne sind bei diesem Investmentprodukt erhältlich. Was dir zusätzlich entgegenkommt, weil du durch Monatsraten eine automatische Spar- bzw. Investmentroutine entwickelst. Nicht zuletzt kannst du auch bei Indexfonds Gewinne reinvestieren und somit auch hierbei dank des Zinseszinseffekts das Gewinnwachstum beschleunigen.

Was du über Fonds wissen solltest

- Wenn du in Fonds investieren willst, gehören zu den wichtigsten Variablen, die du kennen und beachten solltest, die anfallenden **Kosten**, die sich deutlich zwischen aktiv und passiv verwalteten Fonds unterscheiden:
  - Beim Kauf von aktiv verwalteten Investmentfonds wird in der Regel etwa ein sogenanntes **Agio**, ein einmaliger Ausgabeaufschlag, fällig. Dieser schlägt mit bis zu 7 Prozent zu Buche.
  - Außerdem erhebt der Fondsmanager eine **Verwaltungsgebühr**. Statt dir also die regelmäßige Beratung, Analyse und das Controlling jedes Mal in Rechnung zu stellen, lässt er sich mit einem Anteil an deinem Investment bezahlen. Die Höhe der Verwaltungsgebühr variiert zwischen 0,5 und 2 Prozent.
  - Bei manchen Fonds wird zusätzlich auch eine **Performance-Gebühr** fällig, wenn der Fonds ein zuvor vereinbartes Entwick-

lungsziel übertrifft. Generell werden in dem Fall dann 5 bis 25 Prozent veranschlagt.

- Anders als beispielsweise bei ETFs steckt hinter Investmentfonds ein **Fondsmanagement**, das die Titel individuell auswählt, kauft und verkauft, um die Rendite des Fonds zu maximieren oder gar zu versuchen, den Markt zu übertreffen. Letzteres gelingt allerdings nur selten, weshalb aktiv gemanagte Fonds langfristig oft schlechter performen als vergleichbare ETFs.

- Passiv gemanagte **Indexfonds** und **ETFs** sind darum deutlich kosteneffizienter als aktiv gemanagte Investmentfonds und zeichnen sich durch insgesamt niedrigere Gesamtkosten aus. Der Hauptunterschied liegt also primär im Fondsmanagement und den daraus resultierenden Kosten.

Dadurch dass Indexfonds und ETFs einen bestehenden Index nachbilden, ist weder die Auswahl noch die Verwaltung von Aktien durch einen Fondsmanager nötig. Und weil gerade ETFs in den letzten Jahren an Beliebtheit unter Investorinnen gewonnen haben, wollen wir ihnen einen eigenen Abschnitt widmen:

ETFs

Ein ETF ist ein Indexfonds, aber nicht jeder Indexfonds ist ein ETF. Indexfonds und ETFs haben jedoch grundsätzlich dasselbe Ziel: einen Index möglichst genau und mit geringen Kosten abzubilden. Indexfonds kannst du nur einmal täglich über den Fondsanbieter handeln, ETFs flexibel während der Börsenzeiten.

Einen ▶ **ETF – Exchange Traded Fund**, also börsengehandelten Fonds – kannst du, ähnlich einem Investmentfonds, wie ein Potpourri aus verschiedenen Wertpapieren, also an der Börse gehandelten Anteilen, verstehen. Dabei vereinen ETFs Eigenschaften und potenzielle Vorteile von Aktien, Investmentfonds oder Anleihen auf sich.

Wie Einzelaktien werden auch ETF-Anteile den Tag über zu Preisen gehandelt, die je nach Nachfrage und Angebot variieren. Anders bei Indexfonds; hier werden die Anteile einmal täglich über den Fondsanbieter gehandelt.

ETFs bilden in aller Regel Indizes ab – das können ganze Märkte sein oder Marktsegmente. Gleichzeitig werden die Wertpapiere in einem ETF passiv verwaltet. Zwar fallen für dich auch bei ETFs Gebühren an, aber im Schnitt sind die doch deutlich geringer als bei Investmentfonds.

> *Wenn ein ETF zum Beispiel den DAX nachbildet, dann würdest du mit diesem ETF Aktien oder Anleihen der 40 größten Unternehmen Deutschlands kaufen. Investierst du in den Weltaktienindex MSCI All Country World, kaufst du Wertpapiere von fast 3000 Unternehmen aus unterschiedlichen Industrie- und Schwellenländern. Der bekannteste Index der Welt ist der MSCI World Index: Investierst du in diesem ETF, bist du automatisch an knapp 1600 Unternehmen aus 23 Industrieländern der Welt beteiligt. Mit einem Investment in den S&P-500-Index an den 500 größten US-Unternehmen. Und wenn du dich für einen ETF entscheidest, der den Stoxx-Europe-600-Index nachbildet, investierst du in die 600 größten europäischen Unternehmen.*

Mit einem ETF investierst du also automatisch in den gesamten Markt bzw. ein ganzes Segment, nicht nur in einzelne Wertpapiere. Das sorgt dafür, dass du automatisch ein breit gestreutes (diversifiziertes) Investment dein Eigen nennst, wodurch es mit vergleichsweise wenig Risiko einhergeht.

Es liegt also in der Natur des ETF-Investments, dass sich dessen Ertrag parallel zum Index entwickelt, ohne die Rendite des Index jemals wirklich zu übertreffen, aber eben auch nicht wirklich dahinter zurückzubleiben. Der zentrale Gedanke ist nicht, es anders oder geschickter zu machen als das Gros der Anleger, sondern mit dem Strom zu schwimmen.

Nachdem ETFs in den letzten Jahren einen wahren Hype in der Investmentwelt erfahren haben, war zunächst befürchtet worden, dass es zu einer zu hohen Investition und damit zu einer Blase kommen könnte. Noch bis 2021 wurde von verschiedenen Seiten vor dem Platzen der »**ETF-Bubble**« gewarnt. Diese Befürchtung hat sich nicht bestätigt, und ETF-Investments sind gerade für Privatanleger und Privatanlegerinnen attraktiv wie eh und je. Genau genommen brauchen dich solche Prophezeiungen nicht zu beunruhigen: ETFs können keine Blase sein.

Sie sind Investmentprodukte und als solche Werkzeuge, um dein Vermögen in verschiedenen Wertpapierklassen wie Aktien, Anleihen oder vielleicht auch mal Derivaten zu investieren. ETFs kaufen genau die gleichen Wertpapiere wie individuelle Investoren oder professionelle Fondsmanager auch. Blasen können nur für verschiedene Asset-Klassen existieren, aber nicht für die Geldmittel, die darin investieren. Wären ETFs eine Blase, wäre der gesamte Markt eine Blase. Und das würde bedeuten, dass auch aktiv gemanagte Investmentfonds davon betroffen wären und auch sie dem Risiko der Überbewertung von Vermögenswerten unterworfen wären.

Vorteile von ETFs

Die breite Streuung, die durch das Investment in einen Markt bzw. durch die Abbildung eines Index ganz automatisch entsteht, macht ETFs zu einer relativ sicheren und transparenten Geldanlage.

Ein weiterer Vorteil von ETFs ist, dass sie es möglich machen, schon mit kleinen Summen erfolgreich zu investieren und am Markt zu handeln. Das ermöglicht auch Anlegerinnen und Anlegern mit limitierten Mitteln den Zugang zum Kapitalmarkt.

Wenn du dich nun für ein Investment in ETFs interessierst, aber noch nicht sicher bist, ob diese Anlageform zu dir passt, dann kann dir der direkte Vergleich mit Aktien vielleicht die Entscheidung erleichtern:

	ETFs	Einzelaktien
Rendite	Ø-Renditen können zwischen 3 und 7 Prozent liegen	höhere Ø-Renditen bis 8 Prozent
Risiko	• höhere Wertstabilität aufgrund breiter Diversifikation • relativ niedriges Risiko • Totalverlust eher unwahrscheinlich	• höhere Volatilität aufgrund Abhängigkeit von Einzelunternehmen • tendenziell hohes Risiko • Totalverlust möglich
Transparenz	Hohe Transparenz bei ETFs, allerdings müssen Anleger sich proaktiv über die Zusammensetzung der ETFs informieren.	Bei Investment in ein einzelnes Unternehmen hohe Transparenz. Diese nimmt ab, in je mehr verschiedene Unternehmen man investiert.
Aufwand	Dank Automatisierung von Rebalancings (dazu mehr in Kapitel 5) und Re-Investments kaum Aufwand durch den Anleger nötig.	Rebalancing, Monitoring und fortlaufende Analyse müssen manuell erfolgen und sind entsprechend aufwendig, aber nötig, weil Anleger bei starken Schwankungen potenziell schnell reagieren müssen.
Kosten	• Verwaltungsgebühren von ca. 0,33 Prozent p.a. • Fondskosten von ca. 0,15 Prozent p.a. • Rebalancing und Sparplan inklusive	Je nach Börse bzw. Broker: • Ordergebühren • Aufschläge • Bei Rebalancings: jedes Mal hohe Transaktionskosten

Noch ein Pluspunkt für ETFs: Der Kauf ist denkbar einfach. Du brauchst lediglich ein Depot für die Wertpapiere und ein Verrechnungskonto für den Zahlungstransfer. So ein Depot kannst du ganz einfach online eröffnen und verwalten. Anbieter gibt es dafür jede Menge. Achte auch hier auf eventuelle Kosten bzw. vergleiche deren Höhen. Über das Wertpapierdepot hast du dann den Überblick über die gekauften Wertpapiere und deren Kursverläufe.

Was du über ETFs wissen solltest

- ETFs sind nicht nur für Indizes verfügbar, sondern auch für andere Anlageklassen wie Anleihen, den Geldmarkt oder Rohstoffe.
- Die Unterschiede von ETFs liegen einerseits in der Art, wie sie einen Index nachbilden, und andererseits in der Auszahlungsart der Dividenden. Man unterscheidet hierbei zwischen **thesaurierenden** und **ausschüttenden** ETFs:
  - Investierst du in **ausschüttende** ETFs, bekommst du deinen Anteil an den erzielten Unternehmensgewinnen einmal im Jahr als Dividende ausgeschüttet. Also ausbezahlt. Das Geld steht dir dann zur freien Verfügung. Solche ETFs sind als Investment interessant, wenn du ein passives Einkommen aufbauen möchtest.
  - Wenn du dich für die **thesaurierende** Variante entscheidest, werden die Gewinne automatisch reinvestiert, also direkt neue Wertpapiere gekauft. Das steigert vor allem bei einem langfristigen Investment deine Renditechancen. Auch hier kommt wieder der Zinseszinseffekt zum Tragen.
- ETFs sind zwar günstiger als andere Investmentformen. Aber ganz kostenlos sind sie auch nicht. Hier fallen wahlweise monatlich oder quartalsweise Kosten für die Verwaltung und die Depotbank an. Diese werden mit der ▶ **Total Expense Ratio** (**TER**) angegeben. Üblich ist eine TER von 0,1 bis 0,5 Prozent des Fondsvermögens pro Jahr. Zusätzlich können Transaktionskosten (Orderentgelt) für den Kauf und Verkauf von Wertpapieren anfallen.

Rohstoff-Investments in Edelmetalle

Investments in Rohstoffe gelten oftmals als besonders profitabel. Das liegt daran, dass Rohstoffe wie Öl, Gold und andere Edelmetalle endlich sind. Das bedeutet nichts anderes, als dass irgendwann keine neuen Rohstoffe mehr gewonnen werden können, die Nachfrage danach aber nicht nachlassen wird – im Gegenteil. Manche gehen davon aus, dass die Nachfrage sogar steigen wird. Gut für dich, wenn du dann einige dieser rar gewordenen Rohstoffe dein Eigen nennen kannst, oder?

Wenn du dich dafür interessierst, gibt es verschiedene Möglichkeiten, in Rohstoffe zu investieren:

- Eine ist der Kauf physischer Rohstoffe wie Goldbarren.
- Eine andere ist mithilfe von Termingeschäften oder ETPs (Exchange-Traded Products, also börsengehandelten Produkten), die einen konkreten Rohstoff-Index abbilden. Dabei handelt es sich aber um sehr volatile und komplexe Investmentformen, die wir an dieser Stelle nur wirklich erfahrenen Investorinnen empfehlen würden, wenn überhaupt.
- Eine weitere Möglichkeit, um in Rohstoffe zu investieren, steht dir in Form von entsprechenden Investmentfonds zur Verfügung.

Vor- und Nachteile von Rohstoff-Investments

Auch Rohstoff-Investments kommen mit ihren ganz eigenen Vor- und Nachteilen, die du kennen solltest. Grundsätzlich können sie für ein diversifiziertes Portfolio eine gute Ergänzung sein. Je nach Risikobereitschaft und moralischem Kompass – die Rohstoffgewinnung geht zum Teil mit fragwürdigen Mitteln gegenüber Mensch und Natur einher – solltest du bei liquidem Geldvermögen eine Goldquote zwischen 5 und 10 Prozent anstreben, um dadurch das mit Geld verbundene Risiko zu reduzieren.

Unbestreitbar bieten Rohstoff-Investments dir aufgrund der eingangs erwähnten Angebot-und-Nachfrage-Problematik gute Aussichten auf hohe Renditen. Andererseits sind sie dadurch auch extrem volatil. Rohstoffpreise reagieren sehr sensibel auf Wechselkurse, Inflationsraten und den generellen Zustand der Wirtschaft. In den letzten Jahren haben massive weltweite Infrastrukturprojekte die Nachfrage an Rohstoffen in die Höhe schnellen lassen – und damit auch deren Preise. Steigende Rohstoffpreise haben sich auf die Aktien der in den entsprechenden Branchen ansässigen Unternehmen wiederum sehr positiv ausgewirkt.

Wie generell auf den Märkten sind auch beim Edelmetallhandel die Gesetze von Angebot und Nachfrage preisbestimmend. Das Angebot wird einerseits durch die Fördermengen determiniert und andererseits durch die zum Verkauf angebotenen Bestände. Die Nachfrage ist abhängig von Faktoren wie Bedarfen in der Schmuckherstellung und der verarbeitenden Industrie. Aber auch von spekulativen Überlegungen und dem Wunsch, Vermögen durch ein Investment in als wertbeständig geltende Sachwerte zu sichern: Edelmetallen – und gerade Gold – wird oft mehr Wertsicherheit zugetraut als dem klassischen Papiergeld.

Allerdings ist Gold längst nicht mehr das einzige Edelmetall, das für Anlegerinnen und Anleger in den letzten Jahren interessant geworden ist. Auch Industriemetalle oder Edelmetalle wie Silber, Platin, Palladium und Rhodium sind mittlerweile gefragte Anlageobjekte.

Das größte Risiko von Rohstoff-Investments liegt wohl in der ihnen inhärenten extremen Volatilität. Hier wirken sich nicht nur nationale Ereignisse auf den Preis aus. Auch internationale Ereignisse, die du im ersten Moment gar nicht mit deinem Investment in Verbindung bringst, wirken sich massiv auf ein Rohstoff-Investment aus. Das liegt schon allein darin begründet, dass viele Rohstoffe in Schwellen- und Dritte-Welt-Ländern gewonnen werden. Entsprechend ist ihre Preisentwicklung zusätzlich den in den Herkunftsländern herrschenden Zuständen in Wirtschaft und Politik ausgesetzt.

Fonds mit einem Schwerpunkt auf Rohstoffen könnten Termingeschäfte nutzen, um den zugrunde liegenden Rohstoff oder Rohstoff-Index zu tracken. Trading mit Wertpapieren dieser Art sind nicht nur hoch volatil, sondern auch spekulativ. Die Performance solch eines Fonds kann merklich abweichen von der Performance des zugrunde liegenden Rohstoffs selbst. Diese Abweichung kann sowohl positiv als auch negativ ausfallen, unter anderem abhängig davon, welcher Investmentstrategie der Fonds folgt.

Die sicherere Variante ist darum ein Investment direkt in den Rohstoff.

Nehmen wir beispielsweise Gold – das meistgefragte Edelmetall überhaupt: Goldbarren bzw. Goldmünzen

- sind nicht beliebig vermehrbar (endliche Ressource),
- bergen kein Kontrahentenrisiko (Ausfallrisiko),
- bieten immer einen Gegenwert, sodass kein Totalverlustrisiko besteht,
- haben eine negative Korrelation zu Aktien, Dollar und Zinsen,
- sind als Krisen-, Vermögens- und Inflationsschutz anerkannt und
- sind eine weltweit handelbare Währungsalternative.

▷ **Negative Korrelation** bedeutet, dass zwei Variablen so in Beziehung zueinander stehen, dass das Anwachsen der Werte der einen Variable zu einem Abfallen der Werte der anderen Variable führt. Bei der Geldanlage ist dieser Aspekt wichtig, wenn es um die Streuung des Risikos geht.

Gold

Gold gilt als die einzig wahre Krisenwährung. Anders als andere Assetklassen und Investmentprodukte verändert sich der Wert von Gold in Krisenzeiten (wie in der Coronapandemie oder im Krieg gegen die Ukraine, um die jüngsten Krisenphasen zu zitieren), diametral zur generellen Marktentwicklung. Soll heißen: Sein Wert steigt, während der Wert anderer Anlageprodukte sinkt.

Gold hat schon einige Krisen, Depressionen und Währungsunionen miterlebt – und es wird immer noch als Wertanlage geschätzt. Natürlich weiß aber auch niemand, ob das in Zukunft so bleiben wird.

Dass Gold gerade in Krisenzeiten populär ist, hat mit der eben erwähnten sogenannten negativen Marktkorrelation zu tun: Der Goldpreis steigt, während Aktienkurse fallen. Tatsächlich wirken sich aber steigende Aktienkurse ebenso auf den Goldwert aus. Verbuchen die Märkte Zuwachs, tendiert der Goldpreis zum Sinkflug. Was für dich aber heißt: Geht es deinen Aktien gut, kann sich ein Blick auf den Goldpreis für deine Portfoliobeimischung lohnen. Das gibt dir eine Chance, in Krisenzeiten Ausgleich im Depot zu schaffen.

Damit du also vor der nächsten Krise vorbereitet bist, hier ein kleiner Deep Dive in deine Goldanlage:

Generell gibt es drei Orte, wo du Gold kaufen kannst:
1. den Online-Handel,
2. den lokalen Goldhändler bzw. deine Bank und natürlich
3. die Börse.

1. **Gold im Online-Shop** kaufst du in aller Regel in Form von Barren oder Münzen in unterschiedlichsten Größen, von verschiedensten Werten und aus diversen Herkunftsländern.

Worauf du beim Goldkauf im Internet achten solltest: Der Anbieter muss Mitglied im Berufsverband des deutschen Münzenfachhandels sein. Auf der Website des Verbandes findest du eine Mitgliederliste. Nur ein Kauf über deren Shops garantiert dir die Echtheit der verkauften Münzen und Barren!

Vorteile beim Online-Goldkauf	Nachteile beim Online-Goldkauf
Preistransparenz	meist teurer als der offizielle Goldpreis
einfache Abwicklung	
große Auswahl	

2. Wenn du beim **lokalen Goldhändler** oder bei deiner **Bank** Gold kaufst, sparst du dir einerseits die Versandkosten, die im Online-Shop fällig werden. Andererseits legt der Händler eventuell seine höheren Kosten für sein Ladenlokal auf seine Goldpreise um. Wenn es dir darum geht, Kosten zu sparen, kommst du um einen Vergleich zwischen Online- und stationärem Handel nicht umhin. Wenn du dich mit Gold nicht

auskennst, aber dennoch auf die persönliche Betreuung und Beratung nicht verzichten möchtest, kannst du dich auch an deine Bank wenden, um zu vermeiden, dass ein zwielichtiger Händler deine Unkenntnis zu deinem Nachteil ausnutzt.

3. Die dritte Option ist der **Goldkauf an der Börse**. Dort erwirbst du Gold in Form sogenannter **ETCs** (kurz für Exchange Traded Commodities, also börsengehandelte Rohstoffe). Dabei handelt es sich um Schuldverschreibungen, aka Anleihen, Obligationen oder Rentenpapiere, die durch Rohstoffe besichert sind. Im Grunde genommen kaufst du an der Börse einen ETC und hast damit Anspruch auf den hinterlegten Rohstoff; in diesem Fall Gold.

> *Ein deutscher Gold-ETC ist beispielsweise Xetra Gold. Dieser ETC besitzt über 230 Tonnen Gold, die in Frankfurt und London physisch verwahrt sind. Ein Xetra Gold ETC entspricht dem Gegenwert von 1 Gramm Gold. Heißt: Kaufst du eine Schuldverschreibung, hast du Anspruch darauf, dass dir 1 Gramm physisches Gold ausgehändigt wird. Deswegen orientiert sich der Preise für eine Schuldverschreibung sehr nah am Weltmarktpreis für 1 Gramm Gold. Das macht die Börse in der Regel zum günstigsten Ort, an dem du Gold kaufen kannst.*

Wenn du **Gold physisch** erwirbst, egal ob online oder offline, oder dir deine ETCs ausbezahlen lässt, dann erhältst du es in aller Regel in Form von entweder **Münzen** oder **Barren**. Der größte Unterschied – abgesehen von Gewicht und Form – ist der, dass Goldbarren (mit der Ausnahme von Münzbarren) nicht als Zahlungsmittel genutzt werden können, Goldmünzen hingegen schon.

Das Gewicht von **Goldmünzen** wird in Unzen angegeben. Eine Unze (Abkürzung »oz«) sind etwa 31,10 Gramm. Stand 07/2022 hat eine Unze Gold einen Gegenwert von 1722 Euro. Allerdings muss eine Goldmünze nicht zwangsläufig eine Unze wiegen. Es gibt sie auch als 1/10 oz oder 1/2 oz Münze. Auf Goldmünzen kannst du in aller Regel gut deren Herkunft erkennen. Da nur Staaten das Recht haben, Goldmünzen zu prägen, erhalten sie meist ein für das jeweilige Land typisches Motiv – wodurch sie auch begehrte Sammlerstücke sind.

> *Die wohl bekanntesten Goldmünzen sind Krügerrand (Südafrika), Maple Leaf (Kanada), American Eagle (USA), Wiener Philharmoniker (Österreich) und Nugget oder Känguru (Australien).*

Weil **Goldbarren** kein offizielles Zahlungsmittel sind, ist ihre Herstellung nicht auf die Staatsmacht beschränkt. Stattdessen kann jeder zertifizierte Hersteller Gold in Barren gießen. Aus diesem Grund befindet sich darauf viel häufiger eine Prägung des Herstellers als ein Motiv des Herkunftslandes. Zu den bekanntesten Herstellern zählen Agosi, Argor Heraeus, Degussa, Heraeus und Umicore. Im Gegensatz zu Goldmünzen wird das Gewicht von Goldbarren in Deutschland in aller Regel in Gramm angegeben. Barren sind bereits ab einem Gewicht von einem Gramm erhältlich. Bis zu einem Kilogramm gibt es verschiedene Gewichts- und damit natürlich auch Preisklassen für Goldbarren.

Ob ein Erwerb physischen Goldes das Richtige für dich ist? Gute Frage. Gegenfrage: Glaubst du, du kannst gut schlafen, wenn du so hohe Werte im Versteck oder im eigens dafür angeschafften Safe liegen hast? Wenn du dich mit dem Gedanken wohlfühlst, denk dran, deine Hausratspolice anzupassen. Alternativ kannst du dein Gold natürlich auch bei der Bank deines Vertrauens im Schließfach lagern. So ein Schließfach ist im Schnitt ab 70 Euro pro Jahr erhältlich. Je höher allerdings die Versicherungssumme ist, desto teurer wird es.

Wenn dir so traditionelle Werte wie Gold zu verstaubt sind, dann kannst du auch am anderen Ende des Spektrums zwischen analogen und digitalen Anlagewerten mal einen Blick riskieren. Beispielsweise bei Bitcoin und Co.

Kryptowährungen

Kryptowährungen wecken noch immer Skepsis. Kein Wunder: Als börsengehandeltes Objekt sind sie den wenigsten bekannt, denn schließlich sind sie erst seit Juni 2020 an deutschen Börsen vertreten und haben davor vor allem durch Nachrichten auf sich aufmerksam gemacht, die ihnen wahlweise ein frühes Ende, einen immensen Werteverlust, einen starken Kursgewinn oder ein spekulatives Wesen bescheinigt haben.

Schauen wir also erst einmal ganz neutral, was Kryptowährungen überhaupt sind.

▷ Bei ▶ **Kryptowährungen** handelt es sich um ein dezentrales, digitales Tauschmittel, um virtuelle Währungen, die durchaus als Zahlungsmittel geeignet und auch zunehmend anerkannt sind. Banken werden dafür nicht benötigt.

Es braucht nicht einmal Banken, die das digitale Geld ausgeben – und darin liegt auch begründet, dass sie als spekulativ gelten, weil sie nicht reguliert sind. Vielmehr handelt es sich um **Peer-to-Peer-Währungen**. Das bedeutet, die Transaktionen finden zwischen gleichberechtigten und unabhängigen Teilnehmern an einem dezentralen Netzwerk in eben jenem Netzwerk statt. Dort wird die Währung verwaltet, und dort werden auch neue Einheiten der Währung generiert.

Kryptowährungen werden in Form von Token oder Registereinträgen in einem **Blockchain-Netzwerk** abgebildet. Die ▶ **Blockchain-Technologie** bildet die Basistechnologie für die digitalen Währungen. Du kannst dir eine Blockchain wie ein kollektives Buchführungssystem vorstellen, das auf einer Vielzahl von Rechnern gespeichert ist. Sie dienen dazu, die Kapazität des Netzwerks für Transaktionen zu erfassen. Was nichts anderes bedeutet, als dass bei jeder Transaktion die entsprechenden Daten in der Blockchain gespeichert werden, wo sie nachträglich nicht mehr verändert werden können.

Die wahrscheinlich bekannteste Kryptowährung der Welt ist nach wie vor der ▶ **Bitcoin** (kurz: BTC). Sie ist nach Marktkapitalisierung zugleich auch die größte. Mit großem Abstand folgt die zweitgrößte Währung: ▶ **Ethereum** (kurz: ETH).

Wie der Kryptohandel funktioniert

Wenn du Bitcoins oder andere Kryptowährungen kaufen möchtest, benötigst du ein sogenanntes ▶ **Wallet** – eine digitale Geldbörse, in der du deine Bitcoins aufbewahrst.

Für den direkten Kauf und Verkauf von Kryptowährungen kannst du zwischen verschiedenen Trading-Plattformen und Apps wählen, die sich auf Kryptos spezialisiert haben. Eine Möglichkeit, mit Kryptowährung Geld zu verdienen, ist der **Währungshandel**. Damit ist der gezielte An- und Verkauf von Bitcoins und Co. gemeint. Der funktioniert ähnlich wie der Devisenhandel und setzt für ein erfolgreiches Trading ein gewisses Know-how voraus. Als Anfängerin am Kapitalmarkt kann es ratsam sein, bei Interesse an Devisen einen Broker zu beauftragen.

Um beim Kryptohandel Gewinn zu machen, musst du Kursschwankungen und Wechselkursveränderungen für dich zu nutzen wissen. Da der Direkthandel von Kryptowährungen grundsätzlich nicht durch Banken oder Finanzaufsichtsbehörden reguliert oder überwacht wird, zählt diese Form des Investments zu den spekulativen Geldanlagen.

Mit »Coinbase Germany« hat im Juni 2021 der erste Dienstleister eine Erlaubnis von der BaFin (der Bundesanstalt für Finanzdienstleistungsaufsicht) für das neu als Finanzdienstleistung eingeführte Kryptoverwahrgeschäft erhalten.

Die anlegerfreundlichere, weil durchschaubarere Variante für ein Investment in Kryptowährungen wie Ethereum oder Bitcoins sind definitiv physisch besicherte Finanzprodukte, die mittlerweile an den Börsen gehandelt werden können. Für derlei Produkte, nämlich **Krypto-ETFs** oder **Krypto-Aktien**, gelten die gleichen börslichen Regularien wie für andere ETFs und Aktien. Du musst dich nicht erst mühsam in die Funktionsweise von Kryptowährungen, Wallets und Co. einarbeiten, sondern kannst die Vorteile der Krypto-Entwicklung mit etablierten Finanzprodukten für dich nutzen.

Alternative Investmentmöglichkeiten mit außerbörslichen Anlagen

Der Begriff »außerbörslich« bezieht sich auf die Art und Weise, wie Wertpapiere gehandelt werden. In dem Fall geschieht das nämlich nicht über einen zentralisierten und regulierten Marktplatz (die Börse), sondern im Direkthandel. Oft wird dafür auch der englische Begriff »Over The Counter« (Deutsch: Über die Ladentheke) bzw. die Abkürzung **OTC** verwendet. Außerbörslicher Handel kann mit Aktien, Schuldtiteln oder Derivaten getrieben werden, die nicht an den Börsen notiert sind.

Investments in außerbörsliche Anlagen bergen ihre ganz eigenen Vor- und Nachteile gegenüber börsengehandelten Investments. Die fehlende Regulierung durch die Börsenaufsicht dürfte dabei wohl das größte Risiko darstellen. Außerdem musst du dich bei außerbörslichen Investments auch auf eine gewisse Intransparenz einlassen, weil du die Orderbücher, anders als an der Börse, nicht einsehen kannst. Auch die Möglichkeit einer geringeren Liquidität besteht und damit einhergehend das Risiko eines Totalausfalls des Geschäftspartners.

Doch der außerbörsliche Handel hat auch eine positive Seite: Du musst beim Direkthandel etwa weit weniger Gebühren entrichten: kein Börsenentgelt, keine Courtage für den Broker. Je nach investiertem Vermögen kann dir das einiges an Geld sparen, das nicht von deinen Gewinnen abgeht. Beim Direkthandel bist du flexibler als an der Börse, weil Kauf und Verkauf nicht an die Öffnungszeiten des Marktplatzes gebunden sind. Das heißt, jeder Kauf oder Verkauf wird unmittelbar ausgeführt, und zwar zu genau dem Preis, zu dem du die Order erteilst.

Aber der außerbörsliche Investmentmarkt hat noch eine andere Dimension. Dabei geht es dann nicht mehr primär um Wertpapiere, sondern ganz andere Anlageprodukte. Ob du dich als Investorin an einem Start-up beteiligen oder mit Immobilieninvestments ein lukratives passives Einkommen generieren möchtest – auf dem außerbörslichen Parkett stehen dir viele Wege offen. Wir zeigen dir die wichtigsten:

- Immobilien
- Crowdfinanzierung & P2P-Lending
- Versicherungen zur Altersvorsorge
- Private Equity
- Business Angel Investment
- Venture Capital aka Risikokapital

Immobilien

Immobilien als Anlageobjekt? Absolut. Vor allem, wenn du auf attraktive Renditen Wert legst. Dabei kannst du auf viele verschiedene Arten in Immobilien investieren:

- Du kannst ein Eigenheim erwerben.
- Du kannst eine Wohnung oder ein Haus als Kapitalanlage zur Vermietung kaufen.

In diesen Fällen handelt es sich um **direkte Investmentformen**.

- Oder du kannst in Form von Immobilienfonds am Wohnungsmarkt partizipieren.
- An der Börse kannst du außerdem in Immobilienaktienfonds oder Immobilienaktiengesellschaften sowie in sogenannte ▶ **REITs** (Real Estate Investment Trusts, eine Sonderform von Immobilien AGs) investieren.

Das wären dann **indirekte Investmentformen**. Ihre Benefits liegen in relativ stabilen Gewinnausschüttungen und steuerlichen Vorteilen.

Und besonders bei REITs kannst du gegenüber anderen Produkten vergleichsweise günstig und breit in den Immobilienmarkt investieren.

Aber ganz gleich, für welche Art Immobilieninvestment du dich entscheidest, wie bei jeder Anlageform gilt auch bei Immobilien immer die Devise: Willst du Erfolg haben, musst du möglichst langfristig und diversifiziert anlegen. Werfen wir einen etwas genaueren Blick auf deine Anlagemöglichkeiten im Immobilienbereich:

Die direkte Investmentform

Als direkte Investmentformen gelten Investments, die direkt in einen Sachwert fließen – sprich: in eine Immobilie, ob für den Eigenbedarf oder zur Vermietung. Immobilien eilt in Deutschland ein guter Ruf als Investitionsobjekt voraus. Schließlich hat man ja zeitlebens was davon. Beim Kauf eines Eigenheimes hat man bis ans Lebensende ein Dach über dem Kopf und etwas, das man auch vererben kann. Bei der Kapitalanlage kann man ein passives Einkommen aufbauen, weil man monatliche Mietzahlungen erhält.

Ob ein Direktinvestment in Immobilien zu dir passt, ist von vielen Faktoren abhängig. Denn wie bei jeder Geldanlage gibt es natürlich auch bei Immobilieninvestments Vor- und Nachteile:

Ein Eigenheim zählt zwar nicht unmittelbar als Geldanlage im eigentlichen Sinn, ist auf jeden Fall aber eine Wertanlage mit Nutzfaktor. Die »Sicherheit der eigenen vier Wände« macht dich unabhängig und je nach Lage ist selbst bei den aktuell hohen Quadratmeterpreisen eine Wertsteigerung möglich. Aus diesem Grund gilt ein Eigenheim vielen immer noch als solide Altersvorsorge. Besonders attraktiv ist dieser Gedanke bei den derzeit (Stand: 2022) noch erschwinglichen Finanzierungszinsen. Ein Eigenheim erlaubt Planbarkeit einerseits und Mietfreiheit andererseits.

Aber der Eigenheimerwerb erfordert auch sehr viel Konsequenz von dir. In den meisten Fällen musst du eine gewisse Summe Eigenkapital einbringen, die erst einmal angespart sein will. Selbst wenn deine Bank dir eine 100- oder 110-Prozent-Finanzierung bewilligt, sodass du kein Eigenkapital mitbringen musst, erwartet dich eine sehr lange Zeit an Verbindlichkeiten. Die Kredittilgungsphase erstreckt sich beim Immobilienkauf nicht selten über mehrere Jahrzehnte. Du bist also sehr lange mitunter sehr hoch verschuldet. Und da sind die diversen Nebenkosten (Notarkosten, Grunderwerbssteuer, Maklerprovisionen, Hausgeld usw.) noch gar nicht eingerechnet. Später kommen noch Kosten für Instandhaltungs- und Modernisierungsmaßnahmen hinzu, die gerne auch unterschätzt und dann zum Problem werden.

Mit einem Eigenheim bindest du dir also eine sehr große Verantwortung ans Bein. Und was, wenn du oder dein Partner den Job verliert, krank oder erwerbsunfähig wird? Was, wenn eure Beziehung nicht hält? Ein Eigenheim ist eine illiquide Geldanlage und entsprechend unflexibel, wenn sich die Lebensumstände gravierend ändern. Nun denkst du vielleicht: »Kein Problem. Ich kann es ja wieder verkaufen!« Kannst du natürlich tun. Aber in aller Regel erst, nachdem die Spekulationsphase von zehn Jahren abgelaufen ist. Und wer sagt dir, dass dann die Immobilienpreise einen verlustfreien Verkauf erlauben? Nicht zu vergessen, dass auch die Bank bei Verkauf vor Tilgungsende noch einen Anteil zurückhaben möchte.

Wir raten dir auf jeden Fall, den Hauskauf nicht unüberlegt und überstürzt zu tätigen. Ein Eigenheim ist immer eine Frage des Lebensstils und oft eine emotionale Entscheidung. Klar, Argumente wie lebenslange Mietfreiheit ziehen. Aber keine Miete heißt nicht automatisch keine Kosten. Darum ist es wichtig, dass du ehrlich zu dir bist und deinen Wunsch oder deine Entscheidung, ein Eigenheim zu kaufen, kritisch hinterfragst:

- Habe ich die finanziellen Mittel, um den Immobilienkredit langfristig zu decken?
- Was, wenn ich den Job verliere oder ein attraktives Jobangebot weit weg von meinem Eigenheim erhalte?

- Kenne ich alle Nebenkosten, Steuerabgaben und zukünftige Instandhaltungskosten? Allein die Grunderwerbssteuer schlägt je nach Bundesland mit 6,5 Prozent des Kaufpreises zu Buche.
- Wie wirkt sich der Kauf auf mein Gesamtvermögen aus? Ist eine Anlage am Kapitalmarkt hinsichtlich der Rendite nicht vielleicht die bessere Option?

Du siehst, so ganz ohne ist eine Investition ins Eigenheim nicht. Da scheint das Investment in ein Vermietungsobjekt eine gute Alternative, oder? So kannst du deine Finanzierungsschulden praktisch durch die Mieteinnahmen zurückzahlen, kannst steuerliche Vorteile einer Kapitalanlage geltend machen und hast genau die gleiche Altersvorsorge wie mit einem Eigenheim. Denn du kannst als Eigentümerin später Eigenbedarf anmelden und die Wohnung oder das Haus selbst nutzen.

Ganz so einfach ist es aber leider auch in dem Fall nicht. Beim Erwerb einer Immobilie als Renditeobjekt hast du höhere Ausfallrisiken auf mehreren Ebenen – deine eigenen, die des Mieters, die der Geldgeber. Wirklich positiv auf deine Kredittilgung wirkt sich die Vermietung überdies nur dann aus, wenn die Mieteinnahmen höher sind als deine Tilgungsraten. Das hat dann zwar einen positiven Effekt auf deine Cashflow-Rendite, bringt gleichzeitig aber wiederum potenzielle Steuernachteile für dich mit sich. Hinzu kommen Faktoren, die du weder vorhersehen noch beeinflussen kannst – was, wenn deine Immobilie durch äußere Umstände an Wert verliert? Und nicht zuletzt musst du auch beim Erwerb einer Immobilie als Kapitalanlage die damit einhergehenden Nebenkosten erst einmal selbst tragen, in der Regel auch hier Eigenkapital mitbringen und dein Leben lang für Instandhaltung und verwalterische Aufgaben aufkommen. Das ist neben einem finanziellen auch ein nicht zu unterschätzender zeitlicher Aufwand.

Für ein direktes Investment in Immobilien solltest du mindestens **drei wesentliche Voraussetzungen** erfüllen:

1. Du solltest ein möglichst hohes Eigenkapital mitbringen. Es sollte mindestens die Erwerbsnebenkosten und am besten noch 20 bis 30 Prozent des Kaufpreises abdecken. Deinen Notgroschen solltest du hierfür übrigens nicht opfern. Den solltest du als Puffer jederzeit separat zugänglich haben.

2. Deine Bonität sollte makellos sein. Bei einer Kreditaufnahme checkt die Bank deine Zahlungsfähigkeit und -zuverlässigkeit. Hierzu überprüft sie unter anderem deine Schufa, deine Einkommensverhältnisse, dein Eigenkapital und laufende Verbindlichkeiten.

3. Du solltest ein nachweislich solides Einkommen haben. Dabei sind feste unbefristete Arbeitsverhältnisse oft besser angesehen als zum Beispiel Selbstständigkeit. Ausschlaggebend ist jedoch die Höhe an Einkünften und wie lange du bereits im Job bist – ob selbstständig oder angestellt. Sachgrundlose Befristungen im Arbeitsvertrag senken die Chancen auf Fremdkapital enorm.

Direkte Immobilieninvestments – Eigenheime ebenso wie Renditeobjekte – erfordern viel Zeit und Energie. Du musst dich um Mieterprobleme kümmern, Wartungen übernehmen und bist im Zweifelsfall haftbar für Unfälle auf deinem Grund und Boden. Auch die Finanzierung kann ein Nachteil sein. Speziell, wenn du einen Kredit aufnehmen musst. Wenn der Markt abstürzt oder du keine zuverlässigen Mieter findest, könntest du finanzielle Ausfälle riskieren. Als illiquides Asset hast du im Notfall außerdem Probleme, dein Investment abzustoßen, wenn du dringend Geld benötigst.

Vor allem die beiden letzteren Faktoren kannst du mit einem indirekten Immobilieninvestment umgehen.

Die indirekte Investmentform

Indirekte Investments im Immobilienbereich ermöglichen es auch Anlegern ohne Eigenkapital oder Bedarf an einem Eigenheim, am Immobilienmarkt zu partizipieren. Und zwar ohne eine eigene Immobilie zu besitzen, verwalten oder finanzieren zu müssen. Statt eines ganzen Hauses oder einer Wohnung erwirbst du Anteile an einer Gesellschaft oder einem Fonds, die bzw. der hauptsächlich in Grundstücke und Immobilien investiert.

Dabei hast du verschiedene Möglichkeiten, dein Geld anzulegen – weit mehr als beim direkten Investment. Die wichtigsten sind Immobilienfonds und Immobilienaktien & REITs.

1. Immobilienfonds

▷ Als **Immobilienfonds** werden Gesellschaftsformen bezeichnet, die das Kapital ihrer Anleger bündeln und in verschiedene Immobilien investieren.

Man unterscheidet hierbei **offene** und **geschlossene** Fonds.

Offene Fonds sammeln Gelder von Anlegern und Investorinnen ein, um sie gebündelt in die Entwicklung von Gewerbeimmobilien zu investieren, wie Bürogebäude, Lagerhäuser, Shopping-Arkaden. Dabei sind sie nicht nur auf den deutschen Markt beschränkt. Und sie sind kleinanlegerfreundlich. Denn schon mit kleinen Beträgen kannst du Miteigentümer am breiten Immobilienmarkt werden. Ein großer Bonus: Du kannst deine Anteile jederzeit an die Fondsgesellschaft zurückgeben. Offene Immobilienfonds sind börsennotiert, wodurch sie zumindest eine gewisse Transparenz an den Tag legen, wenngleich auch die mit Vorsicht zu genießen ist. Immobilienfonds werden nicht durch unabhängige Instanzen bewertet. Sie bewerten sich selbst. Und sie sind schein-liquide. Das bedeutet, dass, wenn nur du deine Anteile verkaufen willst, die Gesellschaft dich problemlos ausbezahlen kann. Aber wenn viele (oder alle) Investoren zeitgleich aus dem Fonds aussteigen wollen, kann es passieren, dass die Fondsgesellschaft nicht ausreichend Mittel parat hat, um alle Anleger auszuzahlen. Und weil eine Immobilie auch nicht so mir nichts, dir nichts verkauft werden kann, kann das bedeuten, dass auch ein eigentlich offener Fonds für Monate oder Jahre geschlossen werden muss. Das bedeutet, dass kein Anleger mehr seine Anteile verkaufen kann – zuletzt geschehen 2007 im Zuge der Finanzkrise.

Die damaligen Verluste führten zu neuen Regelungen. Seit 2013 müssen Investoren ihre Anteile an offenen Immobilienfonds verbindlich mindestens 24 Monate halten und können sie nur noch mit einer Kündigungsfrist von 12 Monaten abstoßen. So offen wie vor dem Platzen der Immobilienblase sind diese Fonds also nicht mehr. Und mit Verwaltungsgebühren von bis zu 1,5 Prozent und Ausgabeaufschlägen von 6 Prozent auch nur wenig günstiger als geschlossene Immobilienfonds.

Geschlossene Immobilienfonds sind in dieser Form nur in Deutschland erhältlich. Sie zählen zum sogenannten »grauen Kapitalmarkt«, einem bisher kaum regulierten oder überwachten und entsprechend riskanten und intransparenten Anlagemarkt.

Beim geschlossenen Fonds werden die Gelder der Anleger in verschiedene Gebäudekomplexe investiert. Wurde genug Geld gesammelt, wird der Fonds geschlossen – daher der Name – und nach einer zuvor vereinbarten Laufzeit aufgelöst. Der Gewinn aus Mieten, Pachten oder Verkäufen wird dann an die Anleger ausgeschüttet. Einsteigen kannst du in solch einen Fonds nur mit relativ hohen Summen – meist zwischen 5000 und 10.000 Euro. Für Kleinanleger ist diese Form des Immobilieninvestments auch darum oft ungeeignet. Denn selbst wenn man diese Summe aufbringt, bleibt nur wenig übrig, um für Diversifikation zu sorgen. Und der geschlossene Immobilienfonds tut das sicher nicht für dich. Zumal du über dein investiertes Geld dann erst einmal fünf bis zehn Jahre lang nicht verfügen kannst. Du könntest also selbst dann, wenn sich ein Verlustgeschäft schon während der Laufzeit abzeichnet, deine Anteile nicht bzw. nur mit hohen Verlusten am Sekundarmarkt verkaufen.

Die offenen und geschlossenen Immobilienfonds unterscheiden sich also vor allem hinsichtlich ihrer Liquidität, Haltedauer, Gebühren,

Transparenz und Risikostreuung. Aber auch wenn offene Immobilienfonds immer noch die sicherere Alternative sind, so suggerieren auch sie am Ende eine Sicherheit, die sie nicht gewährleisten können.

2. Immobilienaktien & REITs

Eine weitere indirekte Investmentmöglichkeit in Immobilien stellen **Immobilienaktien** dar. Genau wie in Aktien von beispielsweise Apple kannst du auch Aktien an Immobiliengesellschaften erwerben, die in Bauprojekte investieren.

Die Aktien funktionieren genau gleich: Du profitierst in Form ausgeschütteter Dividenden und kannst deine Anteile jederzeit zum jeweiligen Kurswert handeln.

Anders als Immobilienfonds sind Immobilienaktien unter deutschen Anlegern nicht weit verbreitet. Aktien können auch im Immobilienbereich nur von börsennotierten Unternehmen ausgegeben werden. Solche Immobilien-AGs planen und bauen unter anderem Gewerbe- und Wohnimmobilien. Die Vonovia ist ein Beispiel für so ein DAX-gelistetes Unternehmen, dessen Wertpapiere in die Kategorie Immobilienaktien fallen.

► **REITs**, Real Estate Investment Trusts, sind eine Sonderform von Immobilienaktiengesellschaften. REITs sind Immobilienbesitzer und -verwalter. Wie bei anderen Unternehmen kannst du auch Aktien dieser REITs erwerben. Anders als Fonds sind REITs eigenständige Unternehmen. Sie unterscheiden sich von »normalen« Immobilienaktiengesellschaften hinsichtlich Besteuerung, Investitionsmöglichkeiten und Gewinnausschüttung. Sie werden offiziell als »steuerbegünstigte Immobilien-AGs mit börsennotierten Anteilen« bezeichnet. Trotz einer durchschnittlichen Rendite von 5,4 Prozent in den letzten Jahren sind REITs in Deutschland sogar noch weniger bekannt als Immobilienaktien. In den USA wurden REITs bereits in den 1960er-Jahren entwickelt. Hierzulande sind die fünf REIT-Gesellschaften im RX REIT Allshare Index zusammengefasst.

Neben der Möglichkeit, REIT-Aktien zu kaufen, hast du auch die Option, in aktive **Immobilienaktienfonds** oder **Immobilien-ETFs** zu investieren. Die aktiven Immobilienfonds investieren in verschiedene REITs aus mehreren Ländern. Das hat den Vorteil, dass sie direkt breit diversifiziert sind. Wie generell bei aktiv gemanagten Fonds musst du dabei aber höhere Gebühren in Kauf nehmen als bei passiven Fonds respektive ETFs. Der REIT-ETF, der etwa den deutschen RX REIT Performance Index nachbildet, verschafft dir diese Diversifikation zu deutlich günstigeren Konditionen – durchschnittlich zwischen 0,10 und 0,70 Prozent.

Crowdfinanzierung & P2P-Lending

Sowohl Crowdfinanzierung als auch P2P-Lending (Peer-to-Peer-Lending) sind noch recht neue Ansätze, Geld anzulegen.

Bei der **Crowdfinanzierung** schließt du dich mit mehreren anderen Privatanlegern zusammen, um – jeder nach eigenen finanziellen Möglichkeiten – in Neubau- oder Restaurationsprojekte zu investieren. Rendite erzielst du bei dieser Investmentform, wenn der Bau oder die Modernisierung abgeschlossen ist. Dann erhältst du sowohl dein Investment als auch zuvor vereinbarte Zinsen zurück.

Beim **P2P-Lending** kann es, muss es aber nicht um Immobilien gehen. Im Grunde handelt es sich um eine Art Kreditvergabe. Diese erfolgt über Plattformen im Internet. Dort kann sich jeder wahlweise sowohl als Kreditgeber als auch als Kreditnehmer anmelden. Anders als bei Banken, muss man als Kreditnehmer nicht unbedingt seine Bonität nachweisen können: Wer sein Projekt ansprechend präsentieren und seine Vertrauenswürdigkeit und Zuverlässigkeit glaubhaft machen kann, kann von Privatmenschen, die sich als Kreditgeber betätigen möchten, Geld sammeln. Im Gegenzug verpflichtet sich der Kreditnehmer zu einer Rückzahlung mit Zinsen. Diese sind in der Regel höher als bei der Bank. Und das wäre bei dieser Form des Investments auch genau das, woran du verdienst: an den Zinsen, die du fürs Zur-Verfügung-Stellen deines Geldes bekommst.

Der Vorteil: Die Zinsen sind nicht selten fast doppelt so hoch wie die durchschnittliche Aktienmarktrendite.

Der Nachteil: Der Kreditnehmer zahlt vielleicht seine Schulden nicht oder nicht pünktlich zurück. Zwar gibt es Plattformen, die dann einspringen und die Kreditgeber ausbezahlen. Aber auch solche Plattformen können unter Umständen bankrottgehen.

Fazit: Auch wenn die beiden Investmentarten in Deutschland noch nicht besonders bekannt sind, bergen beide Chancen für dich. Natürlich sollten sie nicht deine einzigen Investments darstellen, sondern – wenn überhaupt – eher als Beimischung dein bereits diversifiziertes Portfolio ergänzen. Wichtig ist zudem, dass du dir solide und möglichst etablierte Partner suchst.

Versicherungen zur Altersvorsorge

Steht für dich das Thema Altersvorsorge im Fokus deiner Anlagebestrebungen? Dann könntest du mit einer **fondsgebundenen Rentenversicherung** die Entwicklungen am Kapitalmarkt genau dafür (aus-)nutzen. Diese Form des Investments kombiniert die Vorzüge einer Rentenversicherung mit den Renditechancen des Kapitalmarktes. Der Vorteil fondsgebundener Rentenversicherungen liegt neben den hohen Renditechancen und der lebenslangen Rentenzahlung sicherlich vor allem bei den steuerlichen Benefits, die sie einbringen.

Aber wie du bis hierhin ja bereits gelernt hast, besteht zwischen Renditechance und Risikograd immer eine Korrelation. Und da bildet die fondsgebundene Rentenversicherung keine Ausnahme. Zwar lässt sich das Risiko in gewissem Umfang steuern, je nachdem, ob du in risikoreichere oder risikoärmere Fonds investierst. Aber insgesamt ist die fondsgebundene Rentenversicherung aufgrund ihrer Unsicherheit und Unvorhersehbarkeit unattraktiv. Wenn du aber bereit bist, das Investmentrisiko hinzunehmen, kann sie eine rentable Alternative sein.

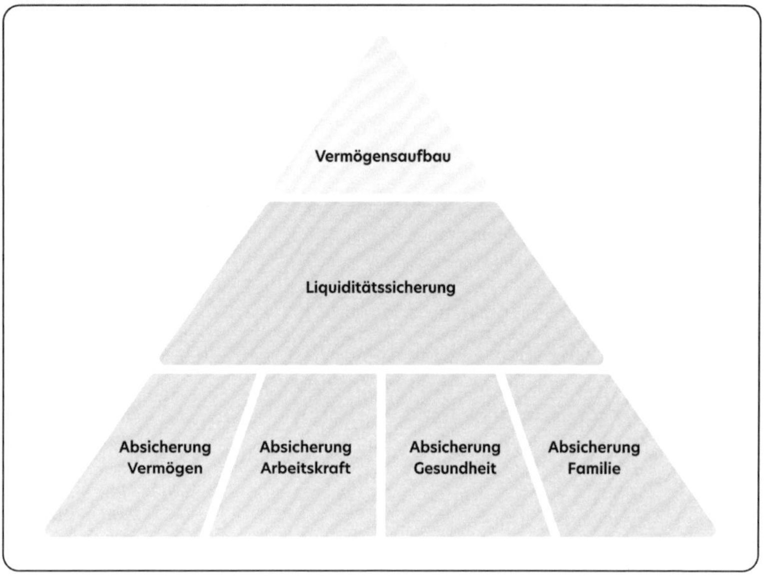

Quelle: Eigene Darstellung

Wie bei allen Fondsinvestments sammelt auch bei der fondsgebundenen Rentenversicherung ein Fonds das Geld verschiedener Anleger und investiert dieses gebündelt in unterschiedliche Vermögenswerte wie Aktien oder Immobilien. Die Höhe deiner späteren Erträge, also deiner Zusatzrente, hängt allerdings stark von der Entwicklung der Märkte ab. Das heißt: Fallen die Kurse, sind auch Verluste nicht ausgeschlossen. Eine Renten- oder Auszahlungsgarantie hast du bei dieser Form der Altersvorsorge also nicht. Je nachdem, wie risikotolerant du bist, könnte alternativ eine zinsgebundene private Rentenversicherung sinnvoller für dich sein. Die haben zwar niedrigere Renditen, sind aber deutlich sicherer und vorhersehbarer.

So kannst du deine monatliche Rente aus einer fondsgebundenen Rentenversicherung berechnen:

Multipliziere deinen Rentenfaktor mit deinem angesparten Kapital und dividiere das Ergebnis durch Zehntausend. Das Ergebnis ist die monatliche Auszahlungssumme.

$$\frac{\text{(Rentenfaktor * angespartes Kapital)}}{\text{10.000 Euro}}$$

Sparst du zum Beispiel 150.000 Euro mit dem Rentenfaktor 10 an, dann läge deine monatliche Zusatzrente aus der fondsgebundenen Rentenversicherung bei 150 Euro.

Private Equity

▷ ▶ **Private Equity** ist eine Form der Privatfinanzierung jenseits des öffentlichen Marktes. Der englische Begriff »Private Equity« bedeutet so viel wie »Beteiligungskapital«. Dabei investieren Fonds und Investoren direkt in Unternehmen oder in deren Übernahmen.

Institutionelle und private Anleger stellen das Kapital bereit, das dann dazu eingesetzt werden kann, etwa neue Technologien zu finanzieren, das Arbeitskapital zu vergrößern, die Bilanz aufzustocken oder Anschaffungen zu tätigen. Wobei man sagen muss, dass Private Equity Investments vorrangig von institutionellen und akkreditierten Investoren kommen, die in der Lage sind, nennenswerte Summen für längere Zeit bereitzustellen. Akkreditierte Anleger haben dabei einen besonderen Status nach den Finanzregulierungsgesetzen. Ihnen kann es beispielsweise gestattet sein, in nicht regulierte Wertpapiere zu investieren. Die Regeln für und die Definition dieses Anlegertyps sind von Land zu Land unterschiedlich.

Private-Equity-Beteiligungen erfordern lange, illiquide Anlagehorizonte, um etwa schwächelnden Unternehmen eine Trendwende zu ermöglichen oder um beim Börsengang einer Aktiengesellschaft die Liquidität zu sichern. Im Schnitt müssen Investoren ihr Geld (und wir reden hierbei immerhin von einem Mindestinvestment von 200.000 Euro) bei dieser Art des Investments zehn bis 12 Jahre lang investiert lassen.

Aber Beteiligungskapital-Investments sind mehr als nur die Bereitstellung von Kapital an Unternehmen. Private-Equity-Fonds nehmen aktiv Einfluss auf die Unternehmen, die sie bezuschussen. Das heißt, sie sind zum Beispiel in die Entwicklung von Unternehmensstrategien, in die Planung von Expansionen oder in die Optimierung von Arbeitsprozessen involviert oder stellen den Unternehmen ihre weitreichenden Netzwerke zur Verfügung.

Anders als private Investoren können die Fonds ihre Investments bereits nach vier bis acht Jahren wieder liquidieren. Das bedeutet, dass es bereits nach vier Jahren zu Ausschüttungen kommen kann – etwa aus Rekapitalisierungen, Veräußerungen oder Dividenden. Eine Gewährleistung besteht allerdings nicht.

Für Unternehmer und Unternehmensgründer bestehen die Vorteile von Private-Equity-Beteiligungen darin, dass sie einen einfachen Zugang zu alternativen Kapitalquellen darstellen.

Unterm Strich lässt sich sagen, dass Investitionen in Form von privatem Beteiligungskapital nur für fortgeschrittenere Anlegerinnen geeignet sind, die neben einem größeren bereits vorhandenen Vermögen und dem notwendigen verfügbaren Kapital (mindestens 200.000 Euro), dem langen Anlagehorizont und einer hohen Risikobereitschaft auch ausreichende Kenntnisse und Erfahrungen mitbringen (man spricht von semiprofessionellen und professionellen Anlegern, deren Anforderungen im Kapitalgesetzbuch definiert sind).

Business-Angel-Investment

▷ Als ▶ **Business-Angel-Investoren** werden private Investoren bezeichnet, die zu den ersten Geldgebern eines Start-ups zählen.

Sie steigen in der frühen Phase der Unternehmensentwicklung ein. Diese Phase wird auch als Pre- oder Seed-Phase bezeichnet. Analog dazu hört man hier und da auch von sogenannten **Seed-Investoren**. Aber egal, ob Business Angel, Angel-Investor oder Seed-Investor, gemeint ist immer das gleiche: eine Person, die Kleinunternehmern oder Start-ups im Tausch gegen Eigentumsrechte an deren Business finanzielle Absicherung in Form von liquidem Privatvermögen bereitstellt. Das kann entweder als Einmalinvestition geschehen, um dem Start-up Startkapital bereitzustellen. Es ist aber auch möglich, mit regelmäßigen Finanzspritzen ein Business-Angel-Investor zu werden und das Unternehmen so durch die schwierigen ersten Phasen zu fördern.

Für viele Start-ups im frühen Stadium sind Angel-Investoren die bevorzugte Finanzierungsquelle, weil diese Investoren ihr Geld oft zu günstigeren Konditionen bereitstellen als klassische Kredit- oder Darlehensgeber. Das wiederum hat damit zu tun, dass sie als Seed-Investoren in der Regel vor allem in den Unternehmer und das zukünftige Potenzial der Geschäftsidee investieren, nicht oder noch nicht in die Rentabilität des aktuellen Geschäfts.

Die finanzielle Unterstützung der Angel-Investoren fördert Innovation, die sich wiederum in ökonomischem Wachstum niederschlägt. Allerdings sind solche Investments auch mit unleugbaren Risiken verbunden. Normalerweise stellen Business-Angel-Investments bei privaten Investorinnen nicht mehr als 10 Prozent ihres Portfolios dar. Die meisten Angel-Investoren haben Geld übrig, für das sie eine Anlagemöglichkeit suchen, die ihnen höhere Renditen verspricht, als es traditionelle Investments tun.

Als Anlegerin profitierst du bei solch einem Business-Angel-Investment zum Beispiel durch anschließende Finanzierungsrunden oder durch einen späteren Exit, also den Verkauf des Start-ups. Das Investitionsvolumen kann dabei sehr unterschiedlich ausfallen. Häufig liegt es bei etwa 50.000 Euro (in vielen Fällen sind jedoch auch schon kleinere »Tickets«, also Investments zu haben), erstreckt sich aber auch schon mal über mehrere Hunderttausend Euro. Ein Business-Angel-Investment hat üblicherweise einen Anlagehorizont von vier bis sieben Jahren. Der genaue Zeitraum wird mit jedem Angel-Investor individuell im sogenannten Beteiligungsvertrag festgelegt, der beim Investmenteinstieg geschlossen wird.

Benötigt ein Start-up mehr Kapital, als ein privater Angel Investor ihm zur Verfügung stellen kann, können auch Beträge in Millionenhöhe in Kooperationen zwischen mehreren Seed-Investoren und oder zwischen einzelnen Seed-Investoren und Venture Capital (Risikokapital-)Gesellschaften realisiert werden. Diese Kooperationen werden auch **Pooling** genannt.

Als Business Angel in spe hast du also auch die Möglichkeit, dich einem Netzwerk anzuschließen, über welches du dann in ausgewählte Start-ups investieren kannst. Dafür musst du bei einer entsprechenden Plattform als Investorin angemeldet sein. Zu Anbietern in dem Bereich zählen etwa *Companisto* oder *PrimeCrowd*. Genau wie du registrieren sich dort auch die Start-ups zuerst und stellen den Plattformbetreibern dann ihre Unternehmenskonzepte vor. Diese wiederum schlagen die Konzepte einer Reihe von Investoren persönlich vor oder starten online eine Finanzierungsrunde, in die du als Investorin dann einsteigen kannst.

Wenn du dich jetzt fragst, wo der Haken ist, hast du schon viel über Geldanlagen gelernt bis hierhin. Denn natürlich birgt auch das Business-Angel-Investment Risiken. Und das nicht zu knapp: Wenn das von dir gesponserte Start-up in der frühen Phase der Gründung scheitert – und das ist nicht unwahrscheinlich, weil immerhin zwischen 75 und

90 Prozent aller Start-ups scheitern[20] –, ist dein Geld weg. Futsch. Verloren. Verpufft. Damit gehören Angel-Investments eindeutig zu einer der Anlageklassen mit sehr hohem Risiko und sollten dementsprechend – wenn überhaupt – nur einen kleinen Teil deines Portfolios ausmachen.

Um dieses Totalverlust-Risiko zudem einigermaßen zu reduzieren, solltest du auch hier das Prinzip der Diversifizierung anwenden. Das bedeutet: Plane von vornherein, nicht nur in *ein* Start-up zu investieren, sondern in ein Portfolio aus mehreren Start-ups, sodass mögliche (oder sogar wahrscheinliche) Totalausfälle einzelner Investments von anderen kompensiert werden können.

Andererseits: Wo hohes Risiko, da auch hohe Gewinnmöglichkeit. Der effektive Kalkulationszinssatz liegt bei einem erfolgreichen Business-Angel-Investment bei ungefähr 22 Prozent. So kannst du, wenn das von dir gesponserte Start-up Erfolg hat, potenziell das Hundertfache deines ursprünglichen Investments oder mehr verdienen.

Venture Capital (Risikokapital)

▷ Als ▶ **Venture-Capital-Investor** bezeichnet man Private-Equity-Investoren, die unternehmerische Vorhaben mit großem Wachstumspotenzial – zumeist Start-ups –, aber ohne Zugang zum Kapitalmarkt im Tausch gegen Beteiligungen am Unternehmen Kapital zur Verfügung stellen.

»Venture Capital« (VC) setzt sich aus den beiden englischen Begriffen »venture« für Unternehmung oder Unternehmen und »capital« für Kapital zusammen. Das deutsche Pendant lautet Wagnis- bzw. Risikokapital. Und dieser Name ist recht treffend gewählt, denn für den Investor ist es ein gehöriges Risiko, einem Unternehmen, das ihm oder ihr im Gegenzug nur wenige Sicherheiten geben kann, Geld zu leihen.

Vor allem Unternehmen in frühen Phasen wenden sich an Risikokapitalgeber, weil sie Banken noch nicht die notwendigen Sicherheiten anbieten können, um eine traditionelle Finanzierung zu erhalten. Denn gerade bei Start-ups fehlt naturgemäß oft ein Nachweis über unternehmerische Erfolge aus der Vergangenheit.

Ein VC setzt in der Regel einen oder mehrere Fonds auf, in denen es die Mittel verschiedener Kapitalgeber bündelt und diese dann in ausgewählte Firmen investiert. Auch als private Anlegerin hast du grundsätzlich die Möglichkeit, in einen solchen VC-Fonds zu investieren, wenn du die nötigen Voraussetzungen erfüllst. Dazu gehören insbesondere die Höhe des verfügbaren Kapitals (Investments pro Kapitalgeber beginnen in der Regel bei 200.000 Euro, wobei du dich auch hier mit anderen Investorinnen in Form eines Poolings zusammenschließen kannst), aber auch der lange Atem, den du mitbringen musst. Denn genau wie ein Private-Equity-Investment und Angel-Investment ist auch das VC-Investment illiquide. Du stellst dein Geld für mehrere Jahre einem Unternehmen zur Verfügung. In dieser Zeit hast du keine Möglichkeit, auf dein Geld zuzugreifen.

Das bedeutet jetzt natürlich nicht, dass du als vielleicht an einem Risikokapital-Investment Interessierte nur Nachteile hast. Im Gegenteil. Gerade aufgrund der Unsicherheit eines solchen Investments hast du im Umkehrschluss natürlich – bei erfolgreichen Investments – Chancen auf hohe Renditen.

Als VC-Investorin kannst du außerdem – wie auch beim Angel-Investment – durchaus die Geschicke des von dir gesponserten Unternehmens mit beeinflussen. Je nachdem, wo deine Stärken liegen, kannst du etwa betriebswirtschaftliches oder branchenspezifisches Know-how einbringen oder dein eigenes Netzwerk zur Verfügung stellen. Da gerade junge Unternehmen aus einem VC mehr als nur finanziellen Nutzen ziehen können, wird bei solchen Investments auch oft von »intelligentem Kapital« (Smart Money) gesprochen.

Folgende Finanzierungsrunden, aber insbesondere ein möglicher späterer Exit, also der Verkauf oder die Übernahme des Start-ups, können eine sehr attraktive Renditequelle sein. Je besser die Wertsteigerung des Unternehmens in den Jahren gelaufen ist, desto teurer kannst du später deine Geschäftsanteile verkaufen.

Unterm Strich sind auch VC-Investments mit hohem Risiko verbunden. Die bereits bei den Angel-Investments erwähnte geringe Erfolgsquote bei Start-ups birgt die Gefahr des Totalverlusts einzelner Investments, wobei dieses durch die inhärente Streuung eines VC-Fonds bereits reduziert wird. Dennoch gilt auch hier, dass ein entsprechendes Investment maximal als Ergänzung zu einem diversifizierten Portfolio empfohlen werden kann.

Chancen und Risiken für private Anlegerinnen

Juhu! Du hast es geschafft. Du hast dir einen hervorragenden Überblick über die vielfältigen Anlageklassen und -produkte verschafft. Ein bisschen hast du ja auch schon über die Risiken gelesen, die mit den verschiedenen Möglichkeiten der Geldanlage einhergehen. Und ja, es wäre gelogen, zu sagen, dass es bei der Geldanlage keine Risiken gibt. Aber: Ist nicht alles ein Risiko? Und ist nicht selbst Nichtstun ein Risiko? Um das mal zu verdeutlichen: Wenn du dein gespartes Geld auf deinem schlecht oder gar nicht verzinsten Sparbuch liegen lässt, ist das – unter Berücksichtigung dessen, was du bis hierhin über Markt- und Währungsmechanismen gelesen hast – nicht auch riskant? Vielleicht sogar riskanter, als das Geld an der Börse zu investieren?

Also schauen wir doch mal, wie sich das Verhältnis von Chancen und Risiken am Kapitalmarkt jenseits von Sorgen, Ängsten oder Vorurteilen tatsächlich darstellt.

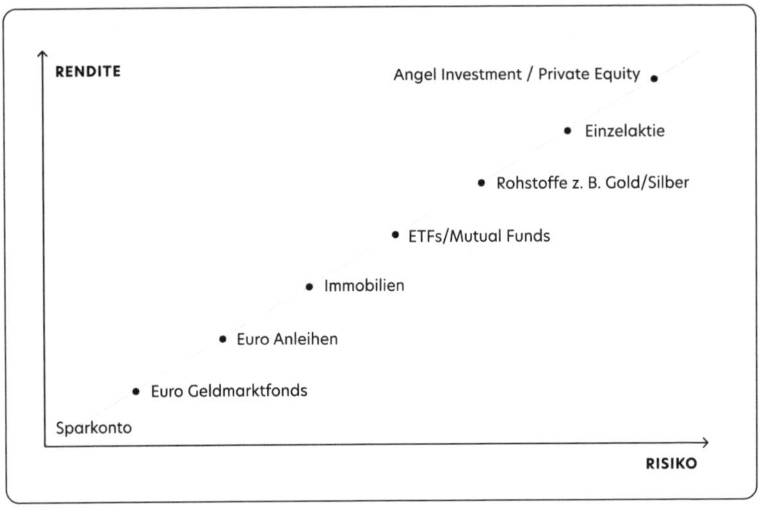

Quelle: Eigene Darstellung

Kurz-, mittel- und langfristige Möglichkeiten, dein Geld anzulegen

Jenseits von börslichen und außerbörslichen Anlagemöglichkeiten mit all ihren Vor- und Nachteilen, wie du sie bereits kennengelernt hast, hast du vor allem zeitlich unterschiedliche Optionen, dein Geld anzulegen.

Rückblick

Anlagen an der Börse:	**Direkthandel bzw. außerbörsliche Anlagen:**
• höhere Liquidität • hohe Markttransparenz • Schutz vor Preismanipulation • durch Börsenaufsicht und BaFin streng reguliert	• oft kostengünstiger, weniger Gebühren • mehr Flexibilität • Handel wird nur teilweise beaufsichtigt und reguliert

Für welche Anlageform du dich entscheidest, ist natürlich dir überlassen. Je nachdem, worauf du mehr Wert legst, solltest du Kriterien wie Rendite, Risiko und Liquidität zugrunde legen.

Wenn wir nun aus der zeitlichen Perspektive einen Blick auf deine Investmentmöglichkeiten werfen, so hast du drei Optionen zur Verfügung: die kurzfristige, die mittelfristige und die langfristige. Im Zusammenhang mit Geldanlagen spricht man auch oft vom **Anlagehorizont**. Wie lang dieser sein sollte, hängt vor allem davon ab, welches Ziel du in welchem Zeitraum mit einem Investment erreichen willst und wie viel Risiko du bereit bist zu tragen, um dieses Ziel – eventuell auch früher – zu erreichen.

Die kurzfristige Geldanlage

Sie zeichnet sich vor allem durch kurze Laufzeiten bzw. kurze Kündigungsfristen aus. Das heißt, als Anlegerin hast du recht schnell wieder Zugriff auf dein angelegtes Geld. Solche Anlagen dienen oft dazu, um nicht unmittelbar benötigtes Geld »zu parken«, bis man sich etwa für eine langfristige Geldanlage entschieden hat. Du kannst Geld aber auch kurzfristig anlegen, um es als schnell verfügbare Reserve in Notsituationen jederzeit abzurufen.

Klassische kurzfristige Geldanlagen sind zum Beispiel Tagesgeld- und Festgeldkonten mit geringer Laufzeit.

- **Tagesgeldkonten** sind sehr liquide, weil du jederzeit und unbegrenzt Geld einzahlen und abheben kannst. Außerdem genießt dein Geld auf einem Tagesgeldkonto die europäische Einlagensicherung, die bis zu insgesamt 100.000 Euro pro Kunde und Bank geschützt ist. Wermutstropfen: Die Verzinsung ist aktuell denkbar mau.
- **Festgeldkonten** sind weniger liquide, weil dein eingezahltes Geld für einen bestimmten Zeitraum gebunden ist. Die Laufzeit kann dabei nur einen Monat oder mehrere Jahre betragen. Es gilt somit als »illiquide«, da das Geld fest angelegt ist und du nicht damit rechnen solltest, dass du vor Ende der Vertragslaufzeit eine Auszahlung

erhältst. Auch diese Art der Einlage gilt als »sicher«, da sie EU-weit durch die gesetzliche Einlagensicherung geschützt ist.

Die mittelfristige Geldanlage

Sie ist genau die richtige Wahl, wenn du auf ein zeitlich absehbares Ziel sparst. Sagen wir, du möchtest zu einem bestimmten Zeitpunkt, zum Beispiel in drei Jahren, eine größere Anschaffung tätigen – wie ein neues Auto, ein Ferienhäuschen, eine modernere Küchenausstattung. Dann ist eine mittelfristige Geldanlage genau das Tool, das dich diesem Ziel näher bringt.

Anlagemöglichkeiten, die du für eine mittelfristige Geldanlage nutzen kannst, sind etwa Festgeldkonten oder Sparpläne.

- Mit einem gut verzinsten **Festgeld** kannst du dein Geld für drei oder fünf Jahre planbar anlegen. Auch hier profitierst du von der Einlagensicherung.
- Bei **Sparplänen** solltest du darauf achten, dass du dich für einen Tagesgeldsparplan entscheidest, nicht unbedingt für einen ETF-Sparplan. Denn Letzterer birgt das Risiko, dass die Kurse genau dann einbrechen, wenn du das angelegte Geld benötigst. Ein Sparplan ist eine Art Dauerauftrag bzw. Vereinbarung zwischen einer Person, die sparen bzw. investieren möchte, und einer Bank oder Wertpapierfirma. Der Plan ist so eingerichtet, dass automatische Zahlungen regelmäßig zu einer Investition beitragen. Diese Zahlungen werden in der Regel monatlich durchgeführt. Da die Sparpläne automatisch sind, helfen sie dir zu sparen und zu investieren, ohne zu viel darüber nachzudenken.

Die langfristige Geldanlage

Sie ist in der Regel gemeint, wenn man von **zusätzlicher oder privater Altersvorsorge** spricht. Auch hierfür stehen dir diverse geeignete Produkte zur Verfügung, darunter zum Beispiel ETFs. Denn da hast du durch die Langfristigkeit deiner Geldanlage zur Altersvorsorge die Möglichkeit, Niedrigkursphasen auf lange Sicht immer wieder auszugleichen – dieses Phänomen hat einen Namen: Cost-Average-Effekt, worauf wir im weiteren Verlauf des Buches noch genauer eingehen werden. Aber so hast du es zumindest schon einmal gehört.

Im Grunde geht es darum, dass du, wenn du deine Anteile länger hältst und idealerweise durch einen Sparplan regelmäßig nachkaufst, sowohl die Renditen der Aufschwünge mitnimmst als auch von niedrigeren Preisen bei Abschwüngen profitierst und so die Wahrscheinlichkeit reduzierst, zum Verkaufszeitpunkt ein Verlustgeschäft zu machen.

Die 9 gängigsten Strategien, dein Geld anzulegen

Nachdem du nun mit einer Vielzahl an Produkten und Tools vertraut bist, die du für ein Investment nutzen kannst, und auch das Prinzip der unterschiedlichen Anlagehorizonte kennst, ist es Zeit, dir die zehn gängigsten Anlagestrategien vorzustellen, an denen du dich orientieren kannst. Das Tolle an Investmentstrategien ist, dass sie flexibel sind. Wenn du dich also für eine entscheidest, aber dann feststellst, dass sie nicht mehr zu deiner Risikotoleranz oder deinem Rhythmus passt, kannst du sie jederzeit anpassen. Was du aber wissen solltest: Änderungen können teuer sein. Jeder Kauf und Verkauf, jede Order kann Geld kosten. Noch wichtiger: Assets zu verkaufen kann realisierte Kapitalgewinne erzeugen. Diese könnten unter Umständen besteuert und somit teuer sein.

Im Folgenden werfen wir also einen Blick auf die neun gängigsten Strategien, die von den meisten Investoren genutzt werden. Wenn du die Eigenschaften und Unterschiede zwischen den Strategien verstehst, wird es dir leichter fallen, dich von Anfang an für die zu entscheiden, die am besten zu dir passt, ohne eventuell später gegensteuern zu müssen.

Denk über deine Risikobereitschaft nach

Wichtig ist: Du solltest eine Anlagestrategie verfolgen, die zu deinen Zielen passt, um bestmöglich an der Börse agieren zu können. Bevor du dir gleich ein Bild von den verschiedenen Ansätzen zur Geldanlage machst, solltest du dir zuvor über ein paar grundlegende Dinge bezüglich deiner finanziellen Situation klar werden.

Stell dir folgende Fragen:

- Wie sieht meine aktuelle Finanzsituation aus?
- Wie hoch sind meine Lebenshaltungskosten?
- Wie viel kann ich mir erlauben zu investieren? Sowohl anfangs als auch langfristig.
- Welches Ziel verfolge ich mit meiner Geldanlage?
- Wie lange kann ich ggf. auf angelegtes Geld verzichten?
- Welches Risiko bin ich bereit einzugehen?
- Habe ich bereits Präferenzen hinsichtlich der Strategien?

Du solltest deine Risikobereitschaft wirklich gut kennen. Denn nur wenn du ein möglichst klares Bild von deinem eigenen Chancen-Risiko-Profil hast, kannst du die passende Anlagestrategie wählen. Folgende Möglichkeiten hast du:

1. Buy-and-hold-Strategie

Bei dieser Strategie liegt dein Fokus auf Aktien, die du langfristig hältst. »Langfristig« bedeutet in diesem Zusammenhang einen Zeitraum zwischen fünf und 20 Jahren. Im Grunde kaufst du die Aktien und lässt sie dann ungeachtet der kurzfristigen Marktentwicklungen in deinem Depot bzw. Portfolio liegen. Ziel der Buy-and-hold-Strategie ist es, von langfristig steigenden Aktienkursen zu profitieren. Das heißt, Krisen oder Schwankungen sitzt du einfach aus.

Dass es möglich ist, mit dieser Strategie ein Millionenvermögen aufzubauen, hat der Nobelpreisträger André Kostolany bewiesen. Sein Rat: *»Kaufen Sie Aktien, nehmen Sie Schlaftabletten und schauen Sie die Papiere nicht mehr an. Nach vielen Jahren werden Sie sehen: Sie sind reich.«*

Voraussetzung für den Erfolg dieser Strategie – und gleichzeitig eine der größten Herausforderungen – ist natürlich die richtige Auswahl der Aktien.

2. Index-Strategie

Die Index-Strategie folgt einer passiven Investmenttechnik, die versucht, ähnliche oder die gleichen Renditen zu generieren wie ein ausgesuchter breiter Marktindex.

Die Idee hinter Index-Investments ist: *»Wenn du den Markt nicht schlagen kannst, kaufe einfach den Markt.«* Das zumindest sagt Robert Johnson, seines Zeichens Professor für Finanzen am Heider College of Business der Creighton University in Omaha, Nebraska.

Investoren nutzen die Index-Strategie, um die Performance eines bestimmten Index zu replizieren, indem sie

- entweder die Wertpapiere dieses Index kaufen oder
- indem sie in einen Index-Investmentfonds oder einen Exchange Traded Fund (ETF) investieren, der den zugrunde liegenden Index selbst nachbildet.

Die Index-Strategie bietet diverse Vorteile. Einerseits belegen Untersuchungen, dass Index-Investments auf lange Sicht aktiv gemanagte Investments übertreffen. Außerdem beseitigt dieser passive Ansatz Aufwand und Unsicherheiten, wie sie etwa beim Stock-Picking (der Einzelaktienauswahl) entstehen können.

Wenn du dich fragst, ob diese Strategie etwas für dich ist, dann können dir diese Eckdaten vielleicht helfen, deine Entscheidung zu treffen:

- Index-Investments bieten dir eine breitere Streuung (Diversifikation) sowie geringere Kosten und Gebühren als aktiv gemanagte Strategien.
- Beim Index-Investing entsprechen Risiko und Rendite deines Investments dem Risiko und der Rendite des gesamten Marktes.

- Verfolgst du eine Index-Strategie, erwirbst du immer alle Wertpapiere des ausgewählten Index. Deren Anteil entspricht dabei immer ihrer jeweiligen Gewichtung im Index.

Grundsätzlich lässt sich sagen: Wenn du dich möglichst wenig mit Marktbewegungen und Wertpapierauswahl beschäftigen und weniger Gebühren für deine Geldanlage bezahlen willst, dann ist diese Herangehensweise gut für dich geeignet. Gerade, weil sie oft mit der Buy-and-hold-Strategie kombiniert wird.

Eine Eselsbrücke an der Börse lautet: *»Breit gestreut, nie bereut.«*

Und die Index-Strategie bildet genau das automatisch ab. Ein kosteneffektiver und vergleichsweise einfacher Weg, um in einen bestimmten Index zu investieren, ist die Wahl eines ETFs, der dir die ganze Arbeit abnimmt, weil er den gesamten Index in einem einzelnen Produkt kombiniert. Fonds – egal, ob aktiv oder passiv (ETFs) – bündeln immer Wertpapiere von sehr vielen Unternehmen in einem Produkt. Darum sind sie ganz automatisch breit diversifiziert. Inzwischen gibt es allerdings auch ETFs mit weniger Streuung, zum Beispiel spezielle Branchen-ETFs.

Fassen wir zusammen: Index-Investing birgt ein paar ganz besondere Vorteile, darunter etwa die geringeren Kosten und Gebühren, die Automatisierung, die persönliche Befangenheiten durch einen menschlichen Fondsmanager bei Investmententscheidungen ausschließt, und die breite Streuung. Außerdem sind sie für dich leicht zu managen.

Stellt sich ja eigentlich nur noch eine Frage, oder?

Nämlich: In welche Indizes kannst oder sollst du investieren? Nun, da hast du eine umfangreiche Auswahl. Je nachdem, welche Ziele und Werte du zugrunde legst, kannst du Indizes ganz rational auswählen, etwa nach möglichst geringen Gebühren oder einer möglichst geringen Trackingfehlerrate. Du kannst aber auch vorrangig nach etwa grünen Investments Ausschau halten oder nach Fonds, die zum Beispiel nicht in Waffenproduktion investieren. Wir stellen dir eine Auswahl der wichtigsten und größten Indizes am deutschen Aktienmarkt vor.

Die deutschen DAX-Indizes

Der DAX

Der deutsche Aktienindex wurde 1988 eingeführt. Lange Zeit bildete er die 30 umsatzstärksten und liquidesten Aktiengesellschaften Deutschlands ab. Diese wurden anhand von Marktkapitalisierung und Handelsumsatz bemessen. Das hatte sich als erfolgreiche Praxis erwiesen – so lange zumindest, bis die Wirecard-Pleite Anlass zu einer Überarbeitung des Indexregelwerks gab. Seit 2020 werden darum Unternehmen, die Insolvenz beantragt haben, zeitnah aus den Indizes der DAX-Familie ausgeschlossen. 2021 wurde das gesamte Regelwerk im Zuge der großen Index-Reform komplett überarbeitet. Seitdem bildet der DAX nicht mehr nur 30, sondern 40 Unternehmen ab. Nachdem für Wirecard ausgerechnet ein Unternehmen nachgerückt war, das noch nie Gewinne erzielt hatte – Delivery Hero –, ergänzte die Deutsche Börse außerdem die Regel, dass neue DAX-Kandidaten ein positives EBITDA (engl. Earnings Before Interest, Taxes, Depreciation and Amortization, also positiver Umsatz vor Abzug von Zinsen, Steuern und Abschreibungen) in den beiden jüngsten Finanzberichten ausweisen müssen, bevor sie in den Index aufgenommen werden können. (Delivery Hero musste den DAX übrigens schon wieder verlassen …)

Der MDAX

Bei seiner Einführung umfasste der MDAX – das »M« steht für Mid-Caps (Aktien mittelgroßer Unternehmen) – 70 Unternehmen. 2003 wurde er auf 50 verkleinert, 2018 wieder auf 60 vergrößert und zuletzt 2021 im Zuge der Index-Reform wieder auf 50 Unternehmen eingedampft. Hintergrund war, dass der DAX auf 40 Unternehmen erweitert wurde und so 10 Unternehmen aus dem MDAX in den DAX aufstiegen. Der MDAX besteht sowohl aus etablierten mittelständischen als auch aus kleinen Unternehmen, die aus dem aus SDAX aufgestiegen sind (das »S« steht für Small-Caps, Aktien kleiner Unternehmen). Im Vergleich zu seinem »großen Bruder«, dem DAX, bildet der MDAX den Querschnitt der deutschen Wirtschaft präziser und wahrheitsgetreuer ab. >>

Damit bietet er dir sowohl in Bezug auf die Kursentwicklung der Aktien als auch hinsichtlich möglicher Dividendenzahlungen attraktive Optionen.

Der TecDAX

Der TecDAX ist der Index der DAX-Familie, an dem Technologieunternehmen abgebildet werden. Eingeführt wurde er 2003 und erfuhr 2018 eine Überarbeitung, um einer internationalen Standardisierung der Index-Landschaft näherzukommen. Zuvor waren Tech-Unternehmen und klassische Aktien in Deutschland streng voneinander getrennt. Seit der Reform dürfen Unternehmen in zwei Indizes der DAX-Familie gleichzeitig abgebildet sein, etwa im MDAX und im TecDAX. Der TecDAX umfasst die 30 größten deutschen Unternehmen der Technologie- und Telekommunikationsbranche.

Der SDAX

Das »S« steht für ... ach, das hatten wir gerade schon, erinnerst du dich? Genau! Small-Caps, also kleine Aktiengesellschaften. Den SDAX gibt es seit 1999 am deutschen Aktienmarkt. Er bildet die sogenannten »Hidden Champions« der deutschen mittelständischen Wirtschaft ab.

▷ »**Hidden Champions**« (engl. »versteckte Sieger«) sind kleinere und noch unbekannte Unternehmen, die in ihrer speziellen Branche aber führend sind und großes Potenzial bergen.

Mit 70 teilnehmenden Unternehmen ist er der umfangreichste Index der DAX-Familie. Aber nicht nur das. Er ist auch der erfolgreichste. Seit 2008 hat der SDAX pro Jahr durchschnittlich 13 Prozent Gewinn gemacht und beweist damit: SDAX-Werte bieten häufig eine lukrativere Dividendenrendite als der MDAX oder gar der DAX.

Glaubst du nicht? Dann wirf gleich mal einen Blick auf folgende Entwicklungshistorie der wichtigsten deutschen DAX-Indizes.

>>

Entwicklung der DAX-Indizes

Zwischen 2020 und 2021 haben sich die drei DAX-Indizes hervorragend entwickelt – und das trotz (oder gerade wegen?) Corona. Der DAX 40 verzeichnete ein Plus von 51 Prozent, der MDAX ein Kursplus von 51,4 Prozent. Und der SDAX sogar starke 68 Prozent. Auch im Fünfjahresvergleich hat der SDAX die Nase vorn.

Erweitern wir den Betrachtungszeitraum allerdings auf 15 Jahre, dann sieht das Ganze schon anders aus:

- DAX – ein Plus von 337,58 %
- MDAX – 460,16 %
- SDAX – 245,08 %
- TecDAX – 273,61 %

Was dir diese Zahlen unter anderem sagen? Beispielsweise, welcher dieser Indizes eher für kurz-, mittel- und langfristigere Investments geeignet ist.

Wenn du deine Index-Strategie nicht nur auf den deutschen Markt beschränken möchtest, kannst du die Fühler auch in Richtung des internationalen Marktes ausstrecken. Dank der Erfindung von Indexfonds ist es einfach, auch internationale Indizes in dein Portfolio aufzunehmen, ohne mühsam in viele einzelne Aktien zu investieren. Der S&P 500, der NASDAQ und der Dow Jones sind drei der beliebtesten und am häufigsten zitierten Indizes auf dem Aktienmarkt.

Der **Dow Jones** ist der Leitindex des US-amerikanischen Aktienmarktes, und als solcher dient er als Performance-Maß für andere Aktien. Darin enthalten sind die 30 größten an der New Yorker Börse notierten US-Unternehmen.

Eine weitere Alternative stellt der **S&P 500** Index dar – der Standard & Poor's 500, in dem die Aktien von 500 der gemessen an ihrer Marktkapitalisierung größten börsennotierten US-Aktiengesellschaften gelistet sind.

Auch der **NASDAQ 100** könnte interessant für dich sein. Damit investierst du in die 100 größten internationalen Nicht-Finanzunternehmen, die an der Aktienbörse NASDAQ gelistet sind.

3. Value-Investing-Strategie

Einer der berühmtesten Vertreter der Value-Investing-Strategie ist »Börsenguru« Warren Buffett. Auch wenn er nicht deren »Erfinder« ist. Tatsächlich gilt Value Investing als einer der ältesten – wenn nicht gar als *der* älteste – Ansätze für den Handel am Aktienmarkt. Er wurde bereits in den 1930er-Jahren von Benjamin Graham wissenschaftlich begründet.

Der zentrale Gedanke bei dieser Anlagestrategie ist: Die Aktie wird in ihrer ursprünglichsten Form begriffen. Das heißt, nicht als kurzfristiges Spekulationsobjekt, sondern als verbriefter Anteil an einem Unternehmen, an dessen Kapital und Wachstum man langfristig teilhaben kann.

In dieser Hinsicht ist Value Investing der Buy-and-hold-Strategie nicht unähnlich: Aktien kaufen und langfristig halten. Der Unterschied liegt darin, dass du mit der Value-Investing-Strategie versuchst, Aktien zu identifizieren, die aufgrund einer niedrigen Bewertung unterhalb ihres tatsächlichen Wertes an der Börse gehandelt werden, aber aufgrund der emittierenden Unternehmen (Marken und/oder Unternehmensführung) eine gute Reputation genießen. So versuchst du, die Gewinnmarge möglichst zu maximieren. Value-Aktien sind üblicherweise schon seit langer Zeit auf dem Markt und haben sich als stabil erwiesen. Dazu zählen etwa Aktien von BMW, Coca-Cola, Daimler, Disney, Intel oder Siemens.

Wie du solche Unternehmen bzw. Unternehmensaktien findest? Warren Buffett empfiehlt, Unternehmen nach folgenden vier Kriterien auszuwählen:[21]

1. Das Unternehmen befindet sich in einer ausgezeichneten wirtschaftlichen Verfassung.

2. Es befindet sich außerdem in einer konkurrenzfähigen Position, die auch in Zukunft eine positive Entwicklung erwarten lässt.
3. Die Manager agieren aufrichtig und handeln unternehmerisch so, als wären sie selbst die Eigentümer.
4. Die Aktie kann zu einem Preis gekauft werden, der deutlich unter dem inneren Wert – also das dem Unternehmen zugrundeliegende Kapital und sein Cashflow – liegt.

Je mehr dieser Kriterien ein Unternehmen erfüllt, desto wahrscheinlicher kannst du mit einer Value-Investing-Strategie überdurchschnittliche Renditen erzielen.

4. Growth- bzw. Wachstumsstrategie

Mit einer Wachstumsstrategie investierst du in **Wachstumswerte**.

▷ Wachstumswerte sind junge oder kleinere Unternehmen, bei denen im Vergleich zum generellen Sektor, in dem sie angesiedelt sind, oder dem gesamten Markt überdurchschnittlich schnell steigende Gewinne zu erwarten sind.

Investments in aufstrebende Unternehmen können attraktiv sein, weil die Renditen beeindruckend sein können – zumindest solange die Unternehmen erfolgreich sind. Leider sind sie oft nicht wirklich markt-, geschweige denn krisenerprobt, woraus sich für dich als Anlegerin ein einigermaßen hohes Risiko ergibt.

Growth Investing lässt sich zum Teil als Gegenpol zum Value Investing verstehen. Während du beim Value Investing Aktien aussuchst, die heute zu Kursen unterhalb ihrer inneren Werte gehandelt werden, liegt dein Fokus beim Growth Investing auf dem zukünftigen Potenzial eines Unternehmens und weit weniger auf dessen aktuellem Aktienwert. Anders als Value-Anleger kaufst du bei der Growth-Strategie durchaus auch Aktien von Unternehmen, die zu höheren Kursen als ihr innerer Wert gehandelt werden – weil du ja davon ausgehst, dass der innere Wert wachsen und am Ende aktuelle Kurse übertreffen wird. »Growth«

verspricht oft mehr Renditepotenzial als »Value«. Dafür gibt es bei »Growth« in der Regel keine Dividenden und mehr Schwankungen als bei »Value«-Investments.

5. Strategie des prozyklischen Investierens

»Prozyklisch« bezieht sich auf eine positive Korrelation zwischen dem Wert von Waren, Dienstleistungen oder wirtschaftlichen Indikatoren und dem Gesamtzustand der Wirtschaft. Das heißt, der Wert von Waren, Services und Wirtschaftsindikatoren tendiert dazu, sich in die gleiche Richtung zu bewegen wie die Gesamtwirtschaft. Er wächst, wenn die Wirtschaft wächst, und er nimmt ab, wenn die Wirtschaft abnimmt, also »mit dem Zyklus«.

Für eine prozyklische Anlagestrategie bedeutet das, dass du in Aktien investierst, die aktuell eine positive Entwicklung verzeichnen und für die dies auch in absehbarer Zeit weiterhin zu erwarten ist. Entsprechend gibt es auch alternative Namen wie »Momentum-Strategie« oder »Trendfolge-Strategie«. Diese Begriffe erklären vielleicht etwas besser, wie die prozyklische Strategie funktioniert.

Auch ETFs sind in der Regel prozyklisch: Fallen ein oder mehrere Titel aus dem DAX heraus, wie beispielsweise Wirecard 2021, verkaufen alle DAX-ETFs die Titel dieser Aktiengesellschaften.

Worauf du bei dieser Anlagestrategie achten solltest? Nun, streng prozyklisch auf die Wirtschaft zu reagieren schränkt deine Möglichkeit zu vorausschauenden Investitionen ein. Doch diese Voraussicht würde es dir erlauben, auf Kursverluste, zu denen es langfristig irgendwann sicher wieder kommen wird, zu reagieren. Wenn du erst kurz vor einer Krise präventiv versuchst, aktiv zu werden, könnte es zu spät sein.

6. Strategie des antizyklischen Investierens

»Antizyklisch« bezieht sich auf ein Verhaltensmuster beim Investieren, das sich gegenläufig zum vorherrschenden Markttrend verhält. Das heißt nichts anderes, als dass antizyklische Investoren üblicherweise dann Wertpapiere kaufen, wenn ihre Preise fallen, und sie *ver*kaufen, wenn die Preise (wieder) steigen. Eine antizyklische Investmentstrategie orientiert sich ein bisschen am Motto: »Kaufen bei schlechten Nachrichten, verkaufen bei guten.«

Im Gegensatz zur prozyklischen Anlagestrategie kaufst du bei der antizyklischen Strategie Aktien (erst) dann, wenn sie an Wert verlieren bzw. verloren haben. Du würdest also etwa nach einem Crash großzügig auf Shoppingtour am Aktienmarkt gehen, und wenn die Aktien dann wieder im Wert steigen bzw. gestiegen sind, verkaufst du sie.

Es ist allerdings nicht nur schwierig, solche Entwicklungen vorherzusagen, sondern auch, die besten Momente abzupassen, um zu verkaufen und zu kaufen. Im besten Fall hast du aber natürlich überdurchschnittliche Rendite-Erfolge.

Antizyklisches Investieren gilt als hochriskant. Wer dauerhaft gegen den Markt wettet, braucht definitiv starke Nerven. Der durchschnittliche Investor handelt nicht rational, sondern lässt sich oft von Emotionen leiten. Aus diesem Grund sind Aktienwerte oft vielmehr ein Spiegel panikgetriebener Verkäufe oder euphorischer Käufe und weniger ein Abbild ihres tatsächlichen Wertes. Die Marktentwicklung, besonders in Krisenzeiten, ist ein emotionaler Trend. Und beim antizyklischen Anlegen geht es darum, genau entgegen dieser Emotionalität, entgegen diesem Herdentrieb, zu agieren.

Wenn die Strategie aufgeht und der Markttrend wieder positiver verläuft, kaufen Investoren wieder Aktien und die antizyklischen Investoren bieten ihre zuvor günstig erworbenen Anteile zu höheren Preisen feil. Die Folge: ein satter Gewinn.

7. Dividendenstrategie

Der Name lässt es schon erahnen: Mit dieser Strategie investierst du in Aktien von Unternehmen, die regelmäßige, im besten Fall jährlich steigende Dividendenzahlungen veranlassen.

Oft ist aber gerade Börsenneulingen das Konzept einer Dividende gar nicht richtig klar.

▷ Eine ▶ **Dividende** ist die Auszahlung eines Teils des Unternehmensgewinns an anspruchsberechtigte Investoren. Diese Dividenden werden Aktieneignern entweder monatlich, vierteljährlich oder jährlich ausgezahlt. Die Fähigkeit eines Unternehmens, Dividenden auszahlen zu können, wird üblicherweise als Zeichen dafür gewertet, dass das Unternehmen liquide und gesund ist.

Die Höhe deiner Dividenden berechnet sich normalerweise pro Aktienanteil.

> *Sagen wir, du hältst 100 Aktien eines Unternehmens. Dann sind diese 100 Aktien die Grundlage für deine Dividendenausschüttung. Gehen wir davon aus, dass du jede deiner Aktien jeweils zu einem Preis von 100 Euro gekauft hast, dann hast du ein Gesamtinvestment von 10.000 Euro geleistet. Und weil die Gewinne des Unternehmens, in das du investiert hast, ungewöhnlich hoch ausgefallen sind, hat der Vorstand beschlossen, den Anteilseignern 10 Euro pro Aktie und Jahr in Form einer Dividende auszubezahlen. Dann ergibt das für dich, wenn du dein Investment ein Jahr lang gehalten hast, eine Dividendenausschüttung von 1000 Euro. Deine jährliche Rendite ergibt sich aus deiner Gesamtdividende (1000 Euro), die durch dein Gesamtinvestment (10.000 Euro) geteilt wird. In diesem Beispiel hättest du also eine Rendite von 10 Prozent erhalten.*

Um zu wissen, ob dividendenbasierte Investments zu dir passen, solltest du auch die andere Seite der Medaille kennen. Kritische Stimmen sagen, Dividendenausschüttungen sind, bei genauer Betrachtung, auch nur eine Form der Rendite-Ausschüttung. Denn auch ohne Dividenden könnten Aktionäre durch den Verkauf von Aktien 3 Prozent Rendite pro Jahr realisieren. Zudem reinvestieren die meisten Anteilseigner ihre Dividenden sowieso (thesaurierendes Investment), was die Ausschüttung im Grunde überflüssig macht.

8. Size- oder Blue-Chip-Strategie

Der Begriff »Blue Chip« fand seinen Weg ins Investmentjargon Anfang der 1920er-Jahre. Eingeführt hat diesen Namen der Dow-Jones-Angestellte Oliver Gingold. Damit wurden Aktien beschrieben, die zu besonders hohen Preisen gehandelt wurden. Abgeleitet hat er den Namen vom Poker. Dort wetten die Spieler auf blaue, weiße und rote Chips, wobei die blauen Chips die wertvollsten sind.

▷ Heutzutage beschreibt der Begriff »**Blue Chip**« nicht mehr zwingend Aktien von hohem Wert, sondern vielmehr sehr wertstabile Aktien. Das sind Aktien von Unternehmen, die sich im Laufe der Zeit als zuverlässig und rentabel erwiesen haben.

Das heißt, wenn du Blue-Chip-Aktien erwirbst, kaufst du Anteile an national anerkannten, etablierten und finanziell gesunden Unternehmen. Diese erkennst du daran, dass sie grundsätzlich hochwertige, weithin anerkannte Produkte oder Dienstleistungen anbieten.

Blue-Chip-Unternehmen sind dafür bekannt, dass sie Kursrückgänge im Normalfall gut überstehen und auch angesichts ökonomisch ungünstiger Marktbedingungen gewinnbringend wirtschaften. Diese Resilienz trägt natürlich zu ihrer langen Historie an stabilem und zuverlässigem Wachstum bei.

Wie genau kannst du also nun die Size- oder Blue-Chip-Strategie anwenden? Nun, du versuchst, viele Wertpapiere von den größten und umsatzstärksten börsennotierten Unternehmen in einem Paket zu bündeln.

Und wann solltest du dieser Strategie folgen? Blue Chips bieten sich an, wenn du verstärkten Wert auf Risikominimierung und Vorhersehbarkeit legst. Denn große Unternehmen unterliegen langfristig geringeren Kursschwankungen. Das minimiert das Risiko für höhere Verluste für Aktieninhaber.

9. Small- und-Mid-Caps-Investment-Strategie

Angesichts von Size- oder Value-Strategien haben Anlegerinnen oft ein wichtiges Anlagesegment gar nicht auf dem Schirm: die mittleren und kleinen Unternehmen. Denn jenseits von Trends und großen, wertvollen Unternehmen erwirtschaften oft sogenannte **Small Caps** (Kleinunternehmen) und **Mid Caps** (mittlere Unternehmen) respektable Renditen. (»Cap« steht dabei für »capitalization«, also Kapitalisierung, das erklären wir gleich weiter unten.)

Im Deutschen wird dabei auch oft von sogenannten **Nebenwerten** gesprochen, um diese Art der Investments von den sogenannten Standardwerten zu unterscheiden.

Aber welche Unternehmen gelten überhaupt als »klein« oder »mittel«? Diese Einordnung erfolgt über die sogenannte **Marktkapitalisierung**, den Börsenwert des Unternehmens bzw. aller frei handelbarer Aktien eben jenes Unternehmens. Die Marktkapitalisierung errechnet sich aus der Anzahl der frei handelbaren Aktien eines Unternehmens, die mit dem Börsenkurs der einzelnen Aktie multipliziert wird.

Als Small Caps werden in Deutschland Unternehmen mit einer Marktkapitalisierung von bis zu 500 Millionen Euro kategorisiert. Wobei man sagen muss, dass bspw. im SDAX auch schon Unternehmen mit einer Marktkapitalisierung von 100 Millionen Euro gelistet sind.

Bewegt sich die Marktkapitalisierung eines Unternehmens zwischen 500 Millionen und circa 2 Milliarden Euro, dann gelten sie als Mid Caps.

Dein Vorteil bei einem Investment in Small Caps wäre, dass sie durch ihre geringere Größe ein signifikantes Wachstumspotenzial haben. Zwar blicken Small Caps oft auf eine lange Geschichte unterdurchschnittlicher Gewinngenerierung zurück. Umso häufiger erweisen sie sich allerdings als überdurchschnittlich erfolgreich, wenn eine Wirtschaft sich etwa gerade wieder von einer Rezession erholt.

Bei Mid Caps steht ebenfalls das Wachstumspotenzial im Vordergrund. Diese können sich langfristig zu sogenannten Large Caps entwickeln, bieten als Mid Caps aber eben ein größeres Wachstumspotenzial als Large Caps, weshalb ein Investment in Mid Caps für Investoren ungleich attraktiver sein kann.

Natürlich gibt es bei Small und Mid Caps auch **Nachteile**. Das größte Risiko liegt bei beiden in der höheren Volatilität im Vergleich zu etwa Large Caps oder Blue Chips. Bei Small Caps musst du außerdem vor allem damit rechnen, dass sie vielleicht nicht liquide genug sind, um dich bei einem Aktienverkauf auszubezahlen. Und eben, ähnlich wie bei Start-ups, dass sie sich nicht langfristig am (Aktien-)Markt behaupten können. Du hast also insgesamt ein höheres Verlust- und Ausfallrisiko als bei den ganz großen Aktienunternehmen.

Das magische Dreieck der Geldanlage

Bevor wir im nächsten Kapitel von der Theorie in die Praxis schwenken und ganz konkret darauf eingehen, wie du die für dich passende Anlagestrategie findest und dein entsprechendes Portfolio zusammenstellst, sei hier noch abschließend Folgendes gesagt:

Die eine perfekte Geldanlage, die sowohl
- hohe Rendite,
- Sicherheit
- und Liquidität

verspricht, gibt es nicht. Diese drei Faktoren konkurrieren sogar miteinander (das nennt man auch das »magische Dreieieck« der Geldanlage). Das heißt, dass es unmöglich ist, alle drei zu gleichen Teilen zu realisieren. Geldanlage bedeutet im Umkehrschluss also immer auch Kompromiss bzw. erfordert eine genaue Abwägung.

- Ist dir beispielsweise Sicherheit deiner Geldanlage sehr wichtig, solltest du zu Abstrichen bei der Rendite oder Liquidität bereit sein.
- Ist hohe Liquidität eine Priorität für dich (also dass du bei Bedarf

schnell an dein Geld kommst) bei gleichzeitig hoher Rendite, dann gehen die relevanten Anlageformen in der Regel mit einem hohen Risiko einher.
- Ist eine hohe Rendite (also Verzinsung des Kapitals) für dich am wichtigsten, geht dies häufig auf Kosten der Sicherheit und Verfügbarkeit, denn Geldanlagen mit hoher Rendite zeichnen sich in der Regel durch ein erhöhtes Risiko und / oder eine längerfristige Bindung aus.

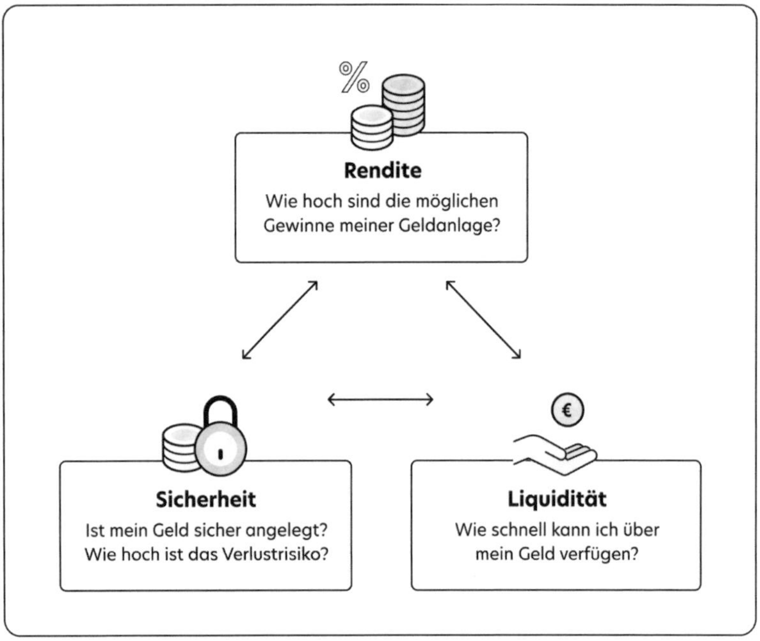

Quelle: Eigene Darstellung

Wie du siehst: Die eine beste Lösung gibt es nicht. Vielmehr kommt es immer auf die eigenen Bedürfnisse, Ziele und die eigene Risikobereitschaft an. Als kluge Anlegerin solltest du diese Wechselwirkung bei der Zusammenstellung deines Portfolios stets im Hinterkopf behalten. Durch Diversifizierung und eine bewusste Zusammenstellung verschiedener Anlageklassen mit unterschiedlichen Renditeerwartungen, Risikoprofilen und Laufzeiten lässt sich in der Regel die beste Lösung finden.

In der folgenden Tabelle schlüsseln wir dir mal die Zusammenhänge zwischen den drei Komponenten Rendite, Sicherheit und Liquidität nach den verschiedenen Anlageklassen auf:

Anlageform	Renditechance	Sicherheit	Liquidität
Immobilien	mittel	mittel bis hoch	niedrig
Aktien	hoch	mittel	mittel bis hoch
Crowd-Investing in Immobilien	mittel bis hoch	niedrig bis mittel	niedrig bis mittel
Festgeld	gering	hoch	niedrig bis mittel
Kryptowährungen	sehr hoch	sehr niedrig*	hoch
Physisches Gold	niedrig	mittel bis hoch	mittel bis hoch
Sammlerobjekte (Oldtimer, Whiskey, Uhren usw.)	hoch bis sehr hoch	sehr niedrig**	niedrig
Staatsanleihen	sehr gering bis mittel	mittel bis hoch	mittel bis niedrig
Unternehmensanleihen	gering	mittel bis hoch	mittel bis niedrig

* Ein Investment in die Wertentwicklung von Kryptowährungen ist rein spekulativ und hängt von vielen schwer prognostizierbaren Faktoren ab.

** Ob ein Objekt wirklich »Sammlerwert« entwickelt, ist schwer vorherzusehen.

5. Deine Anlagestrategie und dein Portfolio

> »Ich habe keine Angst vor Stürmen.
> Ich lerne, wie ich mein Schiff steuern muss.«
> LOUISA MAY ALCOTT

Eine Anlagestrategie auszuwählen, die genau zu dir passt, kannst du ein bisschen mit dem Kauf eines neuen Autos vergleichen: Bevor du dir die verschiedenen Modelle anschaust, solltest du erst einmal überlegen, welcher Autotyp überhaupt grundsätzlich zu dir passt: Familienkutsche, Sportwagen, Citycar? So wie es jede Menge Autotypen gibt, aus denen du wählen kannst, so gibt es eben auch Investmentarten und -strategien. In Kapitel 4 haben wir dir verschiedene vorgestellt. Aber welche Anlagestrategie ist denn jetzt die beste?

Tja – die eine, beste Anlagestrategie gibt es nicht. Es ist schlicht unmöglich, eine universelle, für jede Anlegerin passende Empfehlung zu geben. Denn die Strategie sollte immer genau zu den jeweiligen Zielen und Bedürfnissen der jeweiligen Anlegerin passen.

In diesem Kapitel begleiten wir dich Schritt für Schritt dabei, die für dich passende Strategie zu definieren und dir dann darauf basierend ein Portfolio zusammenzustellen, das genau zu dir und deinen Zielen passt. Die Theorie hierfür hast du bereits gelernt, jetzt geht es also an die Umsetzung. Und keine Sorge, falls dir das alles im Moment noch immer etwas abstrakt erscheint. Gegen Ende des Kapitels haben wir dir einige ganz konkrete – selbstverständlich anonymisierte – Beispiele aus unseren Finanzcoachings mitgebracht, an denen du dich bei Bedarf orientieren kannst.

Entwickle deine Strategie

Einige der folgenden Schritte werden dir bekannt vorkommen, da wir sie in früheren Kapiteln bereits angerissen haben. Hier führen wir jetzt noch einmal die wichtigsten Schritte für dich auf deinem Weg zur passenden Anlagestrategie zusammen.

Schritt 1: Bestandsaufnahme & Ziele festlegen

Um für die Zukunft vorsorgen und planen zu können, ist es notwendig, dass du zunächst einen nüchternen Blick auf deine aktuelle Situation wirfst. Geh zunächst alle Vermögenswerte, Investments und Schulden durch, die du hast. Dann lege deine kurz-, mittel- und langfristigen Finanzziele fest. Willst du in erster Linie für das Alter vorsorgen? Oder sparst du für eine eigene Immobilie, die Ausbildung deiner Kinder oder eine Weltreise? Deine Ziele beeinflussen deine Anlagestrategie maßgeblich. Also notiere diese zunächst für dich, inklusive Zeitpunkt, und idealerweise auch den entsprechenden Betrag, den du zur Erreichung jedes Ziels ungefähr benötigst.

Schritt 2: Risikobereitschaft (und Renditewunsch) festlegen

Der zweite Schritt besteht darin, deine Risiko- und Volatilitätstoleranz auszuloten und welche Renditevorstellung du hast. Denn dies ist eine wichtige Grundlage für die spätere Zusammenstellung deines Portfolios. Eine konservative Anlegerin hat vielleicht lieber einen 80-prozentigen festverzinsten Anteil und nur 20 Prozent Aktien. Eine risikotolerantere Investorin macht es genau umgekehrt: Ihr ausgewogenes Portfolio besteht zu gleichen Teilen aus Aktien und festverzinsten Wertpapieren.

Wenn du grundsätzlich risikobereit bist und einen langen Anlagehorizont verfolgst, kannst du auch überlegen, Small Caps und Growth Investing in dein Portfolio zu integrieren. Hast du eher eine moderate Risikotoleranz oder einen kürzeren Anlagehorizont, dann könnte die Value-Investing-Strategie vielleicht passender für dich sein. Aber denk immer dran: Du kannst jede Strategie immer so anpassen, dass du dich damit wohlfühlst. Dabei sind Risiko und Rendite immer eng miteinander verknüpft, wie du bereits in Kapitel 4 gelernt hast.

Fällt es dir vielleicht noch etwas schwer, dich selbst hier einzuordnen? Im Folgenden haben wir zur besseren Orientierung drei grundsätzliche Risikoprofile – von sicherheitsorientiert bis hin zu wachstumsorientiert – und entsprechende Beispielportfolios für dich zusammengefasst.

Für dich stehen Substanzerhalt und Sicherheit deiner Geldanlage im Vordergrund? Du willst zwar Renditen mit deinem Investment erzielen, legst aber vor allem auf ein nachhaltiges Wachstum deiner Assets Wert und möchtest das Risiko lieber im überschaubaren und abschätzbaren Rahmen halten? Dann gehörst du vermutlich eher in die Kategorie der **sicherheitsorientierten Anlegerin**. Wenn du mäßig gewinnorientierte Investments mit Stabilität und Vorhersehbarkeit kombinieren möchtest, zählst du vermutlich zur Kategorie der **ausgewogenen Anlegerin**. Wenn du einen dynamischen Vermögensaufbau anstrebst und für die Chance auf überdurchschnittliche Renditen auch bereit bist, ein hohes Risiko einzugehen, dann gehörst du vermutlich zur Kategorie der **wachstumsorientierten Anlegerin**.

Anlegerinnen sind dabei natürlich keine homogene Masse und jede hat individuelle Bedürfnisse, Wünsche und Toleranzgrenzen. Allerdings haben sich in der Praxis einige grundsätzliche Risikoklassen herauskristallisiert, in denen sich Anleger und Anlegerinnen im Normalfall bewegen. Schaue also zunächst, in welcher Kategorie du dich am ehesten wiederfindest.

Sicherheitsorientierte Anlegerin

Du hast eine eher geringe Risikotoleranz, d.h. der Gedanke an kurzfristige Wertverluste lässt dich schon nervös werden. Für dich steht die Sicherheit deiner Geldanlage im Vordergrund. Du bist bereit zugunsten von einem überschaubaren Risiko Abstriche bei der Rendite zu machen.

→ BEISPIELPORTFOLIO

- 50 % Anleihen
- 20 % Geldmarkt
- 20 % Aktien
- 5 % Immobilien
- 5 % Rohstoffe

MÖGLICHE RENDITE / RISIKO: NIEDRIGER

Ausgewogene Anlegerin

Du möchtest langfristig Schritt für Schritt Vermögen aufbauen, d.h. mäßige Gewinnorientierung mit Stabilität und Vorhersehbarkeit kombinieren. Mit mittleren Schwankungen deines Portfolios kannst du trotzdem noch gut schlafen und diese aufgrund deines mittel- bis langfristigen Anlagehorizonts einfach aussitzen.

→ BEISPIELPORTFOLIO

- 20 % Anleihen
- 15 % Geldmarkt
- 35 % Aktien
- 10 % Immobilien
- 10 % Rohstoffe

MÖGLICHE RENDITE / RISIKO: MITTEL

Wachstumsorientierte Anlegerin

Du strebst einen dynamischen Vermögensaufbau an. Für die Chance auf überdurchschnittliche Renditen bist du bereit, ein hohes Risiko einzugehen. Kurzfristige Schwankungen - auch stärkere - kannst du wegen deines langfristigen Anlagehorizonts aussitzen.

→ BEISPIELPORTFOLIO

- 15 % Anleihen
- 15 % Geldmarkt
- 50 % Aktien
- 10 % Immobilien
- 10 % Rohstoffe

MÖGLICHE RENDITE / RISIKO: HÖHER

Quelle: Beispiele Musterportfolios von finmarie

Disclaimer: Die vorliegenden Musterportfolios sind nicht als Anlageberatung zu verstehen und sind weder eine Empfehlung noch ein Angebot für den Kauf oder Verkauf von Wertpapieren oder für eine bestimmte Strategie. Wir empfehlen, dass du dich vor einer Finanzanlage professionell beraten lässt.

Übrigens: Komm von Zeit zu Zeit gerne wieder auf diesen Schritt zurück und überprüfe dich und deine Anlagepersönlichkeit. Je mehr Erfahrung du am Investmentmarkt sammelst, desto wahrscheinlicher ist es, dass sich deine Anlagepersönlichkeit ein wenig verändert. Solltest du eine solche Veränderung feststellen, möchtest (oder solltest) du vielleicht auch deine Anlagestrategie ein wenig anpassen.

Schritt 3: Entscheide dich zwischen aktiver und passiver Strategie

Entscheide dich als Nächstes, ob du lieber ein aktives Portfolio-Management möchtest oder ein passives. Was sich hierzu grundsätzlich sagen lässt: Einige der in Kapitel 4 vorgestellten aktiven Anlagestrategien (z. B. die antizyklische Strategie) sind auf häufiges Kaufen und Verkaufen

(Trading) ausgelegt. Solche Strategien sind ausschließlich für Investorinnen mit umfangreichem Finanzwissen empfehlenswert, die viel Zeit zur konstanten Recherche aufbringen können. Außerdem generiert jeder Kauf und Verkauf an der Börse Gebühren. Für dich bedeutet das, wenn du eine aktive Anlagestrategie wählst, müssen die Renditen überdurchschnittlich hoch sein, damit sich deine Kosten amortisieren. Und das wiederum heißt, deine Strategie muss zwingend besser performen als die großen Indizes, DAX, S&P 500, MSCI-World usw.

Schlägst du allerdings die Indizes nicht, kannst du genauso gut passiv investieren, beispielsweise mit einer Buy-and-hold-Strategie. Und da kaum jemand es schafft, den Markt (langfristig) zu schlagen, sind für die meisten Anlegerinnen passive Strategien doch die bessere Alternative.

Asset Allocation – Stell dir dein konkretes Anlageportfolio zusammen

Deine Anlagestrategie steht – nun geht es an die Zusammenstellung deines Portfolios.

Wenn du dein Portfolio zusammenstellst, erwarten dich endlose Stunden der Auswahl von Einzelaktien, tagtägliche Beobachtung ihrer Entwicklung und ständiges Kaufen und Verkaufen? Natürlich nicht! Du hast dieses Buch bis hierhin gelesen und weißt selbstverständlich mittlerweile, dass es auch weniger zeitintensive und komfortablere Wege gibt, ein erfolgreiches Portfolio zusammenzustellen.

Als Erstes solltest du den zu dir passenden **Depotanbieter** aussuchen. Im Idealfall findest du einen Anbieter, der es dir möglich macht, direkt bei ihm in verschiedene Produkte – also in Aktien ebenso wie in Anleihen, Investmentfonds und ETFs – zu investieren.

Finde den passenden Depotanbieter

Hierauf solltest du bei deiner Anbieterwahl achten:

- Die meisten Anbieter verlangen für ihre Services Gebühren. Achte auch auf die versteckten Kosten, zum Beispiel für den Kauf, die Verwaltung und den Verkauf deiner Investments.
- Stelle sicher, ob es Möglichkeiten gibt, wie du deinen Investment-Account so optimieren kannst, dass du bestimmte Gebühren reduzieren oder umgehen kannst – etwa, indem du bestimmte Aufgaben rund um dein Portfolio selbst übernimmst.
- Prüfe, ob generelle Gebühren für das Depot anfallen – zum Beispiel für die Eröffnung, für die Führung oder bei Änderungen im Depot.
- Steuern auf Investmentgewinne fallen immer an. Manche Anbieter kümmern sich direkt darum. Bei anderen musst du die Gewinne selbst in deiner Steuererklärung angeben.

Als Nächstes ist es Zeit, dass du dich deiner **Asset Allocation** widmest: Das ist die Entscheidung, welches Investmentprodukt zu welchem Anteil in deinem Gesamtportfolio vertreten sein soll.

All die Themen, die wir zuvor in diesem Kapitel genannt haben, fließen hier in deine Entscheidung ein. Dazu zählen beispielsweise auch dein Alter und deine zukünftigen Einkommensbedürfnisse. Mit 20 hat man in der Regel eine komplett andere Portfoliozusammensetzung als in seinen 40ern oder 50ern oder als jemand, der früher in Rente gehen will. Außerdem spielt natürlich deine Risikotoleranz eine große Rolle. Kannst du mit einem höheren Verlustrisiko leben, wenn du dafür die Chance auf höhere Renditen hast, oder lässt der Gedanke an kurzfristige Wertverluste dich schon nervös werden? Je nachdem, wie viel Risiko du verträgst, ohne emotionale Investmentfehler zu begehen, kannst du dein Portfolio aggressiver oder moderater beziehungsweise konservativer zusammenstellen.

Portfolios – von aggressiv bis konservativ

Auch das Zusammenstellen deines Portfolios möchten wir für dich so konkret und anfassbar wie möglich machen und haben hier einige Beispiele für unterschiedliche Portfolios zusammengestellt.

Beispiel für ein sehr aggressives Portfolio:
Ein hochaggressives Portfolio verlangt nach einer ebenso hohen Risikotoleranz und ist vor allem für Investorinnen und Investoren mit einem sehr langen Anlagehorizont geeignet. Es enthält mit 90 bis 95 Prozent einen sehr hohen Aktienanteil, aber oft auch generell volatilere Produkte wie Kryptowährungen, Leveraged ETFs und Investments in Schwellenmärkte. Solch ein Portfolio ist klar auf den höchstmöglichen Gewinn über die Laufzeit ausgelegt.

Beispiel für ein aggressives Portfolio:
Ein aggressives Portfolio ist mit dem Ziel entworfen, mehr Kapitalwert zu generieren und das Vermögen wachsen zu lassen. Mit 80 bis 85 Prozent Aktien ist auch hier ein deutlich volatiler, aber renditestarker Schwerpunkt gelegt. Ergänzt wird so ein Portfolio gerne durch Anleihen. Ein aggressives Portfolio ist für risikotolerante Anleger denkbar, die noch am Anfang ihrer Karriere stehen und einen kurzfristigen Verlust besser verkraften beziehungsweise im Laufe der Zeit wieder aufbauen können.

Beispiel für ein mäßig aggressives Portfolio:
Ein mäßig aggressives Portfolio besteht aus einem beinahe gleich großen Anteil aus Aktien und Anleihen. Man kann es auch gut und gerne als »ausgeglichenes« oder »ausgewogenes« Portfolio bezeichnen, weil sich der wachstumsgetriebene Aktienanteil und der einkommensgenerierende Anleihenanteil im Grunde fast die Waage halten. So ein Portfolio passt gut zu Investoren mit einer mittleren Risikotoleranz und einem längeren Anlagehorizont von mehr als fünf Jahren.

Beispiel für ein mäßig konservatives Portfolio:

Ein mäßig konservatives Portfolio ist gut zur Altersvorsorge geeignet, weil es das Risiko reduziert und gleichzeitig Einkommen generiert, und zwar durch Dividenden und Zinsscheine. Ein solches Portfolio ist darauf ausgelegt, vorhandenes Kapital zu erhalten. Manchmal enthalten solche Portfolios auch Instrumente, die einen gewissen Schutz vor Inflation bieten. Aktien machen in einem mäßig konservativen Portfolio »nur noch« rund ein Drittel aus. Anleihen hingegen nehmen oft mehr als die Hälfte ein.

> ***Rechenbeispiel***
>
> *Nehmen wir einmal an, deine Schmerzgrenze wäre bei einem Verlust von maximal 20 Prozent deines Gesamtvermögens erreicht – was heißen würde: Ganz gleich, was auch passiert, von einer Einlage in Höhe von 100.000 Euro müssten jederzeit und unter allen Umständen immer mindestens 80.000 Euro in deinem Portfolio verbleiben. Dem legst du die Schätzung zugrunde, dass der Kurs im schlimmsten Fall um maximal 60 Prozent sinkt. Dann ergäbe das grob gesagt eine Portfolio-Aufteilung von 30 Prozent Aktien bzw. risikobehafteten Anlageklassen zu 70 Prozent bspw. Anleihen oder risikoärmeren Assets:*
>
> *20 Prozent geteilt durch 60 Prozent =*
> *33 Prozent risikobehaftete Anteile*
> *100 Prozent minus 33 Prozent = 67 Prozent risikoärmere Anteile*

Beispiel für ein konservatives Portfolio:

Konservative Portfolios haben den Zweck, Kapital zu erhalten und das Verlustrisiko so niedrig wie irgend möglich zu halten. Der Schwerpunkt liegt bei solch einem Portfolio auf fest verzinsten Anlagen und Geldmarktfonds, unterstützt durch einen kleinen Anteil an Aktien von großen, gesunden Unternehmen. Konservative Portfolios verzeichnen nicht die gleichen Preisschwankungen wie Portfolios mit risikoreicheren Anlageprodukten. Anleger mit einem kurzen Anlagehorizont, Anleger, die ihr Kapital erhalten möchten, Anleger in Rente oder kurz davor wählen häufig solch eine Art konservatives Portfolio.

Ganz grundsätzlich solltest du dich bei der Zusammenstellung deines Portfolios von einem wichtigen Grundsatz leiten lassen: Weniger ist oft mehr. Das bedeutet, dass es sinnvoller sein kann, dein Geld auf weniger ETFs oder Fonds zu verteilen. Denn einerseits hast du gerade bei ETFs schon ein inhärentes Maß an Diversifikation. Andererseits reduzierst du deine Transaktionskosten, wenn du dein Depot nicht allzu kleinteilig gestaltest. Und die Transaktionskosten gehören zu den wenigen Kostenpunkten, die du als Anlegerin selbst kontrollieren kannst.

Die verschiedenen Anlageklassen mit ihren diversen Risikomerkmalen helfen dir, das Anlageuniversum besser zu strukturieren. Und sie sind die Bausteine, mit denen du dein eigenes Portfolio auf ein zuverlässiges Fundament stellen kannst. Die etablierten Assetklassen (wie festverzinsliche Wertpapiere, Aktien, Rohstoffe oder Immobilien) kannst du mit ETFs etwa sehr bequem abbilden, ohne minutiös einzelne Werte zu analysieren und auszusuchen.

Für den risikofreien Anteil deines Portfolios (unabhängig davon, wie groß dieser sein soll) stehen dir drei Assetklassen zur Verfügung:

1. Cash (das du beispielsweise auf einem Tagesgeldkonto verwahrst),
2. kurzlaufende Staatsanleihen bester Bonität und
3. physische Rohstoffe wie Gold oder Silber.

Beim risikobehafteteren Teil hast du eine deutlich größere Auswahl. So kannst du beispielsweise in Aktien in Form von ETFs oder Fonds oder sogar einen Teil in Business-Angel-Investments investieren.

Wenn du nun eine Vorstellung davon kriegen möchtest, wie dein hypothetisches oder theoretisches Portfolio sich im Vergleich schlägt, empfehlen wir dir, auf https://portfoliocharts.com verschiedene Portfolios anhand aktueller Werte miteinander zu vergleichen und deine eigene Portfolioplanung einzutragen, um deine Erfolgschancen abschätzen zu können.

Beispielportfolios für jede Lebenssituation

Damit die Entwicklung deiner persönlichen Strategie und die Zusammenstellung deines Portfolios ein bisschen mehr von seinem potenziellen Schrecken verliert, die solche Aufgaben zunächst manchmal haben können, stellen wir dir hier einige Beispielportfolios aus unserer Praxis vor, die dir noch zusätzliche Orientierung geben können.

Beispielportfolio von Johanna

Johannas Portfolio eignet sich als gutes Beispiel für dich, wenn du eher risikobewusst und ausgewogen investieren möchtest. Johanna aus Berlin ist 30 Jahre alt und selbstständige Grafikdesignerin. Ihr Verdienst liegt im Schnitt bei 2100 Euro netto pro Monat, von denen außer den üblichen Lebenshaltungskosten und ihrem Beitrag in die Künstlersozialkasse (KSK) keine Kosten für private Vorsorge oder den Vermögensaufbau abgehen. Noch nicht. Denn das möchte Johanna jetzt ändern. Sie wünscht sich, früher als mit 67 in Rente gehen zu können, ihre Traumreiseziele bereisen zu können, ohne finanziell woanders Abstriche machen zu müssen, und grundsätzlich genug finanzielle Freiräume zu haben, um auch mal Auftragsausfälle oder Zahlungssäumnisse von Auftraggebern ausgleichen zu können.

Johanna weiß zwar, welche Erwartungen sie an ein Investment hat, aber wie sie es erreichen kann, weiß sie zu Beginn unserer Zusammenarbeit noch nicht. Also konkretisieren wir zunächst ihre Ziele:

1. Wie viel Gewinn erhofft sie sich von ihrem Investment?
2. Wie lange kann sie auf angelegtes Geld verzichten?
3. Kann sie noch ruhig schlafen, wenn der Wert ihrer Anlagen kurzzeitig mal ins Schwanken gerät?

Nach diesem Assessment haben wir gemeinsam mit Johanna ein Wertpapierdepot mit der folgenden Strategie eröffnet: Johanna möchte ihr Geld vermehren, aber nicht um jeden Preis. Darum hat es sich angeboten, ein ausgewogenes ETF-Portfolio zusammenzustellen. »Ausgewogen« bedeutet in dem Zusammenhang, dass wir versuchen, ein Gleichgewicht aus Risiko und Ertragschancen herzustellen. Johannas Portfolio besteht demnach zu 50 Prozent aus risikoärmeren Anleihen. Die anderen 50 Prozent spüren Renditechancen auf. Darum investieren 30 Prozent der zweiten Hälfte ihres Depots in Aktien-ETFs in Industrieländern. Auch diese Wahl bedient Johannas Sicherheitsbedürfnis. Denn in Industrieländern sind zwar auch Wertschwankungen möglich. Sie sollten im Schnitt aber geringer ausfallen als in Schwellenländern oder am asiatischen Markt.

Weil aber auch Johanna einen gewissen Bedarf an Rendite hat, investieren die restlichen 20 Prozent der zweiten Portfolio-Hälfte in eben jene dynamischeren, aber auch deutlich renditestärkeren Märkte; jeweils zu 10 Prozent in asiatische und in Schwellenmärkte. Mit diesem Portfolio kann Johanna eine jährliche Rendite von 4,02 Prozent erwarten.

Beispielportfolio von Inga
Inga ist im Vergleich zu Johanna bereit, ein gewisses Risiko in Kauf zu nehmen, weil sie mehr Wert auf gute Renditen als auf Sicherheit legt. Sie ist 38 Jahre alt und lebt in Hamburg. Kinder hat sie keine, und sie konzentriert sich derzeit voll auf ihre Arbeit. Ihr Problem? Die Arbeit nimmt so viel Raum in ihrem Leben ein, dass sie einfach keine Zeit findet, sich ausführlich mit Finanzthemen zu beschäftigen. Das führt natürlich zu einem Dilemma, denn Inga ist sich durchaus bewusst, dass das Thema wichtig ist.

Ihr Ziel: So viel Vermögen generieren, dass sie, wie auch Johanna, möglichst nicht bis zum offiziellen Rentenalter arbeiten und trotzdem keine Abstriche bei ihrem Lebensstandard machen muss. Außerdem wünscht sie sich den Erwerb einer Eigentumswohnung, um sich auch in dieser Hinsicht fürs Alter abzusichern.

Inga verdient 5400 Euro netto pro Monat und verfügt über einen Notgroschen in Höhe von 20.000 Euro. Sie möchte einen ETF-Sparplan mit 600 Euro pro Monat bedienen.

Inga hat also, trotz rudimentärer Finanzbildung, bereits einigermaßen konkrete Vorstellungen davon, wo sie hinmöchte. Unsere Empfehlung wäre darum eine Anlagestrategie, die sich für Anlegerinnen eignet, die wie Inga bereit sind, ein höheres Risiko einzugehen, um höhere Renditen (die erwartete Rendite liegt hier bei 5,54 Prozent pro Jahr) zu erzielen.

Ingas Portfolio ist auf Wachstum ausgelegt, weshalb es zu 70 Prozent aus ETFs oder Fonds auf Aktienindizes besteht. Diese weisen zwar stärkere Schwankungen und somit mehr Risiko auf als die ETFs bzw. Fonds auf Anleiheindizes, aus denen die restlichen 30 Prozent ihres Portfolios bestehen, aber eben auch eine höhere Rendite.

Ingas Risikotoleranz erlaubt ein relativ hohes Investment in Schwellenländer und asiatische Märkte, die sich oft als besonders dynamisch erweisen. Soll heißen, diese Märkte kommen bisweilen ordentlich in Bewegung, wodurch aber natürlich auch große Ausschläge nach oben möglich sind. Ingas Portfolio investiert zu je 24 Prozent in Schwellen- und in asiatische Märkte.

Wenn du noch risikofreudiger bist als Inga, dann könnte ein Portfolio wie das von Katharina dich vielleicht sogar noch mehr ansprechen.

Beispielportfolio von Katharina

Katharina ist Mutter von zwei Kindern und hat einen beruflichen Hintergrund im Finanzwesen. Schon vor der Geburt des Nachwuchses war ihr klar: Familienplanung ist auch Finanzplanung. Und weil sie ihre Kinder möglichst gut absichern möchte, hat sie schon ab deren Geburt Depots für den Nachwuchs angelegt. Die Sparpläne bedient sie jeweils mit dem Kindergeld, das sie erhält. Sie weiß:

> Wer erst zur Einschulung beginnt, für seine Kinder zu sparen, reduziert den Vermögensaufbau im Schnitt um knapp die Hälfte verglichen mit einer bereits ab Geburt gestarteten Anlage.

Katharinas mittelfristiges Anlageziel ist der Vermögensaufbau – und zwar möglichst nachhaltig in jeglicher Hinsicht. Weil Katharinas Kinder einen Anlagehorizont von mindestens 18 Jahren haben, kann sie sich trauen, hier volles Risiko zu gehen. Sie hat sich für zwei wachstumsorientierte und nachhaltige Portfolios entschieden. Damit investiert sie zu 100 Prozent in ETFs auf Aktienindizes. Die haben zwar in der Regel höhere Schwankungen als Anleiheindizes. Aber durch den fast zwei Jahrzehnte langen Anlagehorizont ihrer Kinder gleichen sich etwaige Kursverluste auf lange Sicht immer durch potenziell mindestens genauso hohe Kursanstiege wieder aus. Du erinnerst dich? Hohes Risiko = hohe Renditeerwartung. Und die liegt für Katharinas Kinder mit diesen Portfolios bei ansehnlichen 7,63 Prozent pro Jahr.

Beispielportfolio von Doreen

Doreens Portfolio kann dir als Vorbild dienen, wenn auch du als alleinerziehende Mutter nicht nur für dich selbst, sondern auch für dein Kind vorsorgen willst. Doreen arbeitet mit einem Nettogehalt von 4200 Euro. Sie ist geschieden und Mutter einer Tochter. Und neben ihrem Wunsch, für ihr eigenes Alter vorzusorgen, will sie auch die Ausbildung ihrer Tochter fördern und ihr später idealerweise noch ein bisschen was vererben können – all das natürlich, ohne selbst finanzielle Einschränkungen hinzunehmen. Dafür stehen ihr 45.000 Euro sowie eine monatlich Sparsumme von 250 Euro zur Verfügung.

Und passend zu diesen Wünschen und Voraussetzungen haben wir mit Doreen folgende Anlagestrategie erarbeitet: Sie investiert ihre 45.000 Euro als Einmaleinlage in ein Mischdepot aus 70 Prozent Aktien und 30 Prozent Anleihen mit nachhaltigen Fonds oder ETFs.

Für das Investment zugunsten ihrer Tochter raten wir ihr zu einem ETF-Sparplan. Denn ETFs sind

- eine einfache Geldanlage, die keine tägliche Kontrolle erfordern,
- auch ohne detaillierte Marktkenntnisse leicht zu verstehen,
- automatisch breit diversifiziert, weil sie durch Investments in ganze Märkte statt Einzelunternehmen ihr Risiko streuen,

- kostengünstig, weil sie sehr geringe Produktionskosten haben,
- flexibel, weil Doreen ihre Anteile jederzeit verkaufen und neue kaufen kann,
- als rechtliches Sondervermögen sicher, ihr Geld ist im Fonds geschützt,
- einfach und schnell einzurichten.

Worauf auch du achten musst, wenn du für deine Kinder Geld anlegen möchtest, ist, dass es bei Investments für Kinder bestimmte gesetzliche Dinge zu berücksichtigen gibt. Besonders dann, wenn du die Geldanlage von Anfang an auf den Namen deines Kindes laufen lassen willst:

- Für die Eröffnung eines Sparkontos oder Depots benötigst du entweder die Geburtsurkunde oder bei Kindern ab 16 Jahren deren Personalausweis. Manchmal wirst du auch um eine Kopie der Heiratsurkunde oder des Sorgerechtsbeschlusses gebeten.
- Sofern du das Depot für Sohn oder Tochter bei einer anderen als deiner Hausbank eröffnen willst, musst du dich als Erziehungsberechtigte auch noch mal identifizieren.

Als Erziehungsberechtigte hast du nun bis zur Vollendung des 18. Lebensjahres deines Kindes die Verfügungsgewalt über dessen Depot. Um Missbrauch vorzubeugen, sieht das Gesetz vor, dass du mit diesem Depot verantwortungsvoll (»mündelsicher«) umgehst, dass du also beispielsweise keine spekulativen Aktiengeschäfte damit tätigst. Um das zu gewährleisten, gibt es bei Juniordepots Produkteinschränkungen. Du kannst also mit dem Geld deines Kindes nicht in Termingeschäfte wie Optionen, Futures oder CFDs investieren. Außerdem darfst du das Geld nicht für deine eigenen Zwecke nutzen. Und die Übertragung von Vermögen an dein Kind muss zivilrechtlich wirksam sein. Andernfalls gehen die Behörden davon aus, dass du mit einer Sparanlage auf den Namen deines Kindes versuchst, Steuern zu hinterziehen. Denn natürlich steht auch deinem Nachwuchs als eigenständiger Person der steuerliche Sparerpauschbetrag von 801 Euro pro Jahr zur Verfügung, bis zu dem auf das angelegte Geld keine Steuern fällig werden.

Was du und Doreen aber auch bedenken müsst: Ist das Vermögen eures Kindes zu hoch, kann es sein, dass ihnen Sozialleistungen wie Ausbildungsförderungen (BAföG) und Ähnliches nicht bewilligt werden, solange das eigene Vermögen nicht aufgebraucht ist. Dafür gibt es in aller Regel sogenannte Freibeträge. Beim BAföG liegt dieser aktuell bei 8200 Euro, die dein Nachwuchs besitzen darf, ohne seine BAföG-Berechtigung zu verlieren.

Beispielportfolio von Julia

Julias Portfolio eignet sich als gutes Beispiel für dich, wenn du langfristig mit vergleichsweise geringem Risiko und Aufwand Schritt für Schritt dein Vermögen aufbauen möchtest.

Julia ist 32 Jahre alt und lebt mit ihrem Partner und kleinem Sohn in der Nähe von Stuttgart. Sie arbeitet in der Pflege und ihr stehen im Monat etwa 1700 Euro netto zur Verfügung. Nach Abzug der regelmäßigen Kosten kann sie monatlich etwa 100 Euro anlegen. Zusätzlich konnte sie sich in den vergangenen Jahren bereits einen Notgroschen von 5000 Euro ansparen. Mit der Geburt ihres Sohnes haben Julia und ihr Partner bereits einen ETF-Sparplan für ihn eingerichtet, mit dem jeden Monat ein Teil des Kindergelds automatisch langfristig angelegt wird. Julias Ziel ist es nun, sich um ihre eigene Altersvorsorge zu kümmern, und zwar mit möglichst wenig Zeitaufwand, da sie sowohl beruflich als auch familiär sehr stark eingebunden ist. Zusätzlich hat Julia für sich festgestellt, dass sie stärkere Wertschwankungen ihres Portfolios nur schwer aushalten könnte, und ist deshalb auf der Suche nach einer möglichst stabilen Anlagemöglichkeit.

Zu Beginn unserer Zusammenarbeit ermitteln wir zunächst Julias Rentenlücke und wie viel Vermögen sie bis zum Renteneintritt aufbauen muss, um diese zu schließen. Aufgrund des langen Anlagehorizonts von über 35 Jahren ist es möglich, mithilfe des Zinseszinseffekts auch mit vergleichsweise kleineren monatlichen Beträgen ein beträchtliches Polster für das Alter aufzubauen. Bei der gemeinsamen Erarbeitung von Julias Anlagestrategie und der Zusammenstellung ihres

Portfolios berücksichtigen wir natürlich auch ihre eher geringe Risikotoleranz.

Julias Portfolio ist auf Stabilität ausgelegt und besteht daher zu 60 Prozent aus ETFs bzw. Fonds auf Anleiheindizes. Diese weisen geringere Schwankungen auf, liefern dementsprechend aber auch eine niedrigere Rendite. Die anderen 40 Prozent ihres Portfolios bestehen als Wachstumsanteil aus ETFs auf breit gestreute internationale Aktienindizes. Durch eine breite Streuung über verschiedene Industrien und Regionen sind auch hier geringere Schwankungen als beispielsweise bei Einzelaktien zu erwarten. Gleichzeitig trägt dieser Anteil an Julias Portfolio zu einem guten langfristigen Wachstum bei. Um Julias Rentenlücke schließen zu können. erarbeiten wir zudem gemeinsam einen Plan, wie sie ihre monatliche Spar- bzw. Anlagequote in den folgenden Jahren weiter erhöhen kann, unter anderem durch eine genaue Prüfung ihres aktuellen Haushaltsplans, durch mögliche Gehaltsanpassungen und Sonderzahlungen. Wenn es Julia gelingt, ihre Sparquote jedes Jahr um etwa 4 Prozent zu steigern, kann sie ihr finanzielles Polster bis zum Renteneintritt sogar verdoppeln gegenüber einer Anlagestrategie ohne jährliche Anpassung.

Wenn deine finanzielle Situation ähnlich ist wie die von Julia, haben wir diese zusätzlichen Tipps für dich:

- Spare dir einen Notgroschen an und lege diesen zur Seite.
- Fange klein an: Auch wenn dir aktuell nur kleine Beträge im Monat zur Verfügung stehen, lohnt es sich in jedem Fall, damit zu starten.
- Nutze Freibeträge: Achte darauf, dass du den gemeinsamen Freibetrag für Kapitalerträge optimal nutzt, um Steuern zu sparen.

So unterschiedlich die Portfolios dieser Frauen auf den ersten Blick scheinen mögen, so viel Gemeinsamkeiten haben sie auch. Die wichtigsten bestehen in der betonten Diversifizierung und darin, dass Risiko und Rendite in einem für sie jeweils angemessenen Verhältnis stehen. Denn Risiko und Rendite sind die wesentlichen Faktoren, die über deinen Vermögensaufbau bestimmen.

Tipps für deine Umsetzung

Mit all dem Wissen aus den vorherigen Kapiteln, den konkreten Schritten zur Definition deiner eigenen Strategie und deines Portfolios aus diesem Kapitel und einer besseren Vorstellung davon, wie ein Portfolio aussehen kann, ist es jetzt an der Zeit für dich, in die Umsetzung zu gehen.

Auf den nächsten Seiten wollen wir dir noch ein paar ganz grundsätzliche Tipps mit auf den Weg geben, die für dich bei der Umsetzung deiner Strategie hilfreich sein können.

Selber denken, Kosten senken

Jede Form von Investment bringt dir nicht nur Geld ein, es kostet dich auch Geld. Ungefähr so, wie du beispielsweise für ein neues Auto auch Unterhaltskosten hast (Versicherung, Reparaturen, Benzin, Steuern), kommen zum Kaufpreis von Aktien, Anleihen, ETFs und Co. auch noch Gebühren hinzu. Viele Investorinnen, vor allem Neuanlegerinnen, übersehen diese Kosten leider oft – oder sie verfolgen die Buy-and-hold-Strategie und handeln so selten, dass sie sich vor jedem Handel über deren Höhe rückversichern müssen, weil sie durchaus im Kleingedruckten versteckt und verwirrend formuliert sein können. Zudem fallen für unterschiedliche Investments unterschiedliche Kosten an, die sich unterschiedlich zusammensetzen.

Die gängigsten Gebühren, mit denen du als Anlegerin konfrontiert werden wirst, sind

- die Total Expense Ratio (auch: Gesamtkostenquote, Abk. TER), also die laufenden Kosten, die bei Investmentfonds und ETFs anfallen,
- Verwaltungs- und Beratungsgebühren durch einen Fondsmanager bzw. Anlageberater,
- Transaktionsgebühren, auch Orderkosten, die für jeden Kauf bzw. Verkauf von Wertpapieren anfallen,

- Gebühren für den Verkauf von Fondsanteilen (ein sogenannter Ausgabeaufschlag),
- Kommissionen, Konto- und Depotgebühren.

All diese Kosten und Gebühren wirken sich auf dein Investment aus – und zwar nicht zu deinem Vorteil. Denn natürlich schmälern die Kosten deinen Gewinn. Nun musst du als Investorin auch eine Jahresgebühr für dein Investmentportfolio bezahlen. Und gerade auch die kleinen Zusatzkosten summieren sich zu einer nennenswerten Summe.

Je öfter du kaufst und verkaufst, desto deutlicher fallen die Kosten ins Gewicht. Im Grunde wirkt sich also deine präferierte Anlagestrategie auch auf die Höhe deiner Investmentkosten aus.

Wie kannst du also nun agieren, um deine Investmentgebühren so niedrig wie möglich zu halten?

Ein guter Anfang ist, dass du nach gebührenfreien Brokern Ausschau hältst. Viele Online-Broker stellen keine Gebühren oder Kommissionen für Aktientransaktionen in Rechnung. Nutze zudem kostengünstige Indexfonds mit geringen Kostenquoten oder Investmentfonds ohne Ausgabeaufschlag.

Um dich dabei zu unterstützen, effektiv die Kosten für dein Investment zu senken, hier die wichtigsten Posten mit dem höchsten Sparpotenzial im Überblick:

Depotkosten

Die Höhe von Depotkosten variiert von Finanzanbieter zu Finanzanbieter. An diesen Kosten kannst du effektiv sparen, indem du beispielsweise Investment-Apps nutzt, bei denen keine Depotgebühren erhoben werden. Manchmal gehen kostenlose Depots aber mit erhöhten Verwaltungs- oder Transaktionsgebühren einher. Du solltest also alle Kosten des Anbieters deiner Wahl kennen.

Vergleiche unbedingt nicht nur die Depotgebühren, sondern immer die Gesamtkosten infrage kommender Anbieter, ob Direktbank, Broker, Trading-Plattform oder App.

Kosten beim Wertpapierkauf

Kosten für den Kauf von Wertpapieren kannst du nicht vermeiden. In aller Regel setzen sich diese Gebühren aus der Orderprovision für die Bank und dem börsenplatzabhängigen Entgelt zusammen. Letztere begegnen dir entweder als Festpreis je Order (bspw. 5,90 Euro pro Order) oder als variabler Kostenpunkt, der als Prozentsatz vom Ordervolumen berechnet wird (bspw. 0,25 Prozent deines Ordervolumens).

Spartipp

Je mehr du investierst, desto geringer wirken sich Festpreise beim Wertpapierkauf auf deine Rendite aus. 12,40 Euro Provision machen bei einem kleinen Investment von 250 Euro fast 5 Prozent aus. Bei einem Investment von 2000 Euro nur noch 0,62 Prozent.

Da du diese Kosten ja im Idealfall durch Kursgewinne oder Dividenden wettmachen willst, ist es ratsam, bei Direktkäufen tendenziell höhere Summen zu investieren, um zu vermeiden, dass dir die Gebühren die Rendite auffressen.

Möchtest du ein Unternehmen erst einmal testen und nur einen kleinen Betrag investieren, kannst du zunächst einmal einen zeitig ausgeführten Sparplan einrichten. Auch so kannst du Gebühren beim Wertpapierkauf minimieren.

Laufende Kosten für Wertpapiere

Gemeinhin gelten ETFs als kostengünstige Investmentalternative zu Aktien-Direktkäufen. Und wenn es um die Kosten für Kauf und Verkauf geht, stimmt das auch. Aber komplett kostenfrei sind natürlich auch ETFs nicht. So fallen bei dieser Anlageklasse sogenannte laufende Kosten (auch: Total Expense Ratio (TER) an. Diese fassen alle Kosten (bestehend aus Ordervolumen, Ordergebühr, börsenabhängigen Entgelten und laufenden Kosten) zusammen, die zur Betreibung eines Fonds anfallen – so werden ETFs und Indexfonds einfacher vergleichbar. In dem Fall ist es darum egal, wo du dein Depot eröffnest. Die Kosten variieren zwar nämlich von ETF zu ETF, jedoch nicht von Broker zu Broker.

Kosten beim Wertpapierverkauf

Analog zum Kauf von Wertpapieren fallen auch bei deren Verkauf jedes Mal Kosten an. Im Grunde handelt es sich um die gleiche Preisgestaltung wie beim Kauf: Du zahlst sowohl eine Orderprovision als auch das börsenplatzabhängige Entgelt. Hoffentlich hast du durch Kurszuwächse eine Wertsteigerung deines Wertpapiers verbucht, wodurch die Verkaufsgebühren natürlich auch steigen. Denn ein Wertezuwachs beim Wertpapier verändert auch die Bemessungsgrundlage der Gebühr. Sagen wir, deine Aktie hat eine Kurssteigerung von 2000 Euro auf 2500 Euro erfahren. Dann musst du natürlich auch für 2500 Euro Verkaufsgebühr entrichten.

Steuern auf Wertpapiergewinne

Ein Kostenpunkt, den viele verdrängen: Steuern. Auf Gewinne aus deutschen Geldanlagen musst du Kapitalertragssteuer entrichten – vielfach kannst du diese mit der Abgeltungssteuer schon pauschal begleichen und musst sie nicht mehr gesondert in deiner Einkommensteuererklärung angeben. Solltest du aber (auch) in ausländische Aktien oder ETFs investieren, fällt überdies noch die sogenannte Quellensteuer an. Diese berücksichtigt, wie die Kapitalertragssteuer auch, zwar den Sparerpauschbetrag, alles was darüber hinausgeht, kann aber mit bis zu 35 Prozent besteuert werden.

> ***Rechenbeispiel***
> *Angenommen, du hast mit einer deutschen Aktie einen Kursanstieg von 2000 auf 2500 Euro verzeichnet, also 500 Euro Gewinn gemacht. Davon ziehst du nun die Kauf- und Verkaufsgebühren ab, um die effektive Rendite zu berechnen:*
>
> *500 – ((2.500 * 0,0025) + (12,40 + 4,90 + 2,50)) = 473,95 Euro*

Wäre dies dein einziger Gewinn, würdest du dich noch im Rahmen des Sparerpauschbetrages von 801 Euro bewegen. Wären aber Steuern fällig, beispielsweise, weil du 473,95 Euro über der Freibetragsgrenze liegst, dann würde dein Broker die automatisch an dein zuständiges Finanzamt übermitteln. In diesem Beispielfall wären das 125 Euro.

Hin und her macht Taschen leer

Immer wieder belegen Studien, dass Frauen die erfolgreicheren Anleger sind. Und viele davon begründen das damit, dass Frauen nicht so oft mit Anteilen ihrer Investments handeln und ihre Portfolios nicht ständig neu ausrichten. Stattdessen tendieren Frauen eher dazu, ihre Anlagen, einmal eingerichtet, in Ruhe zu lassen – diese Geduld und das Vertrauen darin, ihr Geld einfach mal für sich arbeiten zu lassen, zahlen sich aus. Insgesamt erweist sich diese Strategie als erfolgreicher, als ständig zwischen Investments hin- und herzuwechseln. Eine Studie aus 2021 hat herausgefunden, dass Frauen im Schnitt 0,4 Prozent höhere Renditen erzielen als Männer.[22]

Rebalancing

Mit einem Rebalancing kannst du den Mix in deinem Portfolio wieder in den ursprünglichen Zustand zurückversetzen. Der Prozess des Rebalancings schützt dich davor, dass du dich unerwünschten Risiken aussetzt. Gleichzeitig bietet ein Rebalancing dir die Möglichkeit, dein Portfolio an neue Lebenssituationen anzupassen.

Nehmen wir einmal an, ein Rentner hat 75 Prozent seines Portfolios in risikoarme Produkte investiert und den Rest in Aktien. Wenn der Wert des Aktieninvestments sich verdreifacht, bestehen ungewollt 50 Prozent des Portfolios aus einem riskanteren Aktienanteil. Der wachsende Aktienanteil erhöht das Risiko für das gesamte Portfolio über ein Maß, das sich ein durchschnittlicher Rentner wünschen würde.

Um solche unerwünschten Veränderungen zu vermeiden, musst du dein Portfolio regelmäßig rebalancieren. Es gibt mehrere Strategien, mit denen du dein Portfolio rebalancieren kannst, um den optimalen Investmentprozess zu kreieren. Rebalancings helfen dir einerseits dabei, deine individuelle Risikotoleranz einzuhalten.

> *Nehmen wir an, du hast eine Asset Allocation von 60 Prozent Aktien zu 40 Prozent Anleihen. Nun haben die Aktien aber über das Jahr starke Kurszuwächse erfahren, sodass ihr Anteil am Jahresende 70 Prozent ausmacht, dein Anleihenanteil damit nur noch 30. Dann verkaufe 10 Prozent der Aktien und steck das verdiente Geld wieder in Anleihen. Schon hast du dein Portfolio wiederhergestellt.*

Andererseits helfen Rebalancings, deine Gewinne zu optimieren – Anlageklassen streben gegen ihre durchschnittliche Rendite. Statistisch gesehen ist es darum wahrscheinlich, dass ein Underperformer die vertane Rendite zeitnah wieder aufholt. Verkaufst du teuer gewordene Assets und kaufst bei Schnäppchen wieder ein, kannst du die Rendite zusätzlich optimieren. Dieser Prozess erfordert aber regelmäßige Checks und eine gewisse Marktkenntnis.

Die einfachste Art und Weise, dein Portfolio zu rebalancieren, ist, wenn du es zu festgelegten Zeitpunkten während der Laufzeit überprüfst und gegebenenfalls wieder auf den Originalzustand ausrichtest. Das solltest du nicht zu oft machen, um die Gebühren gering zu halten. Wenn du dich auf deine langfristigen Ziele konzentrierst, sollte ein Rebalancing alle 6 Monate ausreichen. Wir würden dir ein Rebalancing pro Jahr empfehlen. Ein bisschen ist die Frequenz deiner Rebalancings auch abhängig von deiner Anlagestrategie. Aber auf keinen Fall solltest du wöchentlich oder gar täglich Rebalancings vornehmen.

Eine andere Möglichkeit ist, dein Risikoprofil als **Guideline** zu nutzen. Wenn du beim regelmäßigen Überprüfen deines Portfolios feststellst, dass sich die Gewichtung deiner Investments zu weit von deiner Risiko-Komfortzone entfernt, dann ist es Zeit, dein Portfolio zu rebalancieren.

Falls dir all das zu mühselig ist, können wir dir raten, **Robo-Advisor** zu nutzen. Die nehmen dir nicht nur das Investieren ab, sondern auch das jährliche Rebalancing. Und all das ganz automatisch. Hierzu erfährst du im Abschnitt ›Digital Investieren‹ mehr.

Spartipp

Wenn sich ein Verkauf – im Rahmen eines Rebalancings oder weil du dringend Geld benötigst oder einer antizyklischen Investmentstrategie folgst – nicht vermeiden lässt, solltest du auch darauf achten, zu welcher Uhrzeit du deine Käufe und Verkäufe tätigst.

Aktien und ETFs kannst du generell nur zu den Öffnungszeiten der entsprechenden Börsen handeln. Die Kernhandelszeit an deutschen Börsen liegt mit einigen Ausnahmen zwischen 9:00 und 17:30 Uhr. In dieser Zeit herrscht eine hohe Liquidität an der Börse, wodurch der Kauf und Verkauf von Wertpapieren mit einem niedrigeren Spread stattfinden kann.

▷ Ein **Spread** bezeichnet die Differenz zwischen Kauf- und Verkaufskurs.

Weil dieser Spread Teil der Transaktionsgebühren ist, kannst du zu diesen Kernzeiten zu geringeren Gebühren handeln.

Für Deutschland bewegt sich der optimale Handelszeitraum zwischen 15:30 und 17:30 Uhr MEZ. Denn dann haben durch die Zeitverschiebung die meisten der wichtigsten Börsen der Welt geöffnet. Dadurch sind zu dieser Tageszeit die Märkte insgesamt am liquidesten, die Spreads und damit die Transaktionsgebühren am niedrigsten.

Was natürlich wichtig ist: Ein niedriger Spread bedeutet nicht automatisch einen geringen Aktienkurs. Der kann durchaus morgens niedriger sein als am späten Nachmittag. Das lässt sich leider nicht vorhersagen.

Hinweis: Willst du am Wochenende Aktien und ETFs handeln, musst du das per Direkthandel tun. Dort wird aber der Kurs nicht von der Leitbörse festgelegt. Außerdem sind die Märkte meist nicht sehr liquide (zum Vergleich: Allein die NYSE und der NASDAQ hatten 2019 ein Handelsvolumen von mehr als 30 Billionen Dollar) und haben in der Regel einen höheren Spread.

Automatisch sparen und wieder anlegen

Deine Ersparnisse oder Investments zu automatisieren klingt jetzt nicht nach dem ultimativen Anlage-Tipp, schon klar. Aber es ist ein kleiner Baustein, der tatsächlich den Unterschied machen kann, denn da wir Menschen Gewohnheitstiere sind und ausgetrampelte Pfade in aller Regel nicht allzu gern verlassen, fällt uns eine dauerhafte Verhaltensänderung schwer. Ganz egal, ob es sich um Ernährungsgewohnheiten handelt, um unsere sportlichen Ambitionen oder eben um Investments.

Automatisiert zu investieren kann beispielsweise bedeuten, dass du deine Investments regelmäßig und automatisiert bedienst. Etwa, indem du einen Sparplan (also eine Art Dauerauftrag) einrichtest, mit dem du regelmäßig Raten in dein Portfolio einzahlst. Je nach Anbieter wird dieser Geldeingang dann zu festgelegten Zeitpunkten und zu den von dir gewünschten oder voreingestellten Teilen auf deine Investments verteilt. Automatisch.

Die Idee hinter einem automatisierten Investment ist die, dass du eine Routine entwickelst, die dich keinen Extra-Aufwand kostet. Gleichzeitig birgt das automatisierte Investieren weitere Vorteile: Es bewahrt dich davor, dein Geld auszugeben, statt es anzulegen. Und es verringert die Chance, dass du bei Marktschwankungen überreagierst und emotionale Anlagefehler machst. Insgesamt musst du dir einfach weniger Gedanken über Geld und Investments machen, weil die Automatisierung dir das Sparen und Investieren abnimmt und du dein Leben leben kannst.

Re-Investment

Ein weiterer Aspekt der automatisierten Anlage ist das sogenannte Re-Investment. Ähnlich wie beim Zinseszinseffekt, den wir weiter vorne schon mal besprochen haben, geht es auch beim Re-Investment darum, die erzielten Gewinne, Renditen und Dividenden wieder in dein bestehendes Investment einfließen zu lassen, anstatt sie dir auszahlen oder ausschütten zu lassen.

Re-Investments sind eine tolle Möglichkeit, um den Wert eines Aktien-, Fonds- oder ETF-Investments im Laufe der Zeit zu steigern. Dabei benutzt du Gewinne, die du mit deinen Investments erzielst, um mehr Anteile des gleichen Investments zu kaufen. »Gewinne« umfasst dabei jede Art von Ausschüttung, auch Dividenden oder Zinsen. Wenn etwa ein Aktieninvestment innerhalb von fünf Jahren 71 Prozent Gewinn verzeichnet, dann hätte ein regelmäßiges Re-Investment den Gewinn im gleichen Zeitraum auf 87 Prozent angehoben. Du erkennst also das Potenzial, das in einem Re-Investment steckt, oder?

Sparpläne

Sparpläne generell und ETF-Sparpläne im Speziellen bieten eine besonders komfortable Möglichkeit, Vermögen automatisch aufzubauen. Einerseits erlauben sie auch Anlegerinnen Zugang zu Investments, die vielleicht nur begrenzte Mittel zur Verfügung haben, weil man schon ab kleinen Summen loslegen kann. Andererseits profitierst du mit Sparplänen ganz automatisch von Kostendurchschnitts- und Zinseszinseffekt.

Im Grunde genommen funktioniert das automatische Sparen mit Sparplänen ähnlich wie der zuvor erwähnte Dauerauftrag auf das Broker-Konto. Du richtest einen Dauerauftrag ein und bedienst so ganz automatisch monatlich deinen Fondssparplan. Mit jeder Sparrate erwirbst du Fondsanteile; je nach Marktbedingungen mehr oder weniger davon. Herrscht etwa ein Bullenmarkt (steigende Kurse, du erinnerst dich?), sind die Anteile teurer und du bekommst für deine Sparrate weniger Anteile. Geht es an der Börse nach unten (Stichwort: Bärenmarkt), kaufst du aber für die gleiche Sparrate umso mehr Anteile, weil deren Einkaufspreis gesunken ist. Über die Jahre generiert sich so ein Durchschnittspreis für deine Fondsanteile. Auf lange Sicht gleichen sich Schwankungen mindestens aus, sodass du immer mehr Vermögen aufbauen kannst und zusätzlich von den Entwicklungen an der Börse auf jeden Fall profitierst. Hast du dann noch – auch das hatten wir weiter vorne schon mal angedeutet – thesaurierende ETFs ausgewählt, werden deine Gewinne automatisch re-investiert. Das lässt dein Vermögen, gemäß dem zuvor genannten Prozess, zusätzlich wachsen.

Digital investieren

Digitale Innovationen im Fintech- und Investmentbereich machen – auch für Anfängerinnen – das Anlegen besonders einfach. Während Technologien wie Robo-Advisor dir ganz neutral und objektiv und auf deine Präferenzen abgestimmte Investmentstrategien und Portfolios auswählen, machen Entwicklungen wie Blockchains die Transaktionen sicher und schnell.

Wie Robo-Advisor funktionieren

Ein Robo-Advisor ist sozusagen eine Mischung aus weitgehend automatisiertem »digitalem Anlageberater« und »digitalem Vermögensverwalter«. Diesem Programm liegt in der Regel ein Algorithmus zugrunde, der interessenskonfliktfreie, auf den Anleger zugeschnittene Investitionsempfehlungen ausgibt.

Hierzu fragt der Robo-Advisor (aus engl. »robo« für Roboter und »advisor« = Berater) zuerst deine Kenntnisse, Erfahrung und Risikoneigung ab und analysiert all die Informationen, um daraus die zu dir passende Portfoliozusammensetzung abzuleiten. Es ist also wichtig, dass du bei deinen Antworten wahrheitsgemäße Angaben machst. Denn nur so kann der Robo-Advisor deine Risikotoleranz korrekt berücksichtigen.

Nach der Befragung gibt der Advisor dir ein Beispielportfolio aus, an dem du die potenzielle Entwicklung deines Kapitals simulieren kannst.

Du kannst in diesem Schritt auch Anpassungen vornehmen, etwa die Höhe der Sparrate, die Laufzeit oder die Sparsumme.

Erst wenn du der Planung final zustimmst, übernimmt der Robo-Advisor die Rahmendaten automatisiert in einen Vertrag. Danach musst du dich per Videoident-Verfahren identifizieren und kannst dein Portfolio einrichten.

Auf der Plattform des Robo-Advisors hast du in aller Regel jederzeit Zugriff auf wichtige Tipps, Services, Rechner und viele weitere Angebote rund ums Investing.

Wie funktioniert der Anlageprozess?

1. Die Kundin beantwortet Fragen zu sich und ihren Zielen, wie z.B. Risikobereitschaft, Anlagesumme und -dauer.

2. Der Robo-Advisor wertet die Angaben aus und entwickelt darauf basierend Vorschläge für eine passende Anlagestrategie.

3. Die Kundin wählt die Anlagestrategie aus und bestätigt die wichtigsten Parameter.

4. Der Robo-Advisor übermittelt die relevanten Informationen automatisch an eine Partnerbank, woraufhin das Portfolio für die Kundin eröffnet wird und lediglich durch einen ID-Check bestätigt werden muss.

5. Der Robo-Advisor kümmert sich automatisch um die Umsetzung der Anlagestrategie für die Kundin. Eventuelle Anpassungen, Ein- und Auszahlungen sind dabei problemlos möglich.

6. Notwendige Anpassungen, wie zum Beispiel jährliches Rebalancing, übernimmt der Robo-Advisor automatisch. Die Kundin muss sich um nichts weiter kümmern, während ihr Geld für sie arbeitet.

Quelle: Eigene Darstellung

Apps erlauben dir indes, deine Investments jederzeit bequem vom Smartphone oder Tablet aus zu managen. Und schließlich und endlich bringt die digitale Revolution auch eigene, innovative Investmentprodukte hervor, die dir neue oder weitere Anlagemöglichkeiten eröffnen. Dazu zählen neben Kryptowährungen auch zunehmend nachhaltige Anlageprodukte.

Weil nachhaltiges Investieren einen immer größeren Raum einnimmt, widmen wir diesem Thema ein eigenes Kapitel.

Nachhaltig investieren: Was sind nachhaltige Kapitalanlagen?

Investments können auf zwei Arten nachhaltig sein. Einerseits macht eine sinnvolle Anlagestrategie ein Investment in dem Sinne nachhaltig, dass du möglichst lange von deiner Geldanlage profitierst. Andererseits gibt es auch konkrete Anlageangebote, bei denen du in nachhaltige Produkte und Unternehmen investierst. Diese Form des nachhaltigen Investments kennt man auch unter Begriffen wie »sozial verantwortungsvolle Investments«, »ethische Investments«, »grüne Investments« und so weiter.

Solch ein nachhaltiges Investment bedeutet, dass du bewusst Unternehmen für deine Geldanlage auswählst, die

- die negativen Auswirkungen ihrer Produktion und Waren auf die Umwelt und das Klima so gering wie möglich halten,
- auf faire Arbeitsbedingungen und Beziehungen zwischen ihren Kunden, Angestellten und Zulieferern achten sowie
- ihre Unternehmens- und Kapitalzuteilungspolitik transparent machen.

Zwar sind nachhaltige Kapitalanlagen kein neues Phänomen, doch haben sie sich in den letzten Jahren von einem Nischenprodukt zu einem viel beachteten und viel gefragten Objekt der Anlegerbegierde gewandelt.

Im gleichen Zuge haben sich auch ihre Definition und die damit verknüpften Ziele gewandelt. Frühe nachhaltige Kapitalanlagen waren vor allem Investments, bei denen bestimmte Produkte und Unternehmen ausgeklammert wurden. So wurde etwa nicht in Alkohol-, Tabak- und Waffenproduzenten oder Casinobetreiber investiert. Heute werden nachhaltige Kapitalanlagen etwas ganzheitlicher betrachtet und umfassen eher inkludierende Faktoren. Dazu zählen etwa die ESG-Vorgaben zur Definition von nachhaltigen Investmentprodukten.

▷ **ESG** steht für Environment (= Umwelt, also Klimaschutz, erneuerbare Energien ...), Socially Responsible (= sozial verantwortungsbewusst, also gerechte und menschenwürdige Arbeitsbedingungen ...) und Governance (= Unternehmenspolitik, also keine Korruption und kein wettbewerbswidriges Verhalten ...). Der Begriff ist inzwischen international sowohl in Unternehmen als auch in der Finanzwelt etabliert.

Einige nachhaltige Beispiele für den Anlagefokus

- Abfallreduzierung
- Umweltschutztechnik
- Pflanzliche Lebensmittel
- Erneuerbare Energien: Wind, Sonne und Wasserkraft
- Umweltfreundlicher Transport
- Nachhaltige Landwirtschaft
- Wasserinfrastruktur
- "Smart Grid" Technologien
- Bildung und Altersvorsorge

Beispiele für Anlageausschlüsse

- ~~Waffen/Rüstungsgüter~~
- ~~Fossile Brennstoffe~~
- ~~Tabak~~
- ~~Alkohol~~
- ~~Hanf~~
- ~~Atomkraft~~
- ~~Tierversuche~~
- ~~Glücksspiel~~

Quelle: Eigene Darstellung

Es geht heutzutage also eher darum, welche positiven Bedingungen Kapitalanlagen erfüllen, um als nachhaltig zu gelten, statt wie früher, welche negativen Bedingungen sie *nicht* erfüllen.

Von der Nische in den Investment-Mainstream

Nachhaltiges Investieren hat eine lange Tradition. Zunächst waren es vor allem religiöse Gruppen, die ethische Parameter zur Bedingung bei ihren Investments machten. Das lässt sich in den Vereinigten Staaten bis ins **18. Jahrhundert** zurückverfolgen. Vor allen Dingen die dort ansässigen Methodisten legten die Maßstäbe ihres Glaubens auch an ihre Geldanlagen an. Sie waren gegen Sklaverei, Schmuggel und übertriebenen Konsum. Entsprechend vermieden sie es, in Unternehmen zu investieren, die Alkohol oder Tabakprodukte herstellten und vertrieben. Dieses Ausschlussverfahren zur Definition nachhaltiger Investments hat sich bis in die Moderne gehalten.

In den **1960er-Jahren** erfuhren nachhaltige Investments einen erneuten Boom. Diesmal ging der Druck von den Protestierenden aus, die gegen den Vietnamkrieg auf die Straße gingen. Sie forderten, dass Universitätsfonds nicht weiter für Investments in Rüstungskonzerne verwendet werden dürften. Anteilseigner forderten den Produktionsstopp von Napalm und Agent Orange. Anhänger der Anti-Kriegs-Bewegung investierten zunehmend in sozial verantwortungsbewusste Unternehmen. Diese Forderungen – und das verstärkte Investment in ethisch nachhaltige Unternehmen – hatten institutionell und gesetzlich nachhaltige Änderungen zur Folge. Unter anderem führten sie zur Einführung des ersten nachhaltigen Investmentfonds: des Pax World Fund, der übrigens bis heute aktiv ist. Und sie wirkten sich im Laufe der Zeit auch weltweit aus.

In den **1980ern** setzte die Anti-Apartheid-Bewegung in Südafrika weitere Standards für nachhaltige Investments. Anteilseigner forderten aktiv, dass Unternehmen Stellung beziehen sollten. In der gleichen Zeit rückten auch die Themen Umwelt- und Klimaschutz zunehmend in den Fokus der Wahrnehmung und die Anti-Atomkraft-Bewegung stieß auf immer mehr Gehör in der Öffentlichkeit. Bis zur Unterzeichnung des Kyoto-Protokolls in den **90er-Jahren** wuchs das Angebot an nachhaltigen Investments nur langsam.

Bis ins **neue Jahrtausend** hatte sich das Angebot an Nachhaltigkeitsfonds gerade einmal verdreifacht. Doch spätestens seit der Unterzeichnung des Pariser Klimaabkommens **2015** kommt am Thema Nachhaltigkeit auch bei Investments und Geldanlagen niemand mehr vorbei. Mittlerweile machen nachhaltige Investments mehr als ein Drittel aller Assets an fünf der größten Kapitalmärkte der Welt aus. Im Jahr **2020** beliefen sich allein die neuen Investments im Nachhaltigkeitssektor auf einen Gesamtwert von 51 Milliarden US-Dollar, das ist mehr als das Doppelte zum Vergleich im Vorjahr.

Gründe für den Siegeszug nachhaltiger Investments

Die erfolgreichsten Fonds zielen darauf ab, in Unternehmen zu investieren, die sich durch die Einhaltung der bereits genannten ESG-Faktoren auszeichnen. Nachhaltige Fonds, die sich an diese Prinzipien halten, investieren zum Beispiel in saubere Energien oder in Unternehmen, die Frauen in Führungspositionen fördern.

Gründe für die steigende Popularität nachhaltiger Investments speziell in den letzten zwei Jahrzehnten gibt es viele:

- **Das zunehmende Empowerment und unabhängigere Selbstverständnis von Frauen** sowie ein wachsendes Angebot speziell für Frauen bringen heutzutage viel mehr von ihnen dazu, ihre Geldangelegenheiten und damit auch Investments selbst in die Hand zu nehmen. Untersuchungen haben immer wieder gezeigt, dass vor allem weibliche Anleger ein hohes Interesse daran haben, mit ihrem Geld nicht nur sich selbst, sondern auch anderen etwas Gutes tun zu wollen.

  Jüngere Untersuchungen haben sogar herausgefunden, dass Frauen doppelt so oft wie Männer sagen, dass es ihnen extrem wichtig ist, dass die Unternehmen, in die sie investieren, ESG-Faktoren bei ihren Praktiken und Leitlinien berücksichtigen.[23] Sie sind sogar bereit, potenziell höhere Risiken oder alternativ geringere Renditen in Kauf zu nehmen, wenn dafür die Nachhaltigkeit gewahrt ist.

Hinzu kommt, dass Frauen mittlerweile deutlich mehr verdienen als noch vor wenigen Jahren – und einen immer größeren Anteil am weltweiten Gesamtvermögen verwalten. Wir haben es also mit Frauen zu tun, die wohlhabend – oder zumindest finanziell abgesichert – sind und ein starkes, sozial verantwortliches Gewissen haben.

Mit der steigenden Nachfrage an nachhaltigen Investments übernehmen Frauen die Führung als Investorinnen, Entscheidungsträgerinnen und in der Unternehmensführung. Frauen sind schon heute in der Lage, Nachhaltigkeit effektiv voranzutreiben und bedeutsame gesellschaftliche Veränderungen zu bewirken. Stellen wir uns nur einmal vor, was sie erst erreichen können, wenn sie Männern gesellschaftlich und finanziell endlich gleichgestellt sind!

Die verstärkte Investmentbereitschaft und Investmentmöglichkeit von Frauen ist zwar ein wesentlicher Faktor, aber natürlich nicht allein für die zunehmende Popularität nachhaltiger Anlagen verantwortlich.

- **Gesamtgesellschaftliche Veränderungen** wie das Pariser Klimaabkommen fördern nachhaltige Investments auf der großen Skala und machen sie unter anderem auch lukrativ für Anlegerinnen und Anleger. Hierfür reicht ein Blick auf erneuerbare Energien. In einigen Ländern ist Solarstrom mittlerweile günstiger als Strom aus fossilen Ressourcen. Geringen Erzeugungskosten stehen attraktive Gewinne durch Windkraft, Fotovoltaik und Bioenergie gegenüber. Natürlich sind sie damit als Anlageobjekt auch für immer mehr Anleger und Anlegerinnen interessant.

  Zuletzt haben vor allem die Klimakrise und die daraus entstandene Fridays-for-Future-Bewegung einen großen Anteil daran. Aber auch die Pandemie und die Black-Lives-Matter-Bewegung haben sich als potente Antriebskurbeln für die Nachfrage an nachhaltigen Investments erwiesen.

- **Darüber hinaus haben sich nachhaltige Investments in Zeiten von Krisen und Kurseinbrüchen als zuverlässig erwiesen.** Nachhaltige Anlagen haben während des Kurseinbruchs an den Börsen im Frühjahr 2021 besser abgeschnitten als ihre konventionellen Pendants. Teilweise haben sie sogar zu besseren Ergebnissen geführt als einige Weltkonzerne. Und das gilt nicht nur für nachhaltige Aktien und Aktienfonds. Auch grüne Anleihen haben sich unverändert gut entwickelt oder sogar überdurchschnittliche Zuwächse verbucht.

- **Nachhaltiges Denken sichert Unabhängigkeit und Stabilität.** Nachhaltigkeit lässt sich längst nicht mehr als »Hirngespinst« einer jungen Generation abtun. Diese junge Generation hat erstmals darauf bestanden, dass Umwelt- und Klimathemen überhaupt so sehr in den Fokus rücken. Die gleiche Generation, die zwar aktuell noch finanzschwach ist, aber die Anlegerschaft der Zukunft darstellt. Und wie uns Russlands Krieg gegen die Ukraine wie kaum ein anderes Ereignis der jüngeren Geschichte vor Augen führt: Regenerative Energien sorgen für mehr Unabhängigkeit und Versorgungsstabilität. Wir haben am eigenen Leibe erfahren, wie schnell fossile Brennstoffe und konventionelle Energie überdurchschnittlich teuer werden können. Und das gilt nicht nur für Endverbraucher. Unternehmen, die fossile Brennstoffe wie Heizöl, Erdgas, Benzin und Diesel importieren, herstellen oder vertreiben, müssen seit 2021 in Form eines nationalen Emissionshandels einen CO_2-Preis bezahlen. Parallel dazu hat die EU ihre Klimaziele angehoben und die deutsche Bundesregierung hat beschlossen, dass bis 2030 die Stromversorgung durch mindestens 65 Prozent erneuerbare Energien gedeckt werden soll.

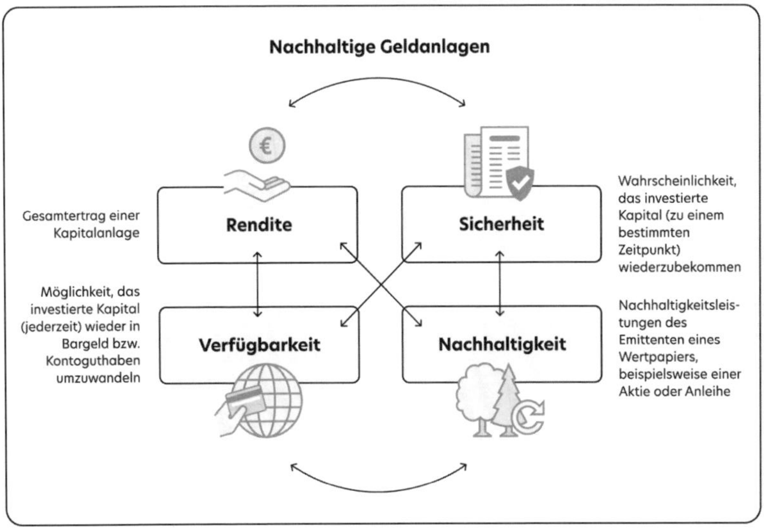

Quelle: Forum Nachhaltige Geldanlagen e.V.

Nachhaltige Finanzprodukte und Anlagemöglichkeiten

Im Grunde hast du in puncto Nachhaltigkeit die gleichen Investmentmöglichkeiten wie bei herkömmlichen Anlageklassen. Einzig die Art, wie die Nachhaltigkeit umgesetzt wird oder werden kann, variiert ein bisschen.

- Wenn du »**grüne Aktien**« eines börsennotierten Unternehmens erwirbst, fließt das Geld, das du für den Kauf ausgibst, meist zunächst einmal direkt an den Vorbesitzer. Das heißt, mit dem Kauf deiner Anteile kannst du die Nachhaltigkeitsvorhaben des Unternehmens nur indirekt unterstützen. Beispielsweise kann das Unternehmen leichter Kredite von Banken zur Realisierung von Nachhaltigkeitsprojekten erhalten, wenn seine Aktien mehr wert sind.

  Das Problem? Du hast als Kleinanlegerin nur wenig Einfluss darauf, ob das Unternehmen das auch tatsächlich tut. Du kannst zwar als Aktionärin bei der Jahreshauptversammlung versuchen, dein Stimmrecht geltend zu machen, aber ob du erfolgreich bist, hängt davon ab, ob sich die Mehrheit mitreißen lässt. Und mit Großinvestoren, Banken, Versicherungen und Fondsgesellschaften hast du bisweilen übermächtige Mit-Aktionäre.

- Bei nachhaltigen Anleihen, sogenannten **Green Bonds**, sieht das schon ein bisschen anders aus. Hier wirkt sich dein Investment unmittelbar auf die Nachhaltigkeit aus. Denn bei Anleihen fließt dein Geld in Kredite an Länder oder Firmen, die diese nur bekommen, wenn sie bestimmte Kriterien einhalten. Green Bonds richten sich etwa an den Standards der zuvor erwähnten ESG-Richtlinien aus oder schließen bestimmte Praktiken und Branchen aus. Zum Beispiel fließt dein Geld dann nicht in Kredite an Unternehmen, die fossile Energien fördern, oder an Länder, die Menschenrechte missachten. Es gibt auch Bonds, die Positivkriterien ansetzen und beispielsweise in Wald, Windkraft oder Effizienztechnologien investieren.
- Auch mit **nachhaltigen Fonds und/oder ETFs** kannst du am grünen Investmenttrend teilhaben. Du kannst sie oft unter Zusätzen am Fondsnamen erkennen: »SRI« (Socially Responsible Investing); »ESG« (Environment, Social, Governance); »Fair Value«; »Responsible«; »Öko«; »Ethik«; »Impact«; »wirkungsorientiertes Investieren«. Nachhaltige ETFs funktionieren nach dem gleichen Prinzip wie ihre konventionellen Pendants. Nur bilden sie eben Indizes nach, aus dem bestimmte Sektoren wie Waffen oder Alkohol ausgeschlossen (»Ex«) oder Unternehmen als »Klassenbeste« ihrer Branche ausgewählt werden (»Best in Class«).

  Aktive Fonds sind auch im Nachhaltigkeitssektor ein bisschen teurer als passiv gemanagte ETFs. Allerdings verfolgen diese Investmentfonds oft einen höheren Nachhaltigkeitsanspruch, weil jeder Titel einzeln und nach individuellen Kriterien ausgewählt wird, die dem Anleger in der Regel auch transparent kommuniziert werden.
- Eine weitere Fondskategorie ist das sogenannte **Impact Investing**. Solche Impact Fonds berücksichtigen oftmals nicht nur die ESG-Kriterien, sondern setzen auch konkrete Ziele. So fließt bei manchen

Impact Fonds etwa Geld in Kleinstkredite in Schwellen- und Entwicklungsländern (Mikrokredite) oder in soziales Unternehmertum (Social Entrepreneurship), Bildungsprojekte, grüne Mobilitätsanbieter, Waldaufforstung oder erneuerbare Energien für mehr Klimaschutz. Der wesentliche Unterschied ist: Bei Impact Fonds investierst du dein Geld in die Realwirtschaft, wodurch die nachhaltige Wirkung dadurch direkter ist.

- Nicht zuletzt kannst du auch in **nachhaltige Start-ups oder Projekte** aus verschiedenen Branchen und Sektoren investieren. Ob als Business Angel oder als Crowd-Investorin, es stehen dir alle Möglichkeiten offen.
- Zu guter Letzt: Es gibt auch **Banken**, bei denen du auch mit ganz alltäglichen Finanzprodukten wie deinem Girokonto die Nachhaltigkeit fördern kannst.

Weitere Megatrends

Wer vor 20 Jahren in Nachhaltigkeit investiert hat, galt eher als verschroben. Wer vor zehn Jahren in Nachhaltigkeit investiert hat, hätte vielleicht als Trendsetter gegolten. Heute ist das Thema längst über das, was man einen Trend nennt, hinausgewachsen. Genau genommen könnte man nachhaltige Investments getrost als Megatrend bezeichnen.

Aber der Reihe nach: Klären wir zunächst einmal, was Megatrends überhaupt sind. Ein »Megatrend« zeichnet sich dadurch aus, dass er einen grundlegenden Strukturwandel nach sich zieht. Und nicht selten weltweit. Megatrends haben die Power, ganze Branchen und Berufszweige über Jahrzehnte hinweg zu prägen und zu formen. In dieser Eigenschaft eignen sie sich vor allem für langfristige Investments.

Das Problem bei Megatrend-Investments ist, dass sie schwer zu prognostizieren sind. Nicht so sehr die Trends selbst, ihr Verlauf allerdings schon. Gerade in Boom-Branchen wie zuletzt der Digitalisierung oder

Technologie generell können Trends sich schnell auch selbst überholen oder doch nur von kurzer Halbwertszeit sein. Auch dein Timing als Investorin spielt dabei eine große Rolle. Erkennst du einen Trend zu spät oder hast zu lange gebraucht, um ein Unternehmen zu finden, das tatsächlich von einem Megatrend profitiert, ist ein großer Teil deines Renditepotenzials dahin.

Wir haben dir ein paar Megatrends zusammengestellt, von denen wir glauben, dass sie zukunftsweisend sein werden:

- **Cyber Security**: Zwischen 2020 und 2022 haben Hacker allein in Deutschland einen Schaden von insgesamt 43 Milliarden Euro verursacht. Weltweit liegt die Schadenssumme bei 600 Milliarden Euro. Und das dürfte jeweils nur die Spitze des Eisbergs sein. Cyber Security ist also ein Thema, das uns noch lange Zeit begleiten wird.
  - Beispiele: *iShares Digital Security UCITS ETF (Dist), L&G Cyber Security UCITS ETF*

- **Biotechnologie**: Gerade einmal 40 Jahre ist diese Wissenschaftsbranche alt und hat sich schon zu einer milliardenschweren Branche allein in Deutschland gemausert. 2018 lagen die Umsätze bereits jenseits der 4 Milliarden Euro. Aufgrund der demografischen Verschiebung sind in der Biotechnologie künftige positive Entwicklungen zu erwarten.
  - Beispiel: *iShares Nasdaq US Biotechnology UCITS ETF*

- **Künstliche Intelligenz – KI** (auch: AI, engl. Artificial Intelligence): Besonders die Gesundheits- und die Automobilbranche treiben die Entwicklung künstlicher Intelligenz voran. Experten erwarten, dass allein dieser Sektor die Gesamtwirtschaft bis 2030 um 11 Prozent in Deutschland und 14 Prozent weltweit wachsen lassen wird.
  - Beispiele: *ETFs Xtrackers Artificial Intelligence and Big Data UCITS ETF, WisdomTree Artificial Intelligence UCITS ETF*

- **Robotechnologie**: Ja, der Entwicklung von Robotern und der von künstlicher Intelligenz kann man eine gewisse Schnittmenge nicht absprechen. Bei der Robotertechnologie geht es allerdings vielmehr um maschinelle Automation. Schon heute übernehmen Maschinen weltweit einen Großteil der Fertigungsprozesse in diversen Industrien.
  - Beispiel: *Lyxor Robotics & AI UCITS ETF*

- **Smart Factory**: Unter diesem Trend sind Unternehmen zusammengefasst, die in Branchen wie der bereits erwähnten Robotik und Cyber Security oder Cloud Computing, Big Data, Augmented Reality und Internet of Things tätig sind. Untersuchungen gehen bei diesem potenziellen Megatrend zwar noch von reichlich Optimierungsbedarf aus. Die Prognosen in Sachen innovative, disruptive Technologie zur Verbesserung von Prozessen, Lieferketten, Produktionszeiten, Lagerhaltungskosten usw. sind jedoch bislang vielversprechend.
  - Beispiel: *Amundi Smart Factory UCITS ETF*

Megatrend-Investments versuchen, das langfristige Renditewachstum von Branchen und Faktoren vorherzusehen. Faktoren wie demografische Veränderungen und/oder Ressourcenknappheit dienen bei dieser Prognose unter anderem als Variablen, um diese sukzessiv fortschreitenden Megatrends zu identifizieren. Als Investorin kannst du von dieser Prognose solcher Effekte profitieren, wenn du die richtigen Schlüsse ziehst. So verändert etwa eine alternde Gesellschaft auch die Konsumgewohnheiten auf vielen Ebenen. Ein Bevölkerungsanstieg wiederum erfordert einen effizienteren Einsatz von Ressourcen.

Mit Megatrend-Investments kannst du langfristig in Themen und Trends investieren, die dir persönlich wichtig sind. Aus diesem Grund zählen auch Nachhaltigkeitsinvestments zur Kategorie »Megatrend«. Solche Megatrend-Fonds ermöglichen dir Investments über Länder-, Branchen- und Marktkapitalisierungsgrenzen hinweg. Du solltest sie allerdings nur als Teil eines breiter diversifizierten Portfolios eingehen.

Unternehmen, die es sich zur Aufgabe gemacht haben, aktuelle und zukünftige Herausforderungen gesellschaftlicher, wirtschaftlicher und technologischer Art zu lösen, können die Märkte über viele Jahre hinweg prägen. Wenn du also daran interessiert bist, in langfristige Trends zu investieren, die unsere Welt betreffen, dann könnten diese Investmentmöglichkeiten eine spannende Sache für dich sein. Immerhin formst auch du in gewisser Weise mit deinen alltäglichen und deinen Investmententscheidungen die Zukunft mit.

Und wie du diese sichern kannst, darum geht es im nächsten Kapitel.

6. Deine finanzielle Zukunft und die deiner Familie

> »Als ich klein war, glaubte ich, Geld sei das Wichtigste im Leben. Heute, da ich alt bin, weiß ich: Es stimmt.«
>
> Oscar Wilde

Im vorigen Kapitel haben wir zunächst einmal investmentseitig einen Blick in die Zukunft gewagt und haben uns mit zukunftsweisenden Investments auseinandergesetzt. In diesem Kapitel möchten wir den Zukunftsgedanken von einer anderen Seite beleuchten. Einer ganz praktischen Seite. Einer ganz unspekulativen Seite, fernab von Markttrends.

Hier werfen wir einen Blick darauf, wie du ganz konkret mit den veränderten Bedingungen bezüglich deiner eigenen Altersabsicherung umgehen kannst, aber auch, wie du deine Kinder auf deren finanzielle Zukunft vorbereiten kannst.

Die Planung deiner Altersvorsorge

Kaum ein anderer Satz dürfte sich so in das kollektive Gedächtnis der Vor-Millennials eingebrannt haben wie die Worte des Ex-Arbeitsministers Norbert Blüm: »Die Rente ist sicher.« Und kaum etwas anderes dürften deutsche Arbeitnehmer und Arbeitnehmerinnen im neuen

Jahrtausend als so höhnisch empfinden wie diese Aussage. Denn wenn sich in den letzten Jahrzehnten eines geändert hat, dann die Verlässlichkeit des deutschen Rentensystems.

Vor allem demografische Ursachen befeuern die Schwächung der gesetzlichen Rente. Die Arbeitnehmer werden immer älter, das Renteneintrittsalter wird immer wieder nach oben korrigiert und der weniger werdende Nachwuchs zahlt zu wenig ins Rentensystem ein, als dass er die alternde Gesellschaft langfristig finanzieren könnte. Eins ist also klar: Wer im Alter ein halbwegs angemessenes Leben führen will, muss privat vorsorgen.

Oberflächlich betrachtet, klingt »private Altersvorsorge« kinderleicht. Du arbeitest, du sparst und dann gehst du in Rente. Der Mechanismus an sich mag sogar so simpel sein wie das beschriebene Prinzip. Aber heutzutage musst du dich ein paar mehr Herausforderungen stellen als die Generationen vor dir.

Zunächst einmal ist die allgemeine Lebenserwartung gestiegen. Das bedeutet, dein Geld muss länger reichen. Potenziell bis in deine Neunziger hinein. Gleichzeitig sind die Renditen aus Anleihen deutlich niedriger, als sie es einmal waren. Das wiederum bedeutet, es reicht nicht aus, dir ein paar festverzinste Wertpapiere zu kaufen, weil sie keine zweistelligen Gewinne mehr einfahren. Und zunehmend verlagern sich auch betriebliche Altersvorsorgepläne auf Anlageprodukte, die den Marktschwankungen unterworfen sind.

Wie also kannst du so für dein Alter vorsorgen, dass du einen annehmbaren Lebensstil beibehalten kannst? Nicht zuletzt nehmen wir uns doch so viel für die Rentenzeit vor. All die Reisen, die wir als Arbeitnehmer nicht machen konnten. All die neuen Hobbys, für die als Eltern keine Zeit blieb. Eine sorgfältige Planung deiner Altersvorsorge folgt einer Reihe von Schritten und berücksichtigt eine Vielzahl von Angeboten und Möglichkeiten, um deine finanzielle Versorgung im Alter zu optimieren.

Versicherungen überprüfen

Grundsätzlich ist es schlau, von den Vorzügen betrieblicher Altersvorsorgeangebote und Rentenversicherungen zu profitieren. Das machen beispielsweise auch unsere Kundinnen Inga aus Hamburg mit ihrer Lebensversicherung (insgesamt ein Barwert von 40.000 Euro), Natalie, die du gleich noch in einem anderen Zusammenhang näher kennenlernen wirst, und Monika mit ihren drei Rentenversicherungen so.

Das Problem? Keine von ihnen hat daran gedacht, ihre Versicherungen zwischendurch mal zu überprüfen und gegebenenfalls zu optimieren. Und das kann fatal sein. Denn natürlich kann man sich grundsätzlich erst einmal gegen alles ab- oder versichern. Aber ob es wirklich sinnvoll ist, steht auf einem ganz anderen Blatt. Und selbst, nein *gerade* Rentenversicherungen sollten hin und wieder mal auf Optimierungsbedarf überprüft werden.

Wusstest du, dass die niedrigen Zinsen sich auch auf die Rentabilität deiner Lebens- und/oder Rentenversicherungen auswirken? Die Niedrigzinspolitik, die die EZB seit der letzten großen Krise fährt, bringt viele Versicherer in Bedrängnis, weil ein Großteil ihrer Kapitalanlagen in Anleihen investiert ist. Und wie wir aus den vorigen Kapiteln wissen, haben die Renditen auf Anleihen in letzter Zeit nicht gerade durch ihre überragende Höhe von sich reden gemacht. Das kann dazu führen, dass die Effektivverzinsung deiner Versicherungsverträge unterhalb der darin ausgewiesenen Garantieverzinsung liegt. Kurz: Es kann passieren, dass dein Versicherer zum Ablauf deiner Police nicht in der Lage ist, dich auszubezahlen.

Und weil all das noch nicht frustrierend genug ist, hier noch ein Wermutstropfen: Viele Versicherungsnehmer glauben, die Verzinsung ihrer Lebens- oder Rentenversicherung funktioniere wie bei einem Tagesgeldkonto oder einer Fondsanlage. Nämlich, dass sie die Zinsen regelmäßig gutgeschrieben kriegen. Leider stimmt diese Annahme nicht. Zwar weisen Versicherungen jedes Jahr ihre Überschüsse aus.

Auszahlen allerdings werden sie sie erst am Ende deiner Vertragslaufzeit. Und dann stehen deine Chancen 50:50, ob die Überschüsse in dem Jahr zufällig höher oder niedriger sind.

Unsere Versicherungstipps für dich

1. Überprüfe deine Versicherungen auf Rentabilität

Zwei Versicherungen solltest du unbedingt haben: eine Kranken- und eine Haftpflichtversicherung.

Je nach Lebensumständen gibt es noch weitere sinnvolle Versicherungen wie eine Berufs- oder Erwerbsunfähigkeitsversicherung. Beide sind aber nur eingeschränkt vorteilhaft.

Bei der Berufsunfähigkeitsversicherung (BU) zum Beispiel achten Versicherer grundsätzlich auf drei wesentliche Faktoren: dein Alter, deinen Gesundheitszustand und deinen Beruf.

- Das Alter wird qua Stufensystem zur Beitragsbemessung herangezogen. Das heißt, je älter du beim Abschluss bist, desto höher deine Beiträge. Schließt du beispielsweise eine BU mit 25 Jahren ab, bleibst du, zumindest was deine Beitragsstufe angeht, dein Leben lang 25. Schließt du sie mit 50 Jahren ab, erhöht sich dein Beitrag entsprechend, bleibt aber ebenfalls gleich.
- Deine Gesundheit wirkt sich ebenfalls auf die Höhe deiner Beiträge (und somit auf die Rentabilität einer BU) aus. Je älter du bist, desto mehr Wehwehchen hast du und desto wahrscheinlicher wirst du potenziell die BU in Anspruch nehmen. Das lässt sich der Versicherer ebenfalls durch höhere Beiträge bezahlen. Je nach Vorerkrankungen und deiner individuellen Gesundheitshistorie kann ein Versicherer dir die BU auch komplett verweigern. Oder teilweise, indem er bestimmte Krankheitsbilder vom Versicherungsschutz ausschließt.
- Dein Beruf spielt ebenfalls eine Rolle für die Versicherer. Immerhin gibt es Berufe mit mehr Gesundheitsrisiken oder mit gravierenderen Gesundheitsfolgen als andere. Anders als Alter und Gesundheitszustand stufen Versicherungen deinen Beruf in Kategorien von 1 bis 4 oder A bis D ein, wobei 4, respektive D, die schlechteste »Note« ist (das gilt für Berufszweige mit hohem Risiko für schwerwiegende Krankheiten und Unfälle, wie Polizist, Handwerker u. Ä.). >>

Viele sitzende und stressbelastete Tätigkeiten wie Lehrer, Mediziner oder Managementpositionen werden im Mittelfeld eingestuft. Und die Bestnoten erhalten ausgewählte Bürotätigkeiten sowie Studierende und Auszubildende.

Wie beim Alter gilt auch beim Beruf: Deine Einordnung ändert sich nach Abschluss einer BU meist nicht mehr. Schließt du also als Studierende eine BU ab, gehst danach aber ins Baugewerbe, darf die Versicherung dich nicht von der besten in die schlechteste Kategorie umsortieren.

Hinweis:

Solltest du mit dem Gedanken spielen, trotz aktueller oder erst kurz zurückliegender Behandlungen (körperlicher wie psychischer Natur) eine BU abschließen zu wollen, tu das bitte nicht auf eigene Faust! Lehnt dich ein Versicherer ab, nimmt dich auch keine andere Versicherung auf. Außerdem solltest du auch die eventuelle Steuerlast bei der BU bedenken. Die bekommst du nämlich brutto ausgezahlt und musst darauf entsprechend Steuern entrichten. Und da du während der Berufsunfähigkeit auch nicht mehr in die gesetzliche Rentenkasse einzahlst, müsstest du auch noch die Krankenversicherung und private Altersvorsorge bezahlen.

2. Vergleiche den Garantiezins aus deiner Lebens- oder Rentenversicherung mit deren Effektivverzinsung – hierfür gibt es hilfreiche finmarie-Online-Tools.

3. Definiere deine Anlageziele unter Berücksichtigung deines Risikoprofils und deines Anlagehorizontes und stelle einen konkreten Renditevergleich zwischen deinen Versicherungen und einer möglichen Anlagealternative an.

4. Prüfe, ob du deine Versicherungen kündigen, rückabwickeln oder verkaufen kannst.

Betriebliche und private Rentenansprüche feststellen

Wenn du in einem Angestelltenverhältnis arbeitest, solltest du unbedingt die Möglichkeiten voll ausschöpfen, die dir Politik und Arbeitgeber zur Aufbesserung deiner gesetzlichen Rente bieten. Gerade die betrieblichen Vorsorgeangebote können sich für dich rechnen. Denn unter anderem bezuschusst dein Arbeitgeber deine betriebliche Altersvorsorge mit 15 Prozent.

Außerdem ist die Auszahlung deiner Beiträge gesichert – auch wenn dein Geld keinen Gewinn erzielt. Weil außerdem viele Betriebsrentenverträge direkt vom Bruttogehalt abgehen, musst du dich um nichts kümmern. Und wenn du Kinder hast, kannst du von Verträgen profitieren, die auch deine Nachkommen absichern, falls du vor Renteneintritt sterben solltest.

Insgesamt sollte deine Altersvorsorge aus diesen drei Säulen bestehen:

- der gesetzlichen Rente,
- der staatlich geförderten, sprich betrieblichen, Altersvorsorge und
- der ungeförderten Privatvorsorge.

In die **gesetzliche Rente** zahlt jeder angestellte Arbeitnehmer in Deutschland ein. Mit jedem monatlichen Beitrag in die Deutsche Rentenversicherung sammelst du sogenannte Rentenpunkte, aus denen sich später die Höhe deiner Rentenansprüche berechnen.

Bei der **staatlich geförderten Rente** handelt es sich um Versicherungsprodukte, die, wie es der Name schon sagt, staatlich gefördert oder zumindest begünstigt werden. Das kann beispielsweise die Riesterrente sein. Dafür bekommst du eine Zulage von »Vater Staat« obendrauf. Andere Formen der betrieblichen Altersvorsorge, wie eingangs schon angedeutet, profitieren von Steuerbegünstigungen. Weil sie vom Bruttolohn abgehen und die Besteuerung nachgelagert erfolgt, fällt weniger Einkommenssteuer auf die Rentenraten an. Je nach Steuerklasse kann sich das recht deutlich bemerkbar machen.

Die dritte der sogenannten drei Säulen der Altersvorsorge ist das, was du **privat** machst. Das können Lebensversicherungen sein, Rentenversicherungen, Wertpapieranlagen. Hierfür bekommst du grundsätzlich keine staatliche Unterstützung – außer dem Sparerfreibetrag und bei Versicherungsprodukten wieder Steuervergünstigungen. So werden etwa Versicherungen nur teilweise besteuert (Ertragsanteil). Wie hoch dieser Anteil ist, hängt davon ab, in welchem Alter du in Rente gehst. Grundsätzlich: Je früher, desto höher der zu versteuernde Anteil.

Pension Gap – mehr als ein Genderthema

Dass zwischen den Gehältern von Männern und Frauen Lücken klaffen, ist längst ein offenes Geheimnis. Über den Gender Pay Gap und den damit zusammenhängenden Gender Pension Gap haben wir bereits in Kapitel 1 ausführlich gesprochen.

Aber das ist nicht die einzige Lücke bei der Rente, die dich erwarten wird. Denn jenseits des Geschlechterunterschieds klafft noch ein weiterer Pension Gap. Nämlich der, der sich zwischen deinem letzten Gehalt vor Renteneintritt und der tatsächlichen Höhe deiner Rentenbezüge auftut! Das wird für dich zum Problem, wenn du dir einen gewissen Lebensstandard aufgebaut hast und dann plötzlich merkliche Abstriche daran machen musst.

Politisch wird das Konzept der **Rentenlücke** ausschließlich auf die gesetzliche Rente angewendet. Realistischer und individueller wäre natürlich eine Betrachtung unter Berücksichtigung deiner privaten und betrieblichen Altersabsicherung. Aber das ist, wie gesagt, sehr individuell, weshalb wir hier bei der politischen Definition der Rentenlücke bleiben. Später gehen wir auf deine individuelle Situation noch etwas näher ein.

Bei der gesetzlichen Rente kann der Pension Gap jedenfalls schnell drastische Ausmaße annehmen. Denn ganz generell sinkt die Höhe des Rentenniveaus seit Jahren. Aktuell liegt es bei 48 Prozent deines Durchschnittsverdiensts über deine gesamte Berufslaufbahn. 2025 soll eine neuerliche Senkung folgen. Parallel dazu steigt auch die Besteuerung der gesetzlichen Rente ständig an. Würdest du 2023 in Rente gehen, müsstest du auf 81 Prozent deiner Rente Steuern zahlen. Das sind 81 Prozent von weniger als der Hälfte deines lebenslangen Durchschnittsverdienstss. Wer 2040 oder später in Rente geht, müsste beim anhalten Anstieg der Rentenbesteuerung auf seine gesamten gesetzlichen Renteneinnahmen Steuern entrichten. Aktuell laufen allerdings Gerichtsverfahren, die hoffentlich noch Anpassungen dieser sogenannten »Doppelbesteuerung gesetzlicher Rentenbezüge« zur Folge haben werden. Denn es werden schlicht jüngere Jahrgänge enorm benachteiligt.

Je später du in Rente gehst, desto höher ist deine zu erwartende Rentenlücke. Dass du aber erst in 15, 20 oder noch mehr Jahren in Rente gehst oder gehen kannst, ist ja nicht deine Schuld. Zumal nicht vorhersehbar ist, ob das aktuelle Renteneintrittsalter von 67 Jahren nicht auch noch nach oben angepasst wird. Die aktuelle Rentenpolitik benachteiligt also jüngere Jahrgänge und gleichzeitig auch Arbeitnehmerinnen, die sich einen früheren Renteneintritt finanziell nicht leisten können.

Stand heute wissen wir nicht, ob die gesetzliche Rentenversorgung noch an die moderne Lebensrealität angepasst werden wird – wir müssen erst einmal davon ausgehen, dass wir den Pension Gap, der uns erwartet, mit eigenen Mitteln, sprich mit Privatvorsorge, so gut es geht schließen müssen.

Und das bedeutet, auch du kommst nicht umhin, dich mit deiner Rente und deiner finanziellen Gesundheit im Alter auseinanderzusetzen. Mindestens, um abzuwägen, wie viel private Altersvorsorge du betreiben musst oder kannst, um möglichst wenige oder idealerweise keine Abstriche machen zu müssen.

Vermögen für deinen Ruhestand berechnen

Der Gedanke mag herausfordernd sein – und wahrscheinlich schaust du beim Blick auf deine jährliche Renteninformation eher nicht so optimistisch in die Zukunft. Aber unter anderem darum hast du ja dieses Buch gekauft, richtig? Um dich zu wappnen und finanziell besser aufzustellen, um deinem Ruhestand gelassen entgegenzublicken.

Drei wesentliche Faktoren bestimmen, wie viel Einkommen du im Rentenalter benötigen wirst:

1. dein aktuelles Einkommen – und vielleicht das deines Ehepartners oder deiner Ehepartnerin,
2. die Jahre bis zu deinem gewünschten Renteneintritt – und gegebenenfalls das deines Ehepartners,
3. die Höhe deines Wunscheinkommens.

Wir haben es vorhin schon angedeutet: Um genau und zuverlässig berechnen zu können, wie viel du selbst ansparen musst, musst du wissen, wie hoch der Anteil deiner gesetzlichen Rente, deiner privaten und betrieblichen Altersvorsorge ist. Die Informationen über deine erwartbare staatliche Rente findest du auf dem Bescheid der Rentenkasse. Informationen über betriebliche Altersvorsorge kannst du jederzeit beim entsprechenden Versicherer einsehen oder erfragen.

Weitere mögliche Einkommensquellen solltest du außerdem auch in deine Berechnung einfließen lassen. Besitzt du etwa ein Eigenheim oder andere Immobilien, die du planst, im Alter zu verkaufen, um dich woanders niederzulassen? Dann kannst du aus dem aktuellen Marktwert und der bei Renteneintritt noch offenen Finanzierungssumme eine grobe Schätzung errechnen, wie viel aus dem Verkauf in deine Altersvorsorge einfließen wird. Solltest du vorhaben, dir ein neues Eigenheim zu kaufen, musst du die geschätzten Kosten dafür natürlich abziehen.

Schließlich und endlich lautet die alles entscheidende Frage: **Wie viel wirst du brauchen?** Das kannst du ausrechnen, indem du deine Lebenserwartung zugrunde legst – natürlich kannst du nicht planen, wie alt du werden wirst. Rechne darum mit der zukünftigen durchschnittlichen Lebenserwartung, mindestens aber bis 90 Jahre. Wenn du mit 65 in

Rente gehen möchtest, musst du also 25 Jahre von deinen Renteneinkünften leben können.

Überlege dann, wie hoch im Rentenalter der Anteil von Aktien in deinem Portfolio sein soll. Die meisten reduzieren den Aktienanteil im Alter, weil es sich um ein sehr volatiles Investment handelt, und erhöhen stattdessen lieber den Anteil weniger volatiler Anlageprodukte.

Zum Schluss kannst du noch andere Assets in deine Berechnung einfließen lassen, sofern diese für dich relevant sind – etwa Erbschaften, Schenkungen oder den Verkauf deines Unternehmens – und natürlich die Besteuerung.

Fallbeispiel

Schauen wir uns das mal ein wenig genauer an. Sagen wir, du möchtest zum Renteneintritt 100.000 Euro Privatkapital angespart haben. Wie lange du davon leben kannst, ist einerseits von deinem Lebensstil abhängig, andererseits auch davon, für welche Art Wertpapier (mit entsprechender Rendite) und welchen Auszahlungsplan du dich entscheidest.

▷ Der **Auszahlungs- bzw. Entnahmeplan** legt fest, in welcher Form du dein angespartes Geld über die Zeit deiner Rente zur Verfügung gestellt bekommst.

Dabei stehen dir zwei Möglichkeiten zur Verfügung:

1. **Du tastest die 100.000 Euro nicht an.**
   Möchtest du das angesparte Geld nicht antasten, kannst du dir nur die erzielte Rendite in Form von monatlichen Raten ausbezahlen lassen.
   Der Vorteil: Dir bleiben die 100.000 Euro als weitere Anlage, als Notgroschen oder zum Vererben erhalten.
   Musst du das Geld nicht antasten, kannst du für den Rest deines Lebens die Rendite als private Zusatzrente beziehen.

Der Nachteil: Du bist abhängig von der Rendite. Dein Plan geht nur auf, wenn die durchschnittliche Jahresrendite gut ist.

> *Bei einer Durchschnittsrendite von 6,8 Prozent kannst du eine Monatsauszahlung von 563 Euro brutto nutzen, ohne deine 100.000 Euro antasten zu müssen. Bei 5 Prozent Durchschnittsrendite sinkt die Höhe deines monatlichen Auszahlungsplans bereits auf 414 Euro.*

2. **Du lässt dir die 100.000 Euro auszahlen.**
   Hierbei legst du einen Zeitraum fest, über den dir deine Ersparnisse in monatlichen Raten ausgezahlt werden. Wenn du mit 67 in Rente gehst und dich beispielsweise dafür entscheidest, dass dein Kapital dir bis 80 oder 85 dein monatliches Rentenbudget aufstocken soll, dann erhältst du zu der Renditeauszahlung aus Version 1 noch einen entsprechenden Anteil deiner 100.000 Euro dazu.
   Der Vorteil: Deine private Zusatzrente erhöht sich im Vergleich zur ersten Methode merklich. Wobei natürlich auch bei dieser Variante die Rendite die Höhe bestimmt.
   Der Nachteil: Nach 13 respektive 18 Jahren hier im Beispiel sind auch deine 100.000 Euro aufgebraucht. Der Auszahlungsplan ist also zeitlich befristet.

> *Bei 6,8 Prozent kannst du wahlweise 13 Jahre lang 961 Euro brutto jeden Monat zusätzlich erhalten oder über 18 Jahre hinweg 799 Euro. Bei 5 Prozent reduziert sich deine monatliche Zusatzrente auf 869 Euro respektive 700 Euro.*

Wie bei jedem Investmentvorhaben gilt auch bei der Altersvorsorge: Je länger dein Anlagehorizont, desto besser, um von Markteffekten zu profitieren und auch mit kleinen Beiträgen schon große Veränderung zu bewirken. Und deinen Anlagehorizont kannst du verlängern, indem du so früh wie möglich mit deiner Altersvorsorge beginnst – ja, das klingt in jungen Jahren natürlich unglaublich unspannend. Aber ein kleines Rechenbeispiel wird dir zeigen, warum du private Rentenvorsorge wirklich frühzeitig auf dem Schirm haben solltest. (Oder wahlweise du als Mutter für deine Kinder.) Je früher du mit den Sparmaßnahmen beginnst, desto früher hast du auch die zuvor genannten 100.000 Euro auf deinem Konto:

> *Wenn du die 100.000 Euro mit 37 Jahren schon angespart hast, profitierst du 30 Jahre lang von der angenommenen Durchschnittsrendite aus dem Beispiel. Gehst du dann mit 67 in Rente, hast du satte 719.676 Euro im Depot – das ist fast eine Dreiviertelmillion. Stattliches Sümmchen, oder? Eben. Und wenn du dir die dann nach der ersten Methode ausbezahlen lässt (also lediglich die Rendite), sind das immerhin 4055 Euro brutto. Jeden Monat. Zusätzlich zu deiner gesetzlichen und betrieblichen Rente.*
>
> *Erreichst du dein Ziel von 100.000 Euro mit 47 Jahren, stehen dir bei gleicher Rendite zum Renteneintritt 372.756 Euro zur Verfügung. Auch hier lohnt sich die erste Variante des Entnahmeplans. Du bekommst allein durch die Rendite immerhin 2100 Euro brutto Zusatzrente pro Monat.*
>
> *Selbst wenn du es erst mit 57 Jahren schaffst, dein Rentenkapital zu erreichen, kannst du bis zur offiziellen Rente noch ansehnliche Gewinne und rentable Renditen generieren. Ausgehend von der gleichen Renditeerwartung wie zuvor, pushst du deine 100.000 Euro bis 67 immerhin noch auf knapp das Doppelte: 193.068 Euro. Mit einem Auszahlungsplan, der nur die Rendite ausschüttet, bedeutet das eine monatliche Zusatzauszahlung von 1087 Euro brutto.*

Im Internet findest du zur Berechnung deiner Ist-Situation kostenlose Rentenrechner. Wenn du dann deren Ergebnis von deinem Wunscheinkommen im Alter abziehst, erhältst du die Lücke, die du mit privaten Altersvorsorgeplänen selbst ansparen musst.

Money Talk in der Familie

In vielen Gesellschaften der Welt gilt es als Tabu, über Geld zu sprechen. Deutschland bildet dabei leider keine Ausnahme. Bestimmt hast auch du schon Arbeitsverträge unterschrieben, die dir verboten haben, mit Kollegen über dein Gehalt zu sprechen. Und wer kennt ihn nicht, den Spruch: »Über Geld spricht man nicht.«? Schon früh im Leben kriegen wir gesagt, dass es sich nicht gehört, mit seinem Vermögen oder Gehalt anzugeben. Manche gewöhnen sich sogar ab, nach Preisen zu fragen, weil das implizieren könnte, dass man sich das Produkt vielleicht gar nicht leisten kann.

Das Problem ist, dass diese Tabuisierung es umso schwerer macht, wirklich wichtige Gespräche über Geld zu führen. Aber genau das wäre so wichtig. Und zwar sowohl auf der Arbeit, unter Freunden und auch zu Hause.

Ganz klar, im Leben geht es um mehr als Geld. Aber Geld ist trotzdem ziemlich wichtig für uns. Zumindest für die meisten. Und erst recht dann, wenn man zu wenig davon hat. Finanzielle Probleme zählen mit zu den häufigsten Streitgründen bei Paaren. Fast jeder vierte Deutsche streitet sich zumindest manchmal mit dem Partner oder der Partnerin über Geld. Jeder Zehnte trennt sich sogar deshalb.[24] In der Altersgruppe der 40- bis 50-Jährigen sogar jeder Achte. Das Tabu ist so tief im kollektiven Verhalten verankert, dass manche Partner nicht einmal wissen, wie viel der oder die andere verdient. Dabei zeigen Untersuchungen, dass Beziehungen, in denen die Fronten im Umgang mit Geld klar geregelt sind, stabiler sind.[25] Und das ist nachvollziehbar. Wie soll man denn anständig kalkulieren, wenn man nicht einmal weiß, wie viel der Partner monatlich verdient oder wie viele Schulden er oder sie im Zweifelsfall hat?

Wenn du es schaffst, offen, ruhig und rational mit anderen Leuten über Geld zu reden, kannst du viele Probleme vermeiden. Nicht nur in der Partnerschaft. Auch, um den richtigen und passenden Rat zu deiner

Vermögenssituation zu bekommen. Finanzberater aller Art sind es gewohnt, über Geld zu reden. Aber wenn du hier nicht ehrlich und offen bist, setzt du deine finanzielle Gesundheit aufs Spiel.

Es gibt viele Gründe, das Thema Geld lieber zu meiden. Scham, Verlegenheit, andere nicht belasten wollen, erzieherische Prägung, Stress oder das Gefühl, dass man nicht so erfolgreich ist, wie man vielleicht gerne wäre, sein sollte oder wahrgenommen wird. Und besonders Letzteres hat sich in der Vergangenheit oft auch bestätigt. Denn mit steigendem Einkommen wird auch die Bereitschaft, über finanzielle Angelegenheiten zu reden, größer. Das wiederum ist ein Beleg dafür, dass vor allem, wer finanzielle Sorgen und Unsicherheiten hat, das Thema lieber meidet.

Für gute Nachrichten und eine positive Entwicklung hin zu mehr Offenheit in Geldangelegenheiten sorgt übrigens die junge Generation. Die tut sich mit dem Reden über Geld deutlich leichter als ihre Eltern- und Großeltern.[26] Sie streiten im Übrigen auch weniger um Geld. Zufall? Und du kannst dazu beitragen, dass dieser Positivtrend anhält, indem du über Geld sprichst. Mit deinen Kindern, Nichten, Neffen und Enkeln. Mit deinen Freundinnen und Arbeitskollegen. Und mit deinem Partner oder deiner Partnerin.

Kinder: Wirtschaft und Börse schon früh erklären

Wir haben ja gerade festgestellt, dass die jüngere Generation sich nicht so schwertut, über Geld zu reden. Und um diesen Wandel zu fördern, empfehlen wir, dass du bei deinen Kids nicht das Mantra »Über Geld spricht man nicht« prägst. Auch und gerade dann, wenn du selbst vielleicht nach diesem Motto aufgewachsen bist.

Nun sind Themen wie Geld, Wirtschaft und Börse schon für uns Erwachsene ziemlich komplizierte Themen. Wie können wir da von Kindern erwarten, dass sie diese Konzepte verstehen?

Indem du sie kindgerecht beschreibst. Die Grundlagen kannst du deinen Kindern sogar schon in recht frühen Jahren erklären. Und keine Sorge, natürlich haben wir aus unserer eigenen Erfahrung Tipps für dich.

Warum es so wichtig ist, mit Kindern über Geld zu reden

Finanzielle Bildung ist in Deutschland Aufgabe der Erziehungsberechtigten. Das ist schon am Lehrplan erkennbar. Wirtschaft steht an den meisten deutschen Schulen nicht oder erst spät auf dem Plan. Das Problem ist: Wenn Kinder kein wirtschaftliches Verständnis vermittelt bekommen, ist es sehr wahrscheinlich, dass die meisten eine ähnliche finanzielle Karriere hinlegen, wie sie ihre Eltern ihnen vorleben.

Im Schnitt bedeutet das, wir geben nicht nur unsere Gene an die nächste Generation weiter, sondern auch Geldnot, Konsumschulden und eine Tabuisierung des gesamten Themas. Und gerade der Umgang mit Krediten und welche Negativspirale sich aus Schulden ergeben kann, ist ein wichtiger Aspekt.

Über 50 Prozent der Deutschen haben keine finanzielle Bildung genossen. Selbst wenn sie es wollten, könnten also viele Eltern ihren Kindern gar nicht vermitteln, worum es bei Geldangelegenheiten überhaupt geht. Und in der Schule lernen die Kids regulär nicht, welche Bedeutung und welchen Wert Geld hat. In der Folge fällt es vielen schwer, ein gesundes Verhältnis zu Geld aufzubauen. Vom Aufbau eines gewissen Vermögens und finanzieller Freiheit ganz zu schweigen. Darum hat unsere liebe Karolina gemeinsam mit Babett Mahnert und Lisa Reinheimer das Projekt »Schulgold« gestartet – um Finanzbildung an deutsche Schulen zu bringen. Mehr dazu findest du unter https://schulgold.com.

Bei Kindern im Grundschulalter musst du ein bisschen kreativ werden. Das dürfte dir leichter fallen, wenn du erst einmal herausfindest, was deine Kids schon über Geld und die Wirtschaft wissen. Wie viel das genau ist, hängt nicht nur von ihrem Alter ab, sondern auch davon, wie oft sie mit dem Thema konfrontiert sind. Stell ihnen also Fragen – und gerne auch etwas herausfordernde Fragen, um sie zum Denken anzuregen und dazu, dir ihre eigenen Vorstellungen mitzuteilen. Auch so kannst du ihr Verständnis über Geldangelegenheiten stärken.

Insgesamt hilft es, wenn du dich in die Lage deiner Kinder begibst und dich auf ihren Wissensstand einlässt, um ihnen das Konzept der Wirtschaft möglichst leicht zu erklären. Verstehe, was sie schon wissen, und baue mit deiner Erklärung darauf auf. Nutze praktische Situationen, um zu simulieren, was auf einem Markt passiert. Stelle einfache Beispiele dar und baue die komplexeren darauf auf.

Marktwirtschaft simulieren

Das Konzept der Wirtschaft kannst du deinen Kids in vielen realen Situationen näherbringen: beim Einkaufen, beim Monopoly-Spielen oder indem du sie ihr Taschengeld verdienen lässt. Eine weitere Möglichkeit ist, dass du euer Zuhause in einen Marktplatz »verwandelst«. Nimm Spielgeld oder bastelt eine eigene Währung und legt Preise für alles Mögliche fest. Zum Beispiel kannst du dich dafür bezahlen lassen, dass du kochst. Dein Kind wird bezahlt, wenn es den Tisch abräumt. Vereinbart Preise für jede Aktivität rund um den Haushalt und haltet die Entwicklung des Geldzuwachses fest.

An einem bestimmten Punkt werden die inaktiven Familienmitglieder kein Geld mehr haben, die aktivsten aber mehr Geld besitzen. So werden deine Kids anfangen zu verstehen, was Vermögen, Vermögensaufbau, Angebot und Nachfrage, sprich: die Grundlagen der Marktwirtschaft sind. Diejenigen, bei denen das Geld knapp wird, können sich welches von den anderen leihen. Auf diese Weise lernen sie auch, wie man Geld verdient und einteilt oder ausleiht und was Zinsen sind. So kannst du den Unternehmensgeist schon früh bei deinen Kids wecken.

Wenn deine Kids schon mal mit dir einkaufen waren, kennen sie die Konzepte und Prozesse von Kaufen und Verkaufen ja wahrscheinlich bereits. Du kannst ihnen zum Beispiel erklären, dass Aktien kaufen ähnlich ist wie Supermarkt-Einkäufe. Aber mit dem Unterschied, dass die Preise sich schneller und öfter ändern.

Erkläre, dass die Börse wie ein Marktplatz ist, wo du Dinge kaufen und verkaufen kannst. Hierfür rufen die Leute Preise auf. Wenn jemand, der etwas verkaufen will, und jemand, der etwas kaufen möchte, den gleichen Preis nennt, kommt der Verkauf oder Tausch zustande. Um das nachzustellen, kannst du diesen Prozess mit Spielsachen oder Snacks und Bonbons nachspielen.

Liebe und Partnerschaft: Geld und trotzdem glücklich?!

Die meisten Menschen sprechen beim ersten Date nicht über Geld. Oft stellt das Thema Geld sogar ein größeres Tabu dar als Sex, Religion oder Politik. Schließlich säuselt niemand beim ersten Dinner-Date: »Und wie viel gibst du so pro Monat in deine betriebliche Altersvorsorge?«

Aber so unromantisch es auch sein mag, Gespräche darüber, wie du und dein Partner mit Geld umgeht, sind wichtig. Geldsorgen zählen zu den häufigsten Ursachen für Probleme in partnerschaftlichen Beziehungen. Je früher du das Thema Geld und Finanzen in einer Beziehung ansprichst, desto besser. Wenn du damit wartest, bis ihr vor den Altar tretet oder, noch schlimmer, bis die ersten gemeinsamen Rechnungen ins Haus flattern, führt das im Zweifelsfall in der späteren Beziehung zu Ressentiments und Streitereien.

Partnerschaften brauchen ein starkes, vertrauensvolles Fundament. Flunkereien über Geldangelegenheiten sind also nie ratsam – schon allein aus Gründen der Steueroptimierung bei Verheirateten. Und dennoch hüten viele finanzielle Geheimnisse vor dem Partner. Von unausgesprochenen Schulden bis hin zu Zweitkonten – wobei beides oft zusammenhängen dürfte. Denn gemeinsame Konten machen es schwieriger, Schulden zu verheimlichen. Und spätestens wenn gemeinsame Anschaffungen im Raum stehen – etwa der Kauf einer Wohnung –, kommen die Finanzhintergründe beider Partner ohnehin ans Licht. Denn sie können die Kreditkonditionen und die Bonität erheblich beeinflussen und den Traum vom gemeinsamen Haus schnell unerreichbar werden lassen.

Wann also ist der richtige Zeitpunkt, um das Thema Geld anzusprechen?

Sobald eine Beziehung ernster wird, ist es definitiv Zeit, offener über Geld zu reden. Das ist nicht immer leicht, aber dieses schwierige Gespräch muss geführt werden, wenn du mit deinem Partner oder deiner Partnerin ein starkes Fundament für eure gemeinsame Zukunft schaffen willst.

Aber wie kannst du Geldangelegenheiten und Finanzen in deiner Beziehung behutsam thematisieren?

Denk immer daran: Dein Umgang mit Geld kann ein ganz anderer sein als der deines Partners. Vielleicht bist du eher überlegt und sparsam, während dein Partner zu spontanen und impulsiven Käufen neigt. Wenn du deine persönliche Finanzsituation, deine Glaubenssätze und deinen Umgang mit Geld offen und ehrlich kommunizierst, förderst du nicht nur das Vertrauen zwischen euch beiden, sondern ermutigst deinen Partner auch, es dir gleichzutun.

Du könntest zum Beispiel genau diese Frage zum Kaufverhalten stellen, um schon früh herauszufinden, ob dein Auserwählter oder deine Auserwählte eher zum Geldausgeben oder eher zum Geldsparen tendiert. Oder frag ihn oder sie, welche Träume er/sie sich irgendwann mit seinem Geld erfüllen möchte. Das gibt dir einen ersten Eindruck von der finanziellen Situation. Grundsätzlich gilt: Offen über Geld und Finanzen zu sprechen, richtet deine Beziehung auf Erfolgskurs aus.

Um das zu erreichen,

- sprich von Anfang an offen über deine finanziellen Erwartungen und Einstellungen;
- fang klein an, zum Beispiel beim Thema Schufa, und arbeite dich langsam zu größeren Zielen wie etwa der Altersvorsorge hin;
- stelle »Was wäre, wenn«-Fragen wie: »Was würdest du tun, wenn du im Lotto gewinnen würdest?«;

- eröffne das Gespräch, indem du von einem Finanzziel erzählst, das du verfolgst – ein neues Auto, ein Traumurlaub ...;
- schlage vor, euch ein gemeinsames Finanzziel zu setzen;
- frage danach, wie der oder die andere im Umgang mit Geld erzogen wurde;
- priorisiere, was dir wichtig ist, und sprich die Dinge entsprechend an – von Schulden über Bonität bis hin zum Notgroschen;
- leite das Gespräch ein, indem du von einem Artikel über Paare und Finanzen erzählst, den du gelesen hast.

Wichtig ist, dass du das Thema Geld und Finanzen nicht überfallartig ins Feld führst. Wie du selbst weißt, ist Geld ein sensibles Thema, und nicht jeder spricht gern darüber. Wenn du zu forsch bist, erreichst du im Zweifelsfall das Gegenteil und dein Partner macht dicht, anstatt sich zu öffnen. Bleib also behutsam und nähere dich dem Thema mit ein paar harmlosen Fragen. So findest du zunächst einmal heraus, ob dein Gegenüber überhaupt offen ist für ein Gespräch über Finanzen, und er oder sie fühlt sich nicht überrumpelt.

Ebenfalls wichtig – nicht nur in Gelddingen – ist, dass du nicht versuchst, deinen Partner zu ändern. Viele Beziehungen scheitern daran, dass Paare versuchen, am jeweils anderen herumzudoktern. Natürlich, wenn der Partner ein massives Spielproblem hat und ihr euer gemeinsames Haus zu verlieren droht, ist es vielleicht doch Zeit für eine Intervention. Aber ganz grundsätzlich haben wir alle eigene Arten und Unarten, gehen Dinge unterschiedlich an und handhaben sie auf eigene Weise. Setz ihm oder ihr also nicht das Messer auf die Brust und verlange, dass sie ihre Gewohnheiten ändern. Das Problem dabei ist nämlich, dass du so suggerierst, dass deine Herangehensweise die einzig richtige ist. Hab stattdessen etwas Geduld. Sprecht auf Augenhöhe über eure finanziellen Gewohnheiten. Und wenn einer von euch was ändern oder anpassen sollte, dann tut es zusammen.

Beschuldige deinen Partner nicht oder stelle ihn gar bloß. Damit ihr euch beide mit dem Thema wohlfühlt, lasst euer erstes Gespräch über

Geld kein negatives werden. Selbst wenn dein Partner über seine Verhältnisse lebt oder Schulden hat, sollten das nicht die ersten Geldthemen sein, die ihr besprecht. Vorhaltungen darüber, warum er oder sie dies oder jenes nicht machen sollte, ändern rein gar nichts. Stattdessen sorgen sie sofort für Spannungen und Emotionen, wo es eigentlich offen, freundlich, produktiv und konstruktiv zugehen sollte. Mit deinem Partner über Geld zu reden, braucht dir keine Angst zu machen und es sollte auch kein Unbehagen verursachen. Heutzutage sind viele Menschen grundsätzlich offen für Gespräche über Geld. Und sollte das bei deinem Partner anders sein, sind kurze, unverfängliche Gespräche darüber perfekt, um das Thema nach und nach in eurer Beziehung zu etablieren.

Zu einer erfolgreichen Beziehung gehört neben romantischer auch finanzielle Intimität. Und um diese in deiner Beziehung zu erleben und zu normalisieren, musst du fünf notwendige Faktoren berücksichtigen:

1. Gleiches Recht für alle: Du und dein Partner oder deine Partnerin solltet bei finanziellen Entscheidungen das gleiche Mitspracherecht haben.
2. Informationen über Geldangelegenheiten solltet ihr offen miteinander teilen. Das heißt nicht, dass ihr alles über Gemeinschaftskonten laufen lassen müsst. Es gibt immer Raum für verhandelbare Privatsphäre, im Rahmen derer jeder auch ein eigenes Konto oder eine eigene Kreditkarte besitzen kann. Aber diesen Rahmen müsst ihr stecken. Ein gemeinsames Konto sollte für gemeinsame Ausgaben und kleinere Alltagskäufe da sein. Alles, was über bspw. 200 Euro hinausgeht, sollte man zumindest im Vorfeld besprechen oder vom eigenen Konto begleichen.
3. Ihr beide müsst Kompromisse eingehen, wenn ihr einen gemeinsamen, nachhaltigen Finanzplan schmieden wollt. Denn es muss sich um ein Ziel handeln, das ihr beide langfristig gerne verfolgt.
4. Ob Beförderung, Kündigung, Familiengründung, Selbstständigkeit – das Leben verändert sich und mit ihm deine finanzielle

Situation. Das heißt, ihr müsst flexibel bleiben, wenn euer ursprüngliches Arrangement nicht mehr bedarfsgerecht ist.
5. Offene Gespräche – auch die über Geld – machen verletzlich. Aber Verletzlichkeit ist ein wichtiger Teil von Intimität. Und auch wenn Finanzen als unromantisch gelten: Was könnte romantischer sein, als eine gemeinsame Zukunft zu planen?

Erbfall: Erben in Deutschland

Erben in Deutschland ist ein höchst bürokratischer Akt. Und das Erbschaftsgesetz ist ein komplexer Rechtsbereich – diese Komplexität multipliziert sich, wenn man auch Erben oder Vermögen bzw. Eigentum im Ausland hat. Dieses Buch wird es nicht schaffen, dir alle Faktoren und erst recht nicht alle rechtlichen Faktoren einer Erbschaft in Deutschland darzulegen. Wenn du etwas erbst oder etwas vererben möchtest, empfehlen wir dir dringend, Profis in Erbrecht zurate zu ziehen.

Mit Inkrafttreten der Europäischen Erbrechtsverordnung 2015 hat sich auch das deutsche Erbrecht tiefgreifend verändert. Der wesentliche Aspekt betrifft die Besteuerung. Die unterliegt nicht mehr der Jurisdiktion des möglichen Herkunftslandes eines Verstorbenen, und es gibt auch keine europaweit einheitliche Erbschaftssteuer. Stattdessen greift jeweils das Erbschaftssteuergesetz desjenigen Landes, in dem der oder die Verstorbene zuletzt seinen oder ihren Lebensmittelpunkt hatte.

Wenn es kein Testament gibt, greift die gesetzliche Erbfolge – Ehepartner, Blutsverwandte und adoptierte Kinder. Bei Patchwork-Familien, die heutzutage ja gar nicht mehr so unüblich sind, ist die Erbfolge ziemlich kompliziert, und wenn nicht gar generell, dann ist es mindestens in solchen Lebenssituationen ratsam, ein Testament aufzusetzen. Als Erbin oder Erbe übernimmst du ganz automatisch alle Verbindlichkeiten und Assets des oder der Verstorbenen. Bedeutet auch: Du bist automatisch haftbar. Diese Haftbarkeit auf den Nachlass kannst du beschränken lassen. Das ist aber sehr kompliziert, und auch hier raten wir dir dringend dazu, einen Experten hinzuzuziehen.

Nach deutschem Recht kann jede Person ab 16 Jahren und, wie man so »schön« sagt, im Vollbesitz ihrer geistigen Fähigkeiten ein verbindliches Testament verfassen und darin die Erben selbst und frei festlegen. »Verbindlich« bedeutet übrigens: von einem Notar beglaubigt. Es gibt allerdings einen sogenannten Pflichtteil, mit dem Blutsverwandte bedacht werden müssen. Oder besser gesagt: Du kannst deine nahen Verwandten zwar aus dem Testament streichen. Sie können es aber anfechten und ihren Pflichtteil einklagen.

Und jetzt kommt der Clou: Die Erbschaftssteuer ist abhängig von der Nachlassmenge und dem Verwandtschaftsgrad zwischen Erbe und Verebendem. Als Witwe oder Witwer darfst du etwa bis zu einer halben Million Euro zuzüglich einer weiteren Viertelmillion Altersvorsorge und Wohneigentum erben, ohne auch nur einen Cent Erbschaftssteuer dafür entrichten zu müssen. Als Kind stehen dir immerhin noch bis zu 400.000 Euro steuerfreie Nachlasswerte zu. Unverheiratete Partner können sich aber nur bis zu 20.000 Euro steuerfrei vererben.

Verwandtschaftsgrad	Freibetrag
Ehepartner	500.000 Euro
Kinder, Stiefkinder, Adoptivkinder, Enkel, Urenkel	400.000 Euro
Enkel, Urenkel noch lebender Kinder	200.000 Euro
Eltern und Großeltern	100.000 Euro
Geschwister, Nichten, Neffen, Stiefeltern, Schwiegerfamilie, geschiedene Ex-Partner, nicht verwandte Personen inkl. juristischer Personen	20.000 Euro

Wie hoch der Steuersatz ausfällt, den Erben auf jeden Cent entrichten müssen, um den er den Freibetrag überschreitet, wird durch eine von drei Steuerklassen festgelegt. In welche Steuerklasse ein Erbe oder eine Erbin fällt, wird in gewisser Weise auch wieder vom Verwandtschaftsgrad bestimmt.

Steuerklasse	Verwandtschaftsgrad
I	Ehepartner, Kinder, Stiefkinder, Adoptivkinder Enkel, Urenkel (sowohl lebender als auch verstorbener Kinder), Eltern, Großeltern
II	Geschwister, Neffen, Nichten, Stiefeltern, Schwiegerfamilie, geschiedene Ex-Partner
III	Nicht verwandte und juristische Personen

Wert	Steuer-klasse I	Steuer-klasse II	Steuer-klasse III
< 75.000 Euro	7 %	15 %	30 %
75.000 – 300.000 Euro	11 %	20 %	30 %
300.000 – 600.000 Euro	15 %	25 %	30 %
600.000 – 6 Mio. Euro	19 %	30 %	30 %
6 Mio. Euro – 13 Mio. Euro	23 %	35 %	50 %
13 Mio. Euro – 26 Mio. Euro	27 %	40 %	50 %
> 26 Mio. Euro	30 %	43 %	50 %

Für Geschäftsvermögen gelten großzügigere Ausnahmen. Aber das würde hier nun eindeutig zu weit führen. Und bevor wir uns hier zu weit aus dem Fenster lehnen: Wende dich in Erbschaftsrechtsfragen bitte an einen kompetenten Fachmann – oder eine Fachfrau.

> ***Praxisbeispiel: Natalie***
> *Von Natalie hast du beim Thema Altersvorsorge schon mal kurz gehört. Sie ist 50 Jahre alt, Mutter einer studierenden Tochter und hat kürzlich aus dem Verkauf ihres geerbten Elternhauses 150.000 Euro ausbezahlt bekommen. Nun hat Natalie ja den Wunsch, ihre Altersvorsorge neu und optimiert aufzustellen. Und was würde sich da besser eignen als die Erbmasse?*

Wir haben Natalie empfohlen, die 150.000 Euro aus ihrer Erbschaft langfristig und chancenorientiert anzulegen. Das Mittel der Wahl sind bei dieser Strategie Aktienfonds oder Aktien-ETFs. Denn sie bieten ihr Sicherheit und Verfügbarkeit einerseits und anständige Rendite-Erwartungen andererseits.

Zur besseren Orientierung hat sich Natalie auf der Website von Globalance World *mithilfe von interaktiven Grafiken einen Eindruck davon verschafft, wie sich welche Finanzinvestitionen auf die reale Welt und wirtschaftliche Zusammenhänge auswirken.* Globalance World *bietet einen kostenlosen Service zur besseren Beurteilung von Zukunftsfähigkeit und Nachhaltigkeit einzelner Investments an. Danach hat sie beschlossen, dass sie nicht nur möchte, dass ihre Geldanlage für sie selbst positiv nachhaltige Auswirkungen hat. Sie wollte mit ihrem Investment auch etwas Gutes für die Umwelt und die Gesellschaft tun.*

Um beide Ziele – zuverlässige Rendite und Nachhaltigkeit – miteinander vereinbaren zu können, benötigt es detaillierte Expertise in Wirtschaft, Unternehmenspolitik, Forschung und Gesellschaftsthemen. Weil Natalie die aber nicht hat und es sie unfassbar viel Zeit kosten würde, um sie sich anzueignen – wertvolle Zeit, während der ihr Renditen durch die Lappen gehen würden –, gibt sie diese Aufgabe an einen Fondsmanager ab.

Nun ist ein aktiv gemanagtes Investment gerade aufgrund des beschriebenen Expertisebedarfs und Rechercheaufwands grundsätzlich teurer als passive Anlageklassen. Diesen Preis muss Natalie bereit sein zu zahlen, wenn das Ziel sein soll, ihr Kapital von 150.000 Euro mit möglichst wenig eigenem Aufwand breit in eine Vielzahl nachhaltiger Bereiche zu streuen, um eine positive Wirkung nicht nur für sie und ihre Altersvorsorge, sondern auch für die Umwelt zu erzielen.

Erbschaft light – Schenkungen

Schenkungen lohnen sich in zwei ganz konkreten Fällen:

- Erstens, wenn du Vermögen zu vererben hast oder erben würdest, das die Freibeträge von bis zu 500.000 Euro übersteigt.

- Und zweitens dann, wenn du die gesetzliche Erbfolge ein bisschen umschiffen möchtest, indem du gegenüber anderen Erben bevorzugt bedacht werden möchtest – beziehungsweise einen deiner potenziellen Erben besonders begünstigen möchtest.

Der größte Vorteil einer Schenkung gegenüber einem Erbe liegt neben dem Wegfall der Erbschaftssteuer darin, dass du die Steuerfreibeträge alle zehn Jahre wieder voll ausschöpfen kannst. Dabei gelten für Schenkungen die gleichen Grenzwerte für die gleichen Verwandtschaftsverhältnisse wie bei Erbschaften.

> *Sagen wir, du hättest 1 Million Euro, die du deiner Enkelin vererben möchtest. Weil sie als Blutsverwandte zweiten Grades nur einen von der Erbschaftssteuer befreiten Höchstbetrag von 200.000 Euro erben kann, müsste sie auf 800.000 Euro noch Steuern entrichten. Je nach ihrer Steuerklasse kann das ein ordentliches Minus sein.*
>
> *Indem du mit deiner Enkelin noch zu deinen Lebzeiten eine Schenkung vereinbarst, kannst du ihr diese 800.000 Euro erbschaftssteuerfrei über 40 Jahre hinweg schenken – also alle zehn Jahre den steuerfreien Maximalbetrag von 200.000 Euro. Dann erbt sie »nur noch« 200.000 Euro und zahlt nach deinem Ableben eben keinen Cent Erbschaftssteuer.*

Natürlich ist das alles rein hypothetisch, denn du wirst ja auch wieder Gewinne erwirtschaften in diesen 40 Jahren. Und sicher ist deine Enkelin auch nicht die einzige Erbin. Es geht ja aber darum, das ganze Konstrukt einer Schenkung und deren steuerrechtliche Merkmale einmal kurz darzulegen. Und selbstverständlich haben auch Schenkungen ihre Nachteile – sie können in bestimmten Fällen etwa rückgängig gemacht werden. Für genauere Informationen hierzu bitten wir dich auch hier, einen Fachanwalt zu konsultieren. Dann bist du auf der sicheren Seite.

Wir wissen natürlich, dass das eine ganze Menge Informationen waren, und hoffen, dass die verschiedenen Beispiele dir zumindest erste

Denkanstöße geben, um zu entscheiden, was für dich gut funktionieren könnte.

Es ist allerdings wichtig, dass du dich nicht von zu vielen Möglichkeiten überwältigt und gelähmt fühlst! Vielleicht ist jetzt ein guter Zeitpunkt, um noch einmal über die eigenen langfristigen Ziele nachzudenken und deine eigene Prioritätenliste für die Rente zu erstellen. Planst du, dich im Alter in ein neues Leben als Zitrusbauer auf einem Landgut in Spanien zurückzuziehen, oder klingt es schöner, Bücher zu lesen, minimalistisch zu leben und alles deinen Enkeln zu hinterlassen?

Nachdem du darüber nachgedacht hast, was sich für dich richtig anfühlt, kannst du diese Themen Baustein für Baustein aufschlüsseln und mit Zuversicht die ersten Schritte unternehmen. Und natürlich kannst du dich gerne mit uns in Verbindung setzen, wenn du dich dazu austauschen möchtest oder Unterstützung brauchst!

Geschafft!

Also dann, liebe Leserin: Fühlst du dich etwas besser informiert? Vielleicht sogar ein wenig inspiriert? Bist du bereit, aktiv die nächsten Schritte zu unternehmen?

Das hoffen wir natürlich, aber falls du dich von dem, was wir hier vorgestellt haben, überwältigt fühlst, denke daran, dass Rom nicht an einem Tag erbaut wurde, und genauso wenig gilt das für deine finanzielle Bildung. Das Wichtigste ist, dass du damit beginnst, dir ein solides finanzielles Fundament zu schaffen. Wenn du das hier liest, hast du bereits damit begonnen.

Im finmarie-Team sprechen wir häufig über Renditen und die Magie des Zinseszinses. Aber die einfache Tatsache, dass du etwas Zeit damit verbracht hast, diese Seiten zu lesen, bedeutet, dass du wahrscheinlich schon eine Menge wichtiger, nichtmonetärer Investitionen getätigt hast.

Wenn du eine zweite Sprache sprichst oder ein Instrument spielen kannst, dann deshalb, weil du Zeit und Energie (und vielleicht sogar Geld) investiert hast, um es zu lernen und zu üben. Du bist also in gewisser Weise bereits eine Investorin.

Wenn du ein Studium oder eine Berufsausbildung abgeschlossen hast, dann bist du bereits in einer besseren Position, als wenn du diese Entscheidung nicht getroffen hättest. Du bist also bereits eine Investorin.

Wenn du über ein gutes Netzwerk von Freunden und Familie verfügst, hast du bereits Zeit und Mühe in den Aufbau deines sozialen Sicherheitsnetzes investiert und bist bereits eine Investorin.

Die Menschen, die wir heute sind, sind die Summe der Investitionen, die wir (und unsere Freunde und Familie) in der Vergangenheit getätigt haben. Ein Teil dieser Investitionen hat sich bereits ausgezahlt. Versuche also, dieses Wachstumsdenken im Hinterkopf zu behalten, wenn du überlegst, wie die Person, die du morgen sein wirst, von den Schritten profitiert, die du heute unternimmst.

Was wird dieses »zukünftige Du« brauchen und wollen? Es ist schwierig, das mit Sicherheit zu wissen, genauso wie es schwierig ist, zu wissen, wie sich Märkte und Rentenleistungen ändern werden. Aber eins ist klar: Finanzielle Sicherheit und Unabhängigkeit sind ein starkes Fundament, das dich trägt, egal was die Zukunft noch für dich bereithält.

Wir hoffen, dass du dich jetzt bereit fühlst, deine nächsten Schritte mit Klarheit, Kontrolle und Zuversicht anzugehen! Du kannst jederzeit auf dieses Buch zurückgreifen, um Themen aufzufrischen, wie z. B. dein Money Mindset (Kapitel 2), die Funktionsweise der Börse (Kapitel 3), die wichtigsten Grundlagen der Geldanlage (Kapitel 4), das Entwickeln deiner eigenen Anlagestrategie und die Zusammenstellung deines Portfolios (Kapitel 5) oder die Planung deiner Altersvorsorge (Kapitel 6).

Wenn du jetzt Lust auf mehr bekommen hast, besuche uns online! Wir unterstützen dich gerne auch weiterhin auf deinem finanziellen Weg und haben verschiedene Tools für dich zusammengestellt, die es noch einfacher machen sollen, in die Umsetzung zu kommen – wie zum Beispiel eine übersichtliche Finanzcheckliste mit den wichtigsten nächsten Schritten, ebenso wie einen »Rechner für finanzielle Freiheit« und eine einfache Tabelle, die dir hilft, deine Einnahmen und Ausgaben in den Griff zu bekommen. All das und mehr findest du auf unserer Website über den folgenden QR-Code oder über diesen Link: https://finmarie.com/downloads.

Communitys (und ganze Volkswirtschaften) werden durchweg stärker, wenn Frauen finanzielle und politische Gleichberechtigung erreichen. Wir tun diese Arbeit, um uns selbst weiterzuentwickeln, andere Frauen zu stärken und so unseren Beitrag für eine gleichberechtigte Zukunft zu leisten.

https://finmarie.com/downloads

Danke!

Nichts wird im Alleingang erreicht, und wir sind einer ganzen Reihe von großartigen Unterstützerinnen und Unterstützern zu großem Dank verpflichtet, die uns geholfen haben, dieses Buch zusammenzustellen, mit finmarie und Mind the Gap (MtG e.V.) zu wachsen und somit unsere Mission der finanziellen Unabhängigkeit und Gleichstellung von Frauen voranzutreiben. Allen voran gilt unser Dank: dem Team des GABAL Verlags; unseren Familien; unserem großartigen finmarie-Team, das sich jeden Tag für die finanzielle Gleichstellung von Frauen einsetzt; Natalie Holmes und Manuela Simón Padrós für die Grafiken; unseren Partnern und Investoren, Advisorn und Mentoren, die von Anfang an an unsere Vision geglaubt haben.

Anmerkungen

1 https://mindthegaphub.com/de/

2 https://www.schulgold.com/

3 https://www.gvweser-ems.de/DE/images/Infopool/Finanzbildungsstudie-Deutschland.pdf; https://www.cash-online.de/finanzberater/2013/finanzbildung-studie/139258#:~:text=In%20Deutschland%20geben%20demnach%20europaweit,18%20Prozent%20diese%20dort%20bekommen

4 PwC's 9th annual Employee Financial Wellness Survey – 2020 COVID-19 Update (https://wagestream.com/wp-content/uploads/2020/08/pwc-9th-annual-employee-financial-wellness-survey-2020.pdf)

5 https://www.schulgold.com/

6 https://www.lpb-bw.de/equalpayday

7 https://www.allianz.de/vorsorge/rente/gender-pension-gap/

8 https://www.credit-suisse.com/about-us-news/en/articles/news-and-expertise/global-wealth-report-2018-women-hold-40-percent-of-global-wealth-201810.html

9 https://www.bcg.com/publications/2020/managing-next-decade-women-wealth

10 https://eige.europa.eu/publications/statistical-brief-gender-balance-politics-2020

11 https://www.cnbc.com/2021/11/10/op-ed-the-future-of-socially-responsible-investing-is-in-female-hands.html

12 https://www.diw.de/de/diw_01.c.568725.de/themen_nachrichten/ursache_fuer_frauenmangel_in_mint_berufen_maedchen_unterschaetzen_ihre_faehigkeiten_im_schulfach_mathematik.html

13 https://www.hbs.edu/ris/Publication%20Files/Beliefs%20about%20Gender%208.30.18%20FINAL_018ac1f9-669f-4aec-8548-1d643dbc387c.pdf

14 Fidelity Investments Women and Investing Study, https://www.fidelity.com/bin-public/060_www_fidelity_com/documents/about-fidelity/FidelityInvestmentsWomen&InvestingStudy2021.pdf

15 James Clear, The 1% Method, Avery, NYC, 2018, S. 320

16 https://www.faz.net/aktuell/wirtschaft/arm-und-reich/wohlstand-woher-die-reichen-ihr-vermoegen-haben-14488920.html

17 https://spectrem.com/Content/10283.aspx

18 https://www.zeit.de/campus/2019-10/geschlechterverhaeltnis-studiengaenge-frauen-maenner-studium-universitaet?utm_referrer=https%3A%2F%2Fwww.google.com%2F

19 Gemeinschaftsdiagnose #1-2022, Seite 3; https://www.ifo.de/sites/default/files/secure/prognosen/gd-20220413/GD-20220413-Gesamtdokument.pdf

20 https://nanoglobals.com/startup-failure-rate-myths-origin

21 »We select our marketable equity securities in much the same way we would evaluate a business for acquisition in its entirety. We want the business to be: (1) one that we can understand, (2) with favorable long-term prospects, (3) operated by honest and competent people, and (4) available at a very attractive price.« https://www.berkshirehathaway.com/letters/1977.html

22 Fidelity Investments Women and Investing Study: https://www.fidelity.com/bin-public/060_www_fidelity_com/documents/about-fidelity/FidelityInvestmentsWomen&InvestingStudy2021.pdf

23 https://www.rbcwealthmanagement.com/en-us/newsroom/2021-04-06/women-are-leading-the-charge-for-environmental-social-and-governance-esg-investing-in-the-us-amid-growing-demand-for-responsible-investing-solutions

24 https://www.verivox.de/girokonto/presse/beziehungskiller-fuer-jeden-zehnten-war-geld-schon-ein-trennungsgrund-1117339/

25 https://www.zeit.de/arbeit/2018-11/geld-partnerschaft-liebe-finanzen-konto-beziehung/seite-2

26 https://www.faz.net/aktuell/finanzen/meine-finanzen/ueber-geld-spricht-man-nicht-tabuthema-unter-deutschen-13738804.html

Glossar

- **Anlageklasse:** Beinhaltet Finanzprodukte mit gleichen Merkmalen, z. B. »Aktien«, »Immobilien«, »Rohstoffe«
- **Aktie:** Wertpapier, das die Anteilseignerschaft an einem Unternehmen repräsentiert
- **Anleihen:** festverzinsliche Wertpapiere, die an der Börse gehandelt werden können. Man unterscheidet z. B. zwischen ▶ Staatsanleihen und ▶ Unternehmensanleihen.
- **Asset:** Vermögenswert bzw. Kapitalanlage

- **»Baisse«** (französisch für »Rückgang«): Synonym für dt. ▶ Bärenmarkt
- **Bärenmarkt:** Bezeichnung für längeren Abwärtstrend des breiten Aktienmarktes um mehr als –20 % seit dem letzten Peak. Synonym: ▶ »Baisse«
- **Bitcoin:** Bekannteste Kryptowährung
- **Blockchain-Technologie:** Basistechnologie für digitale Währungen
- **Bullenmarkt:** Bezeichnung für längeren Aufwärtstrend des breiten Aktienmarktes um mehr als +20 %. Synonym: ▶ »Hausse«
- **Business-Angel-Investoren:** Private Investoren, die häufig zu den ersten Geldgebern eines Start-ups zählen
- **Börsennotierte Finanzanlageprodukte:** Finanzprodukte, hinter deren Emission (Herausgabe) Unternehmen oder Institutionen (inkl. Regierungen) stehen, die an der Börse notiert sind. Dazu zählen etwa Aktien, ETFs, Anleihen oder Fonds.

- **Deflation:** Übermäßige Preissenkung im gesamten Wirtschaftskreislauf, z. B. verursacht durch einen signifikanten Überschuss an Waren oder Dienstleistungen am Markt oder sinkende Nachfrage
- **Depot**: »Aufbewahrungsort« für deine Wertpapiere. Während Wertpapiere früher in Papierform z. B. in Schließfächern aufbewahrt wurden, erfolgt die Aufbewahrung heute digital über ein Konto bei einer Depotbank.
- **Diversifikation**: Aufteilung der Mittel auf mehrere Anlageklassen oder Investments zur Risikostreuung, also um das Verlustrisiko zu verringern
- **Dividende:** Auszahlung eines Teils des Unternehmensgewinns an anspruchsberechtigte Investoren

- **ETF** (»Exchange Traded Fund«, also börsengehandelter Fonds): Variante eines Investmentfonds, der jedoch nicht aktiv verwaltet wird, sondern die Wertentwicklung bekannter Marktindizes abbildet
- **Ethereum** (kurz: ETH): Zweitgrößte Kryptowährung
- **Equal Pay Day:** Aktionstag, der auf den Gehaltsunterschied zwischen Frauen und Männern aufmerksam macht. Er fällt jedes Jahr auf ein anderes Datum. Denn er markiert immer den Tag im Jahr, bis zu dem Frauen im Verhältnis zu Männern praktisch entgeltfrei arbeiten.

- **Finanzwirtschaft:** Umfasst u. a. Banken und andere Finanzdienstleistungsunternehmen und stellt die Infrastruktur für die ▶ Realwirtschaft zur Verfügung
- **(Investment) Fonds:** Bei dieser Form der Geldanlage legst du dein Geld nicht selbst an, sondern überlässt es einer Fondsgesellschaft. Diese bündelt die Gelder aller Anleger und investiert das Gesamtkapital als Fondsvermögen je nach Strategie entweder in Aktien, Rohstoffe, Immobilien oder andere Wertpapiere.

- **Gender Pay Gap**: Auch »Geschlechterlohnlücke«, beschreibt den geschlechtsspezifischen Verdienstunterschied zwischen Frauen und Männern. Der weltweite Durchschnitt des Gender Pay Gaps beträgt (unbereinigt) 21 Prozent.
- **Gender Pension Gap:** Auch »Geschlechterrentenlücke«, beschreibt das prozentuale Verhältnis der durchschnittlichen persönlichen Alterssicherungseinkommen von Frauen gegenüber denen von Männern. Deutschland lag dabei 2021 mit einem Gender Pension Gap von 46 Prozent europaweit auf dem letzten Platz.

- **»Hausse«:** Das französische Wort für »Steigerung« ist das Synonym für einen ▶ Bullenmarkt.

- **IPO** (kurz für: Initial Public Offering): Erste Aktienemission nach dem Börsengang
- **Index** (Plural: Indizes): Kennst du z. B. aus dem »DAX«, dem Deutschen Aktien Index. Er bildet die Entwicklung der 40 größten deutschen Aktienunternehmen ab.
- **Indexfonds:** Eine Art Investmentfonds, bei dem das Portfolio so zusammengestellt wurde, dass es den Komponenten eines Finanzmarktindex entspricht oder sie nachbildet
- **Inflation:** Geldentwertung und Preissteigerungen im gesamten Wirtschaftskreislauf durch signifikante Erhöhung des Geldumlaufs im Verhältnis zur Produktion
- **Investieren:** Häufig langfristige Geldanlage mit dem Wunsch nach monetärem Gewinn. Du stellst also z. B. dein Geld einem Unternehmen, einer Regierung oder einer anderen Instanz mit dem Ziel zur Verfügung, dass diese dir in der Zukunft mehr Geld zurückgeben, als du ihnen bereitgestellt hast.

- **Konjunktur:** Beschreibt die Verfassung, in der sich eine Volkswirtschaft befindet, z. B. als positiven (Aufschwung oder Boom) oder negativen (Abschwung oder Rezession) Trend der Gesamtwirtschaft
- **Kryptowährungen:** Dezentrale, digitale Tauschmittel bzw. Währungen, für die keine Banken benötigt werden

- **Markt-** oder auch **Börsenkapitalisierung:** Gesamtwert aller sich im Umlauf befindenden Aktien eines börsennotierten Unternehmens

- **Portfolio:** Bestand mehrerer Investitionen bzw. Geldanlagen
- **Private Equity:** Eine Form der Privatfinanzierung jenseits des öffentlichen Marktes. Der englische Begriff »Private Equity« bedeutet so viel wie »Beteiligungskapital«. Dabei investieren Fonds und Investoren direkt in Unternehmen oder in deren Übernahmen.

- **Realwirtschaft:** Teil der Gesamtwirtschaft, der reale Dinge wie Waren und Dienstleistungen umfasst, also die tatsächliche Produktion, Vertrieb und Konsum. Gegensatz zu ▶ Finanzwirtschaft
- **REITs**, Real Estate Investment Trusts: eine Sonderform von Immobilienaktiengesellschaften
- **Rendite:** Ertrag, der durch angelegtes Kapital in einem bestimmten Zeitraum erzielt wird

- **Spekulation:** Kurzfristige Investition mit der Hoffnung auf eine positive Entwicklung des Aktienkurses, um durch den Verkauf dann kurzfristige Gewinne zu erzielen
- **Staatsanleihen:** Vom Staat ausgestellte festverzinsliche Schuldverschreibungen
- **Stammaktien** und ▶ **Vorzugsaktien**, Unterschiede: Inhaber von Stammaktien sind berechtigt, bei den Hauptversammlungen des Unternehmens ein Stimmrecht auszuüben und somit

unternehmerische Entscheidungen mitzugestalten. Inhaber von Vorzugsaktien haben dieses Stimmrecht nicht. Dafür ist bei dieser Aktienart die Dividende meist etwas höher.

- **TER** (Total Expense Ratio; auch ›Gesamtkostenquote‹): Gibt Aufschluss über jährlich anfallende Kosten für einen Fonds. Zusätzlich können Transaktionskosten (Orderentgelt) für den Kauf und Verkauf von Wertpapieren anfallen.

- **Unternehmensanleihen:** Festverzinsliche Wertpapiere eines Unternehmens

- **Venture-Capital-Investoren:** Investoren, die Unternehmen mit großem Wachstumspotenzial – wahlweise Start-ups oder kleine Unternehmen, die expandieren wollen – aber ohne Zugang zum Kapitalmarkt im Tausch gegen Beteiligungen am Unternehmen Kapital zur Verfügung stellen
- **Volatilität:** Ausmaß der Schwankung von Preisen, Aktienkursen, Zinssätzen oder auch ganzen Märkten innerhalb einer kurzen Zeitspanne

- **Wallet:** Digitale Geldbörse, in der du z. B. deine Bitcoins aufbewahrst

Über die Autorinnen

Karolina Decker, geboren 1984, ist langjährige Finanzexpertin, Unternehmerin, Mutter und setzt sich als Mitgründerin von finmarie, Mind the Gap e.V. und Schulgold insbesondere für die finanzielle Aufklärung von Frauen und Schülerinnen und Schülern ein. Nach zwei Master-Abschlüssen im Bereich Wirtschaft begann Karolina zunächst eine 10-jährige Karriere als Führungskraft in internationalen Banken, wo sie sich neben Projekten im Asset- und Wealthmanagement und im Bereich Compliance unter anderem als eine der wenigen weiblichen Traderinnen durchsetzte. Schon früh erkannte Karolina, dass Frauen eine andere Herangehensweise an ihren Vermögensaufbau haben, andere Fragen stellen, andere Bedürfnisse und Ziele haben. Und dass sich leider nach wie vor viel zu wenige Frauen wirklich aktiv mit ihrer finanziellen Situation und Zukunft auseinandersetzen. Bereits seit 2017 engagiert sich Karolina mit ihrer Non-Profit-Organisation »Mind The Gap« und seit 2018 mit finmarie für aktive Finanzbildung und gilt als eine der Pionierinnen auf diesem Gebiet.

Rica Klitzke, geboren 1984, wuchs in Berlin und Norddeutschland auf, ist Unternehmerin und Mitgründerin von finmarie. Nach dem Studium in den Bereichen Marketing und internationales Management in Berlin und Paris schlug sie zunächst eine klassische Führungslaufbahn in internationalen Konzernen ein, mit verschiedenen Stationen in Europa und Asien, wo sie einige der weltweit bekanntesten Marken verantwortete. Schon früh hatte Rica das Ziel, mit 40 finanziell unabhängig zu sein, fühlte sich durch verschiedene Berührungspunkte mit klassischen Finanzberatern, die Komplexität und Intransparenz jedoch eher abgeschreckt. Mit Anfang 30 beschloss sie, sich in Eigenregie intensiv in das Thema Investieren einzuarbeiten, und setzt sich heute mit finmarie dafür ein, den offenen Dialog über Finanzen zu fördern, ihre Erkenntnisse insbesondere mit anderen Frauen zu teilen und sie auf ihrem Weg in die finanzielle Unabhängigkeit zu unterstützen.

Leitha Matz ist Chief Product Officer / Mitgründerin von finmarie und Startup Executive mit 20 Jahren Erfahrung in führenden Firmen aus dem Bereich FinTech, eCommerce und Technologie. Nach einer erfolgreichen Karriere in der Produktentwicklung in den USA verliebte sie sich in Berlin und zog in dieses europäische Start-up-Zentrum. Dort begann sie, Unternehmer:innen und Gründer:innen in Mentoring-Programmen durch Techstars, eBay und enpact e.V. zu helfen. Zusammen mit Karolina Decker und Natalie Holmes hat Leitha außerdem »Mind The Gap e.V.« mitgegründet, eine internationale Non-Profit-Organisation, die die finanzielle Gleichstellung von Frauen fördert und sich auf Bildung, Empowerment und Transparenz konzentriert, um geschlechtsspezifische Lücken bei Gehalt, Investitionen und lebenslangem Vermögen zu schließen.